探寻学习机制的改变

——项目化学习的设计与指导

管光海　张　丰
鲍雯雯　蔡文艺　著
卢夏萍　洪优萍

教育科学出版社
·北京·

出 版 人　郑豪杰
责任编辑　殷　欢
版式设计　京久科创　孙欢欢
责任校对　贾静芳
责任印制　叶小峰

图书在版编目（CIP）数据

探寻学习机制的改变：项目化学习的设计与指导／管光海等著. —北京：教育科学出版社，2024.4（2025.7重印）
ISBN 978-7-5191-3798-4

Ⅰ.①探… Ⅱ.①管… Ⅲ.①教学研究 Ⅳ.①G420

中国国家版本馆CIP数据核字（2024）第051679号

探寻学习机制的改变——项目化学习的设计与指导
TANXUN XUEXI JIZHI DE GAIBIAN——XIANGMUHUA XUEXI DE SHEJI YU ZHIDAO

出版发行	教育科学出版社			
社　　址	北京·朝阳区安慧北里安园甲9号	邮　　编	100101
总编室电话	010-64981290	编辑部电话	010-64981269
出版部电话	010-64989487	市场部电话	010-64989009
传　　真	010-64891796	网　　址	http://www.esph.com.cn
经　　销	各地新华书店		
制　　作	北京京久科创文化有限公司		
印　　刷	保定市中画美凯印刷有限公司		
开　　本	720毫米×1020毫米　1/16	版　　次	2024年4月第1版
印　　张	15.5	印　　次	2025年7月第3次印刷
字　　数	225千	定　　价	48.00元

图书出现印装质量问题，本社负责调换。

前 言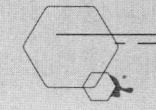

透过项目看学习

近年来,教育领域涌现了许多新名词,有的是对传统概念的重新诠释,有的是新时境下的创新表达。像项目化学习、深度学习、单元整体教学、跨学科主题学习等概念,都是当前教学方式变革的热词,它们从不同角度回答了"学习如何发生"的问题,一起引领基础教育教学方式的变革。虽然有学者评论"项目化学习只是诸多学习方式中的一种",但我们却在项目化学习的实践中真切体会到其学习机制的进步意义,它所孕育的学习机制之变,反映的是与其他教学方式变革共通的"素养导向学习"的核心特征。

国家基础教育教学指导委员会副主任、山西省教育厅原正厅级巡视员张卓玉先生曾对项目化学习及其未来发展进行过系统阐述。他指出,项目化学习并不仅是一种教学方式,而是国内外众多教学改革实践的综合。它以培养学生的做事素养为核心,促进学生思维素养和探究素养的发展,从关注学生的已有知识转向关注学生的能力和愿望,将知识、能力和价值观三个方面的目标整合在一起。我们赞同这一观点,并在项目化学习的丰富实践的基础上,在机制层面探析"学习之变",以作为对教师深化教学改革探索的指导。

一、本书的实践背景

2016年,在教育国际化的推动下,浙江省教育厅启动STEM教育项目,并在推进STEM教育的过程中,逐渐聚焦项目化学习。

2018年与2019年，我们在两届"浙江—印州STEM课程平移项目"中，重点研究了跨学科项目化学习的设计、指导与评价（成果见《STEM学习与指导——项目与评析》），并就项目化学习中的教师指导策略做了深入探索（成果见《STEM学习项目与指导策略》）。2020年，我们策划开展"抗疫情"项目化学习案例征集（成果见《重新定义学习：项目化学习15例》）、项目化学习网络公开课、项目化学习博览会等系列活动，奏起项目化学习推进"三部曲"。2021年，我们基于网络公开课，开发项目化学习慕课及配套研修手册（成果见《项目化学习慕课研修手册》），组织"基于在线研修的STEM项目化学习教师挑战赛"，以公益讲座与在线研修为支持，以项目化学习个人设计、学校实践和现场迭代优化三轮任务为驱动，发动千余名教师研习项目化学习的设计与实施。2022年，我们又开展了近千所学校逾万名教师参与的项目化学习资源众筹建设与深化研究活动，建设了一批项目化学习优质资源，推动学校开展相应的校本研修与微型研究。

在推进STEM项目化学习的过程中，我们于2019年开始有目的地引导学科项目化学习，支持学校开展学科项目化学习实验。2021年，以"传承红色基因，迎接建党百年"为主题组织学科项目化学习案例征集，召开中学文科项目化学习研讨会，进一步深化体现学科特点的项目化学习研究，梳理学科项目化学习推进思路。2022年金秋时节的"项目化学习展示月"活动，更是将浙江省的项目化学习实践推进到一个新高度，不少地区积极探索将项目化学习融入常态教学实践，推进教学方式变革。也正是在2022年9月15日"项目化学习展示月"首场活动上，张丰在现场点评中第一次提出"四大学习机制"，成为本书的创意基础。

通过数年的实践，我们逐渐形成了一些共识。学习是促进人思维发展的过程，是促进人形成自我教育能力的过程，是促进人社会性成长的过程。项目化学习正是体现这些理念的典型实践，是素养导向学习的重要方式。它试图扭转以往人们惯常的以知识授递为主要目的、以强化训练为主要手段的学习范式，希望学生多通过学科或跨学科实践，在问题解决的驱动下主动学习。

一线教师接触项目化学习之初，关注点容易集中在项目的内容取材上。但是，项目化学习的核心在"学习"，而非"项目"。教师们认同转变学生学习方式的意义，知道项目化学习设计的要素，但对如何通过这些要素实现学习方式的转变还缺少思考。因而，很多项目的设计还停留在模仿层面，在实践中也尚未取得理想效果。

所以，我们想帮助教师透过"项目"看"学习"，研究蕴于"项目"中的学习活动的机制与特征。这是本书写作的主要动机。希望我们对学习本质的研究思考和实践经验的剖析，能为广大教育工作者提供有价值的启示和参考，帮助大家更好地应对不断变化的教育环境和挑战。

虽然本书的写作基于浙江省 STEM 教育与项目化学习推进过程中的研究和实践，但它迎应的是国家深化课程改革推进教学方式变革的号召，以共襄实践取向的学习理论的发展，迎接素养导向学习的新时代。

二、本书的研究立意

本书是我们前期《聚焦任务的学习设计——作业改革新视角》《普通高中技术课程聚焦完整任务的教学设计》研究成果的进一步发展。虽然前期成果中都提到了项目化学习，但当时更多从课堂教学设计的视角讨论"学为中心"教学改革的方法与策略。

在前期的研究中，我们曾追问，"学习发生的标志是什么？学习的发生以什么来承载？教师在课堂中的作用应该是什么？如何评估学习发生后的进展？"，并由此构成探寻学习发生机制的四个要素，[①] 提炼了包括课堂学习活动的简明设计与课堂教学过程的系统设计"两步走"的学习设计模型。[②]

在本书中，我们也依据"学生如何学"和"教师如何促进学"的逻辑展开对项目化学习设计与指导的讨论，从四个方面阐述了素养导向的学习的机制，突出分析了驱动性问题、支持性工具、表现性评价，提出"核心任务"加"支持性活动"的设计范式，并据此构建学科实践设计的四步程式，总结了教师指导的 25 条多元策略。我们希望这一紧密结合实践的理论发展，能更好地帮助教师变革教学方式，并在以下方面体现一定的学术贡献。

---

① 张丰.探寻学习发生的机制：基于典型课例的讨论［J］.基础教育课程，2022（17）：43-52.
② 张丰.聚焦任务的学习设计：作业改革新视角［M］.北京：教育科学出版社，2023：17.

（一）重新定义学习，阐述素养导向学习的四个机制

在本书第一章，我们重新审视了学习的本质，从三方面强调学习的育人意义。第一，强调思维在学习中的重要性，关注意义建构、权衡和决策、基于理解的迁移和转化；第二，重视元认知、学习参与的动力，培养学生的自我教育能力，建立自我管理体系；第三，注重引导学生形成积极的社会理解，掌握良好的社会技能，共同探求认知学习与人的社会性成长的结合。这些关于"学习"的理解貌似今天的创新定义，其实是返璞归真，是对教育回归育人使命的期待。我们认为，项目化学习正是体现这些理念的典型实践，更重要的是，这一关于"学习"的理解所反映的是素养导向的学习的方向与特征。

我们聚焦项目中潜在的学习机制之变，揭示素养导向的学习的四大学习机制。我们思考如何激发学生的主动学习，唤起持续学习动机（学习驱动机制，第二章）；考虑以怎样的学习活动促使学生真实的、体现本质的学习，推动学习的深化（学习承载机制，第三章、第四章）；探讨项目化学习中教师的角色定位与指导策略，以有效支持与促进学习的深入展开（学习指导机制，第五章、第六章）；关注应以何种评价方式引导学生开展更有效的学习（学习评价机制，第七章）。

我们从上述四个视角深入研究项目化学习与传统知识传授学习的差异，以便发现素养导向学习的特征，真切感知学习机制的发展嬗变。我们探讨学习机制的发生与促进，从学生学习活动设计的角度讨论学习的驱动机制与承载机制。同时，通过对促进学习的教师行为的分析，进一步研究学习的指导机制与评价机制。

（二）聚焦问题解决，解构项目化学习的三大要素

在项目化学习实践中，驱动性问题、支持性工具和学习评价是关键的要素，对应着学习的驱动机制、指导机制和评价机制。

项目化学习的核心机制是以问题解决为驱动。这种学习机制的标志性特征是问题本身对学生的意义以及在实践过程中问题的解决。驱动性问题的核心在于基于情境的开放性，其表现特征则体现在问题的挑战性和指向性。在第二章中，我们概括提出驱动性问题的三个要点，即把握本质问题/关键问题、关联学习目标、

融入学科实践，这些要点为设计驱动性问题提供了指导。

相较于其他学习方式，项目化学习中的教师指导方式发生了改变。教师更多是搭建学习支架，以支持每一位学生踮起脚尖就能够到学习目标。支持性工具是这类学习支架的统称。第五章介绍了主要的思维工具，展示了支持性工具的不同类型，讨论了教师如何打造个性化的工具箱，以及如何有效应用这些工具。

在项目化学习中，教师注重以明示学习目标的表现性评价引导学习过程，促进学生有效学习。第七章专注于项目化学习中的表现性评价，介绍了基于核心任务设计表现性评价的关键要点，以及如何运用表现性评价引领项目推进，并通过迭代优化不断提升表现性评价质量。

（三）突出任务主线，提出核心任务 + 支持性活动的设计范式

在第三章中，我们深入探讨了项目化学习的关键组成部分——核心任务和支持性活动。项目化学习要求学生参与复杂的任务，通过设计、决策或调查活动等解决驱动性问题，最终以产品或方案等方式呈现。这个过程强调学生的自主性，将问题解决与知识学习相互交织。

核心任务和支持性活动构成了项目任务的核心。核心任务是学习者在项目中的主线活动，是解决现实问题需要的具体任务。支持性活动则以获取知识或掌握技能为主，为问题解决提供必要的知识基础、专业技能和团队协作等各种辅助。

二者相互交织，实现了因需而学、即学即用的理念，使学生能够从真实的问题解决中构建知识体系，发展高阶学习能力。这一设计模式不仅强调学科（领域）性质的系列项目任务，还促进了学习承载机制的深刻变革，使学生更加积极主动地参与到学习过程中。

（四）强化学科实践，设计体现学科（跨学科）实践的四步程式

我们注重从任务和实践两个视角审视学生的学习活动。在课堂教学中，任务是学习的主要承载，引导学生思考与探究，实现知识的深刻理解与迁移应用。且这一任务应是丰富而深刻的实践，体现学科本质或是跨学科的综合性学习。

在第四章我们提出设计学科实践与跨学科实践的四步程式，包括：指向学科

（跨学科）素养的目标定位、基于驱动性问题解决的核心任务设计、体现学科（跨学科）特征的支持性活动设计、深化学科（跨学科）实践的支持性工具设计。同时，以语文、数学、信息科技学科为例，对学科实践设计进行深入剖析；以基于学科的跨学科实践和以工程素养为目标的跨学科实践两个项目展开详细剖析。

（五）践行为学而教，提炼教师组织与指导学习的多元策略

探索学与教关系中的教师指导是本书的一大突破。学习指导机制揭示了教师在学习过程中组织、指导的方式和方法。本书第六章从促进自主学习、促进合作学习和生成性指导三个方面总结了 25 条具体的指导策略，涵盖激发学习兴趣、引导自我管理、促进团队建设、协作解决问题以及组织合作展示等方面。教师可基于现场观察，通过激励性的反馈、提示性的反馈、矫正性的反馈等指导手段，实现对学生学习的有针对性引导。

虽然本书提及的四大学习机制是并列的，但在调研中我们发现，学校项目化学习的实施以及教学方式的变革实践都是一个逐渐深化的过程，并呈现"三重境界"。第一重境界是注重实践学习，试图从"听中学"向"做中学"转变。然而，许多时候有活动未必有学习，对学习目标的忽略会导致错失深度学习机会。第二重境界是聚焦问题解决，关联学科学习目标，致力于实现持续而有意义的学习。通过高质量的驱动性问题，组织学科实践与跨学科综合性实践，以问题解决驱动学生主动学习。第三重境界是关注教师指导策略的改变。教师从过去习惯的"给予"转变为搭建学习支架，应用表现性评价启发学生自主探索，主动"获得"。

学校的实践发展有着这样循序渐进的规律。我们在期待更多的学校达到"三重境界"的同时，也鼓励更多学校行动起来，从"一重境界"向"二重境界"进阶，切实转变学与教的方式，实现素养导向的学习。

三、诚挚感谢

本书是我们近年来持续推进项目化学习过程中形成的成果，实践气息浓郁且不乏学术墨香。我们感谢在基础研究与实践中参与研讨并给予我们指导帮助的张

卓玉先生、杭州师范大学原校长林正范先生、浙江大学刘徽教授、浙江大学何珊云教授等专家，今天的学术火花是信念的积聚、智慧的共鸣。我们感谢在过去七年积极投身浙江省 STEM 教育与项目化学习实践的广大教师和教研员，那段以"灵动的学习"促进学生"完整的成长"的努力不能被辜负，是大家的期待转化为我们研究与写作的动力。本书选用的案例均来自他们多年扎实的实践，在此表示感谢。

我们诚挚感谢浙江省教育厅副厅长舒培冬先生，作为浙江省 STEM 教育的最早推动者，在浙江开启了这一领域的前瞻性实践。感谢浙江省教育厅教研室任学宝主任、何东涛主任及其他同志对 STEM 教育与项目化学习的大力支持，在深化课程教学改革的过程中不断彰显这一探索的价值。我们还要感谢教育科学出版社池春燕女士和殷欢女士的细致工作，为本书增色许多。

最后感谢一起协作完成成果的同志们。全书各章的作者分别是：第一章，张丰、管光海；第二章，管光海；第三章，管光海、鲍雯雯；第四章，蔡文艺、洪优萍；第五章，鲍雯雯；第六章，卢夏萍；第七章，蔡文艺。张丰、管光海负责全书的整体规划与统稿。虽然各章分工撰写，但在整个研究写作过程中，大家保持紧密的联系，多次集中研讨、打磨，因此每一章都蕴含着集体的智慧。

这是一本基于丰富实践的厚积薄发的书，也是一本体现学术追求并提出原创表达的书，更希望它是迎应实践需要，能有效帮助教师专业成长的书。

请大家批评！

管光海　张　丰

2024 年 1 月 5 日

目 录

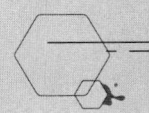

第一章 学习的机制

> 项目化学习的核心在于"学习",蕴于"项目"中的是学习机制的转变。要从对项目化学习中学习的发生机制的研究入手,指导学习活动的设计,规范教师促进学习的行为。

第一节 重新定义学习 / 3

    一、学习是促进人思维发展的过程 / 4

    二、学习是促进人自我教育能力形成的过程 / 5

    三、学习是促进人社会性成长的过程 / 7

第二节 学习机制:学习的发生与促进 / 8

    一、学习驱动机制 / 9

    二、学习承载机制 / 12

    三、学习指导机制 / 17

    四、学习评价机制 / 20

第二章 以问题解决驱动学习

> 以真实情境的问题解决来驱动学生主动学习，是项目化学习标志性的学习机制，其要点不仅在于问题本身的驱动性，还在于实践过程中对问题的解决，通过问题关联学习目标，融入学科实践。

第一节 高质量驱动性问题的基本特征 / 25

一、驱动性问题的核心特征是基于情境的开放性 / 25

二、驱动性问题的表现特征是挑战性和指向性 / 30

第二节 驱动性问题的设计 / 31

一、驱动性问题设计的要点 / 32

二、驱动性问题设计的路径 / 36

第三节 驱动性问题的应用 / 39

一、帮助学生理解驱动性问题 / 39

二、将驱动性问题贯穿整个项目 / 44

第三章 以项目任务承载学习

> 在项目化学习中,教师要基于驱动性问题设计体现学科(领域)性质的系列项目任务来承载学习。核心任务与支持性活动构成了项目任务的核心。前者指的是解决现实问题需要的具体任务;后者以获取知识或掌握技能为主,为问题解决提供支持与辅助。

第一节 核心任务与支持性活动 / 49

  一、为什么强调项目任务 / 49

  二、核心任务与支持性活动的特征 / 51

  三、核心任务与支持性活动之间的关系 / 54

第二节 核心任务进程的规划 / 57

  一、规划核心任务进程的基本方法 / 57

  二、规划核心任务进程的要点 / 64

第三节 支持性活动的有效设计 / 68

  一、支持性活动设计的基本流程 / 68

  二、设计不同支持度的支持性活动 / 72

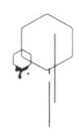

第四章 以学科实践深化学习

> 项目化学习是彰显素养导向与实现综合学习的典型学习方式。项目任务与学科实践是一个统一体，是从不同视角来审视学生学习活动的"一体两面"。要通过丰富而深刻的学科实践来落实素养导向的教学，彰显学科特性，深化学科理解，并探索跨学科学习。

第一节 理解学科实践 / 79

　　一、实践学习的内涵 / 79

　　二、学科实践与跨学科实践 / 81

第二节 学科实践的设计 / 82

　　一、学科实践的设计要点 / 82

　　二、设计例析：语文整本书阅读中的项目化学习 / 84

　　三、设计例析：基于数学实践的项目化学习 / 89

　　四、设计例析：指向计算思维的信息科技项目化学习 / 93

第三节 跨学科实践的设计 / 99

　　一、跨学科实践的设计要点 / 99

　　二、设计例析：基于学科的跨学科实践 / 101

　　三、设计例析：指向工程素养的跨学科实践 / 105

第五章 以思维工具支持学习

> 在项目化学习的问题解决过程中,学生会遇到很多困难和挑战。有效的做法是,教师不通过直接指导的方式告知学生"答案",而是提供支持性思维工具,鼓励学生自己在探索应用中解决问题。这些思维工具是各种形式的资源,引导学生思考、分析和解决问题并经历富有方法意义的学习。

第一节 支持性工具的内涵与类型 / 113

一、支持性工具的内涵 / 113

二、支持性工具与核心任务和支持性活动的关系 / 114

三、支持性工具的分类 / 116

第二节 支持性工具的设计要点 / 124

一、打造自己专属的工具箱 / 124

二、支持性工具的开发和运用原则 / 125

三、以微型研究视角优化和迭代支持性工具 / 131

第三节 支持性工具的运用 / 134

一、帮助学生精准定义问题 / 134

二、支持学生进行产品设计和建模 / 136

三、支持学生高阶思维发展 / 139

四、支持学生自主推进项目 / 145

第六章 以多元策略指导学习

> 在项目化学习中，教师由直接口耳相授的指导者向应用资源与工具的学习支持者转变，促进学生在问题解决过程中主动求知、学以致用并学会学习。教师更多地表现为学习活动的组织者，促进学生展开自主学习与合作学习，并根据学生学习进展进行生成性的指导。

第一节 促进自主学习的指导策略 / 155

　　一、激发学习意愿 / 156

　　二、突破问题解决 / 161

　　三、引导自我管理 / 167

第二节 促进合作学习的指导策略 / 171

　　一、团队建设策略 / 172

　　二、协作解决问题的指导策略 / 179

　　三、合作展示的组织策略 / 184

第三节 生成性指导策略 / 189

　　一、教师的现场观察 / 189

　　二、教师的指导性反馈 / 192

第七章　以表现性评价引导学习

> 在核心素养视域下，学习范式已发生转变，评价功能也从事后甄别与监督变为伴随过程的诊断与促进。教学中常常采用前置设计的表现性评价明示学习目标，引导学习过程。

第一节　项目化学习中的表现性评价 / 199

　　一、表现性评价为何适用于项目化学习 / 200

　　二、项目化学习中表现性评价的功能定位 / 201

　　三、项目化学习中表现性评价的应用分类 / 202

第二节　基于核心任务设计表现性评价 / 203

　　一、撰写"可评"的项目目标 / 203

　　二、设计"真实"的表现性任务 / 206

　　三、研制"变式"的评价量规 / 208

第三节　运用表现性评价引领项目推进 / 212

　　一、项目启动阶段的运用 / 212

　　二、项目推进阶段的运用 / 216

　　三、项目总结阶段的运用 / 220

第四节 表现性评价应用的迭代优化 / 228

一、基于目标统领表现性评价的架构 / 228

二、提升项目化学习中表现性评价的质量 / 229

三、提高表现性评价中学生的参与度 / 231

四、更有创造性地开发与使用表现性评价 / 232

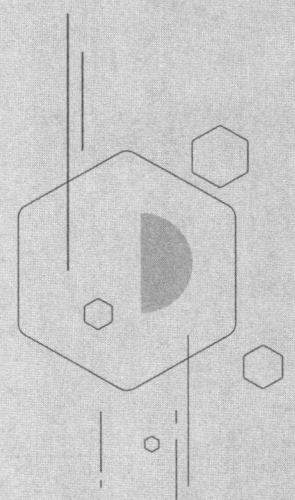

第一章
学习的机制

- 学习驱动机制
- 学习承载机制
- 学习指导机制
- 学习评价机制

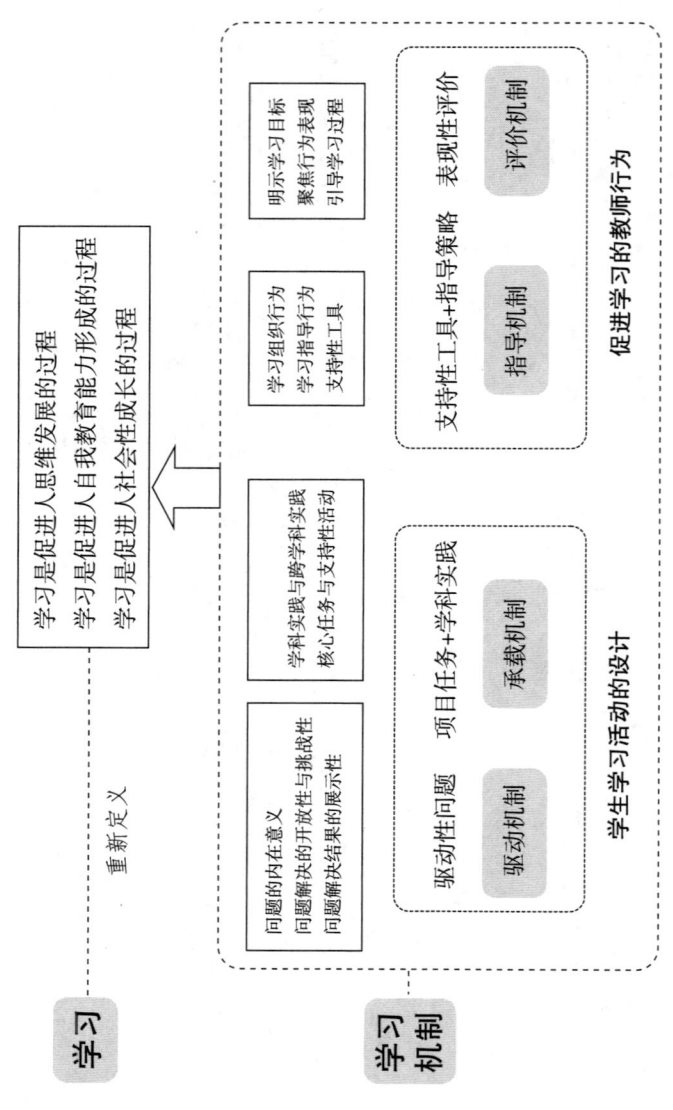

第一章主要内容的逻辑关系

项目化学习的核心是学习,然而实践中我们常常过于注重完成项目本身,而忽略了其中的学习本质。研究意义、要素设计和评价等的理论探讨通常占据主导地位,而对项目中学习是如何发生的探究相对较少。实际上,项目化学习的核心在于"学习",蕴于"项目"中的是学习活动的机制与特征。[①] 项目设计与实践若落入程式化的套用,则会导致项目化学习的本质被简化,从而影响其价值。因此,有必要深入探讨项目化学习中的学习及其发生机制。

第一节 重新定义学习

自21世纪以来,世界各国共同关注青少年核心素养的培养。2007年,美国制定了更新版的《21世纪技能框架》,提出21世纪美国教育应该培养的核心素养和技能,并强调"学习和创新能力"的重要性。这些素养和技能包括批判性思维(Critical Thinking)、创造性和创新能力(Creativity)、交流能力(Communication)和合作能力(Collaboration)。这就是4Cs能力。加拿大提出的核心素养框架与之较为相似,增加了品格教育和公民素养。我国魏锐等在4Cs模型的基础上,增加了文化理解与传承素养(Cultural Understanding and Inheritance Competence),构建了本土化的5C模型。[②] 这些理论都在关注未来学习的核心目标。

这些主张的提出和建构深入挖掘了学习的本质,引发了学界对"学习"的定义的重新思考。日本学者佐藤学曾说,学习是通过创造世界(认知的实践)、人际交往(交往的实践)和完善自我(自我内在的实践)三种对话性实践完成的。[③] 我们也曾于2020年在《重新定义学习:项目化学习15例》一书中阐释了自己的观

[①] 张丰.重新定义学习:项目化学习15例[M].北京:教育科学出版社,2020:3.
[②] 魏锐,刘坚,白新文,等."21世纪核心素养5C模型"研究设计[J].华东师范大学学报(教育科学版),2020(2):20-28.
[③] 佐藤学.静悄悄的革命:创造活动、合作、反思的综合学习课程[M].李季湄,译.长春:长春出版社,2003:101.

点，即学习是促进人思维发展的过程，是促进人自我教育能力形成的过程，是促进人社会性成长的过程。学习应是个体思维发展、学会学习、社会性成长等多方面发展的综合体现。

一、学习是促进人思维发展的过程

除美国《21世纪技能框架》外，许多国际组织和研究机构都将思维发展作为重要的学习目标。例如，21世纪技能评估和教学项目将21世纪技能分为四大类，包括思维方式、劳动方式、劳动工具和生活能力。②联合国教科文组织（UNESCO）在"全球教育议程"中，强调了发展学生创新能力、批判性思维和问题解决能力的重要性，并将"学习如何学习"作为其中一项核心目标。③国际经济合作与发展组织（OECD）在"2030学习罗盘"中更是对学生未来所需的关键能力做了详细阐述，包括创新思维、批判性思维、沟通能力、协作能力等，并特别强调系统思维、设计思维的培养。④在他们组织的国际学生评估项目（PISA）中，将学生的思维能力作为评估的重要维度，强调了学生需要具备创新思维、批判性思维和问题解决能力来应对未来的挑战。⑤并陆续研究开发了相关测评以引起国际教育界的关注与响应。总之，从国际教育政策、相关研究与评估来看，思维发展作为学习目标的重要性已得到广泛认可，并成为现代教育的核心部分。

学习是促进个体思维发展的过程。思维在学生的认知学习中扮演着核心角色，不仅是学习进展的重要体现，还是学生理解、组织新信息和解决问题的关键方式与能力。从认知学习的角度来看，学习核心知识固然重要，但其关键在于将这些知识转化为基于理解的可迁移能力，这些能力即思维发展的体现。

---

① 张丰. 重新定义学习：项目化学习15例［M］. 北京：教育科学出版社，2020：2.
② Griffin P, McGaw B, Care E. Assessment and teaching of 21st Century skills［M］. Dordrecht, NL: Springer, 2012.
③ UNESCO. Education 2030: Incheon declaration and framework for action for the implementation of sustainable development goal 4: ensure inclusive and equitable quality education and promote lifelong learning opportunities for all［EB/OL］.（2016）［2023-02-10］. https: //unesdoc.unesco.org/ark: /48223/pf0000245656.
④ OECD. Learning compass 2030［EB/OL］.（2019-05）［2023-09-22］.http: //www.oecd.org/education/2030-project/teaching-and-learning/learning/learning-compass-2030.
⑤ OECD. PISA 2015 results (Volume I): excellence and equity in education［M］. Paris: OECD Publishing, 2016.

当前，在素养导向的课程教学时代，注重促进学生思维发展的学习，培养学生面对不同领域也能专业地思考与解决问题的能力，发展科学思维、计算思维、设计思维、工程思维等，培养学生超越低阶学习、突破固有认知、综合解决问题的批判性思维和创造性思维等。学习应该是学生主动的经历和有意义的思考，通过解决问题的实践，构建有关知识的个人意义，形成迁移应用的思维范式。

我们应该从思维发展的视角深入地理解"学习"，主动性、高阶性、自我监控性是其重要属性。首先，在学习中，主动参与思维和独立思考是关键，它们促使学习中的意义建构和问题解决，有助于培养学生的批判性思维。如果缺乏思维，学习将失去主动性，变成被动的过程。被动学习看似在学习，但并不能视作真正的学习，只有学习者积极参与并主动思考的学习才能称为真正的学习。其次，教师需要关注学习活动中低阶学习与高阶学习之间的区别，以帮助学生在学习中进行权衡和决策。学习是一个复杂的活动，当面对问题或挑战时，我们需要的不仅是知识和技能，还有批判性思维、创造性思维和问题解决能力，重要的是强调基于理解的知识迁移以及迁移过程中相关思维能力的形成。这些思维能力帮助我们鉴别可能的解决方案，权衡各个选项的利弊，最终选出最佳的行动方案。最后，我们还要关注元认知。元认知与思维密切相关，它包括反思自己的思维过程以及调节自己的学习能力，如设定学习目标、监控学习进度以及根据需要调整学习策略。元认知有助于我们更好地理解自己的学习需求，通过不断反思和调整，提高自己的学习效率和效果。

二、学习是促进人自我教育能力形成的过程

1996年，联合国教科文组织发布报告《学习：财富蕴藏其中》（即著名的《德洛尔报告》），提出"学会认知、学会做事、学会共同生活、学会生存"是教育的四大支柱。2015年，联合国教科文组织在《学习的未来2：21世纪需要哪一类学习》的报告中再次强调《德洛尔报告》对于今天的价值。[1] 四个方面的"学会"，

---

[1] Scott C L. The futures of learning 2: what kind of learning for the 21st Century? [R]. UNESCO Education Research and Foresight, 2015（14）：1—14.

都指向人自我教育能力的形成。

《21世纪的技能与元学习：学生应该学什么》指出，如果将知识、技能与品格视为教育的三大维度，那"元学习"则被视为教育的第四个维度，可以帮助学生应对各种不同的学习任务，并在职业生涯中取得成功和持续成长。同时，"元学习"可以支持和完善其他三个维度，使学生在终身自我导向的学习中获得成功。①"元学习"旨在发展个体的元认知，这是学习、问题解决和表现的基本特征。学习的构建本质上由元认知监控、元认知控制和元认知知识的特征所塑造。② 美国威廉和弗洛拉·休利特基金会提出的"深度学习能力框架"，从认知领域、人际领域与个人领域分析了人的深度学习能力③，认为个人领域要关注学生"自我导向的学习"与"学习心志"两方面。前者指学生形成自我监控和指导的学习能力，包括设置学习目标、跟踪学习进程、掌握学习技能和策略等；后者指学生对于学习的理解与态度，以及影响其学习参与度的动机，如对学习共同体的归属感、将学习视作一个社会过程、学术追求与自信、理解学习的艰巨并积极努力的意愿等。"元学习"与"深度学习能力框架"都强调了自我教育能力的重要性，关注学生自我监控和指导的学习能力的培养。

综上所述，学习是促进人自我教育能力形成的过程，是为学生成长"植芯"的过程，是促进学生"学会学习"的过程。以往以教师的主动行为来影响与塑造学生的教育活动，应转变为积极唤醒学生对于学习与成长的内在理解，并提高自我管理能力的促进过程。为实现这一转变，教师一要帮助学生理解学习的意义，理解学习方式多样化的价值，提升学习的动力，帮助学生树立自信，相信天道酬勤并愿意为之努力；二要帮助学生形成自我监控和指导的学习能力，建立自我管理体系。这既是学习的目标，也是学习的支持体系。④

---

① 比亚利克，菲德尔.21世纪的技能与元学习：学生应该学什么［J］.洪一鸣，译.开放教育研究，2019（1）：37-46.
② 索耶.剑桥学习科学手册：第2版［M］.徐晓东，杨刚，阮高峰，等译.北京：教育科学出版社，2021：81.
③ Huberman M, Bitter C, Anthony J, et al. The shape of deeper learning: strategies, structures, and cultures in deeper learning net work high schools［EB/OL］.（2014-09-15）［2023-12-05］. https://files.eric.ed.gor/fulltext/ED553360.pdf.
④ 张丰.重新定义学习：项目化学习15例［M］.北京：教育科学出版社，2020：2.

三、学习是促进人社会性成长的过程

教育不只是授知，更在于育人。如何帮助学生以积极的态度理解社会现象，以同理心理解他人，形成关于自己及未来发展的正确定位与规划；如何以有意义的方式组织信息，通过口头或书面的形式与同伴进行有效交流或公开表达，在倾听的基础上给予同伴建设性的反馈；在与同伴一起面对共同任务时，如何通过积极沟通和观念整合形成共识，合理分工或协同配合地解决问题……许多在认知测验中无法反映出来却可能对学生未来社会生活产生长远影响的认知与能力都应纳入学习的范畴，因为这些都是 21 世纪公民最基本且不可或缺的能力。

联合国教科文组织发布的报告《学习的未来 2：21 世纪需要哪一类学习》强调了 21 世纪学习的关键部分，包括个性化学习、合作学习、沟通学习、非正式学习、生产效率以及内容创新等。① 报告还特别强调了个人技能、社会技能以及学习能力三类重要的技能。其中，个人技能包括创新、应变、责任、冒险和创造力等；社会技能包括团队合作、网络沟通、同理心和同情心等；学习能力包括管理、组织、元认知以及有效失败等。这一分析框架反映了对人的社会性成长的重视，将社会技能放在与个人技能、学习能力并列的位置，而不仅看作教育的附属产物。

学习既是一个社会活动过程，也是促进人社会性成长的过程。它帮助学习者形成积极的社会理解，并具备良好的社会技能。一方面，学习的活动是基于社会情境的。《人是如何学习的Ⅱ》一书强调了文化背景对学习的影响，分析了学习的动态发展本质，阐述了学习类型的多样性、过程的复杂性以及主动学习的重要性。② 另一方面，促进人的社会性成长是学习的重要目的之一。报告《学习的未来 2：21 世纪需要哪一类学习》从寻求和重视多样性、团队合作与相互联系、公民和数字公民、国际竞争力和跨文化能力等方面阐释了学会共处的重要性。

当前我们正处在"学习"被重新定义的时代。如果继续按照原来对"学习"

---

① Scott C L. The futures of learning 2: what kind of learning for the 21st Century? [R]. UNESCO Education Research and Foresight, 2015 (14): 1-14.
② 王美，郑太年，裴新宁，等. 重新认识学习：学习者、境脉与文化：从《人是如何学习的Ⅱ》看学习科学研究新进展 [J]. 开放教育研究, 2019, 25 (6): 46-57.

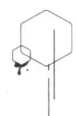

的理解去组织教育教学活动，教师将难以帮助今天的学生适应未来生活。特别是ChatGPT的出现，让我们看到重复性的知识记忆对于学生的价值已越来越低，而问题意识、专家思维和复杂交往能力等高阶思维能力已成为人才综合发展的核心。

我们对于"学习"的重新定义，意在强调思维在学习中的重要性，关注意义建构、权衡和决策、基于理解的迁移和转化；意在重视元认知、学习参与的动力，培养学生的自我教育能力，建立自我管理体系；意在引导学生形成积极的社会理解，掌握良好的社会技能，共同探求认知学习与人的社会性成长的结合。这些关于"学习"的理解貌似在创新定义，其实是返璞归真，是对教育回归育人使命的期待。近年来兴起与推广的项目化学习正是体现这些理念的典型实践，反映了素养导向的教育改革方向。

第二节　学习机制：学习的发生与促进

学习机制指的是人类学习新知识、技能和行为的方式与过程，是对学习是如何发生（学生）、需要如何促进（教师）的规律的揭示。学习机制的研究得到了众多学习理论的支持，包括行为主义学习理论、认知学习理论、社会学习理论和建构主义学习理论等。不同的学习理论有着关于学习机制的不同假设，为我们从不同角度深入理解学习的本质提供了不同的视角和思考方式。

进一步研究素养导向的学习，研究其与传统的知识授递的学习的区别和发展，关键在对学习本质的理解与学习机制的分析的进步。我们围绕对"学习发生的标志是什么？学习的发生以何来承载？教师在课堂中的作用应该是什么？学习的成效应该体现在哪里？"问题的讨论，研究学习的发生机制及促成有效学习的机制，提出"学习活动设计先于教学过程设计"的学习设计原则，从学习任务的设计与促进学习的教师行为两方面探讨教学设计的思路与方法。[①]

从学生学习活动的设计来看,研究重点是学习的驱动机制与承载机制,包括应以什么来驱动学生的主动学习、激发学生持续的学习动机,学习活动的应有形态,即通过怎样的学习活动促成真实的学习、促进学习的深化。

从促进学习的教师行为来看,研究重点是学习的指导机制与评价机制,包括研究教师在指导学生学习时的角色定位与方法策略,应如何支持与促进学习的深入展开;研究促进学习的评价是怎样的,应通过怎样的评价来引导学生展开有效的学习。本书接下来逐步解析素养导向的学习的驱动机制、承载机制、指导机制与评价机制(见图1-1),体悟学习机制之变。

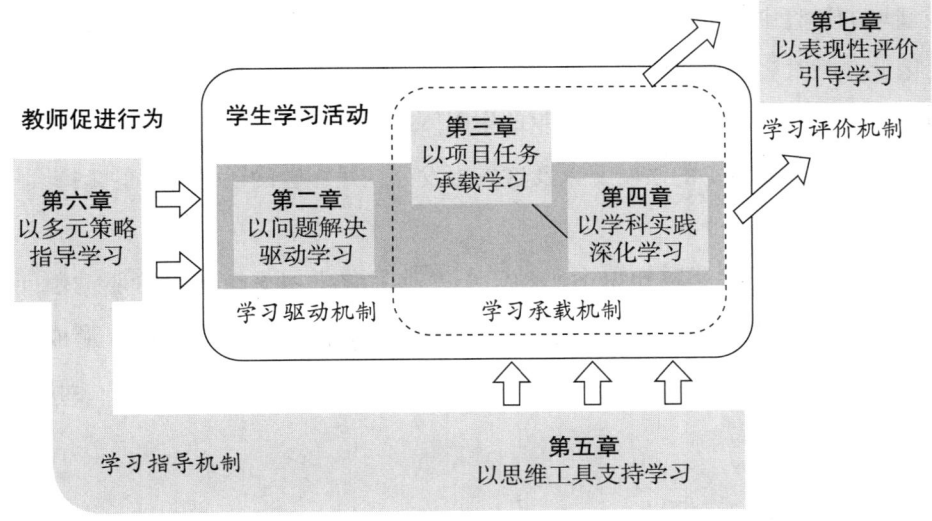

图1-1 研究分析学习机制的思路示意图

项目化学习的实践探索给予了我们许多启示。同时,基于对学习的四大机制的分析,我们进一步明晰了项目化学习设计与指导的方法和策略。

一、学习驱动机制

学习须是学习者的主动行为,学习者的主动意愿是有效学习的前提。学习驱

---

① 张丰.聚焦任务的学习设计:作业改革新视角[M].北京:教育科学出版社,2023:3-18.

动机制指的是促使学生产生学习动力和学习兴趣的相关因素及其作用方式。学习是一个复杂的过程，受多种因素的影响，而学习驱动机制则是任务和环境等因素对学习者的综合作用。

学习驱动机制通过激发学生的动机让学生参与到学习中。梅耶认为动机和元认知是学习的两大基石。动机是指个体行为的激发、维持和指向功能。不同类型的动机信念包括学生对完成某件事情的能力的信念（自我效能感）、对行为导致成功或失败的信念（结果期望）、对学习活动的目的的信念（目标取向）、关于活动有趣或无聊的信念（价值判断）以及对成功和失败原因的信念（归因）。[①]

学习驱动机制强调的是学习活动本身对学习的驱动作用。学习者在解决真实问题或情境的过程中，不断调整和改进自己的学习策略和认知过程，从而提高学习效果。因此，教育者应该创设有挑战性和有意义的学习环境，持续激发学生的主动学习意愿，促进学生的学习和发展。驱动作用体现在对学生学习兴趣（方向变量）和学习动力（强度变量）的激发，以及这一激发究竟是短暂的还是持续的（持续性变量）上。

相对于以往仅靠获取知识来驱动学习，项目化学习更重视设置驱动性问题，以真实问题的解决驱动学生主动学习，在持续性的探索中发展思维、形成素养。其驱动机制主要体现在问题的内在意义、问题解决的开放性与挑战性、问题解决结果的展示性等方面。[②]

（一）问题的内在意义

驱动性问题能驱动学习的原因在于其本身具有的内在意义。

一是与现实世界的关联性。驱动性问题通常涉及现实世界的问题或与情境相关的主题，这种联系有助于学生将所学的知识与实际应用相结合，产生更浓厚的好奇心和兴趣，学习动机更强烈。这强调了学习的实用性，确保学生的学习不是仅为了应对考试，而是为了更好地应对现实生活中的挑战和机会。

---

① 杜蒙，艾斯坦斯，贝纳维德．学习的本质：以研究启迪实践［M］．杨刚，等译．北京：教育科学出版社，2020：75.
② 张丰．聚焦任务的学习设计研究［D］．杭州：浙江大学，2023：72.

二是提供了特定领域思维模式的机会。驱动性问题为学生提供了探究和思考学科或跨学科特定领域的机会，引导学生以特定领域的思维方式来解决问题，从而更深入地理解该领域。

三是对于学习者个人的意义。驱动性问题往往与学生的个人兴趣息息相关，学生更容易产生好奇心和求知欲，渴望深入了解这个主题。这有助于确保学习对学生个人而言是有意义的，使他们更愿意主动参与学习过程。

（二）问题解决的开放性与挑战性

项目化学习中的问题解决应具有开放性与挑战性。这种开放性与挑战性在激发学生动机、驱动学习方面具有以下特点。

首先，不同水平的学生都有可能解决问题，当他们感到有能力达成期望时，自我效能感会增强，他们会更有动力。但是，问题的解决也需要有一定的挑战，将学生置于舒适区的边缘，让他们不断地思考和探索。

其次，问题解决的挑战性带来的是学生在解决过程中会经历失败。在项目化学习中，学生可以失败，但是要学会从失败中吸取教训，让失败变成有效失败。经历有效失败能让每一位学生获得积极的情绪，并激发学习的动机。当学生经历负面情绪时，他们会从学习中转移注意力，以一种消极的方式来对待学习活动。①

最后，问题的解决过程强调学生负责设计和管理自己的学习，即学习中的元认知。当学生能够管理他们的资源，并且有效地处理障碍时，学习会更加持久。②这种持久建立在责任的基础上，即为自己的学习承担责任。责任包括不同的维度，如自我评估、计划、监控、反思、调整等。在项目化学习中，要注重全局观念建立、学生自我管理、阶段把握以及教师指导，以发展学生的元认知与元策略。

（三）问题解决结果的展示性

项目化学习强调作品展示，将作品展示过程作为一种学习过程。该过程不强

---

① 杜蒙，艾斯坦斯，贝纳维德.学习的本质：以研究启迪实践［M］.杨刚，等译.北京：教育科学出版社，2020：83.
② 同①：85.

调竞争性评价活动，而是鼓励不同成就目标的学生都积极参与。研究表明，学生会为学习任务的意义的设定规划一种快捷的路径，会根据自身取向选择"成就"或"精通"目标。选择"成就"目标的学生希望在任务中展示自己的能力；而选择"精通"目标的学生则会为了理解新的材料并提高自己的能力而参与学习。[①] 在项目化学习展示中，"成就"取向（或理解为"表现"取向）的学生可以在项目中表现自己，"精通"取向（或理解为"掌握"取向）的学生则更能看到知识和技能的应用并掌握新的知识和技能。

二、学习承载机制

人们对"学习发生的标志"有不同见解：是学生听到教师讲述的内容，还是学生亲历思考的过程？学习的关键在于思考，而推动思考的是具体的问题。让"讲台上的学习"变为"课桌上的学习"，其关键不是教师为学生准备的精彩言辞，而是教师为学生策划的学习任务。任务承载着学习，让学习发生在课桌上；任务承载着问题，促进思考的真正发生。[②]

学习承载机制指的是促成学习发生的必要介质及其蕴含并实现学习的方式。它可能具体化为一个操作要求明确的学习任务，也可能反映为一类具有典型特征的学习活动。过去我们较多地依靠题海训练作为学生学习的实际载体，片面强调学习任务的巩固熟练功能。素养导向的学习则更加重视丰富而深刻的学科实践以及综合性的学习实践。

项目化学习是一种典型且有效的以实践为基础的学教方式。在项目化学习中，教师根据课程目标设计具有挑战性、真实性、整合性等特点的项目任务，并将其与相关领域或专业的知识联系起来。在完成项目任务的过程中，学生需要进行系统而深入的探究，运用各种知识与方法收集、分析、评价信息，并提出解决方案。所以，在整个学习过程中，项目任务与学科实践或跨学科实践是交织在一起的统

---

① 杜蒙，艾斯坦斯，贝纳维德.学习的本质：以研究启迪实践［M］.杨刚，等译.北京：教育科学出版社，2020：80.
② 张丰.聚焦任务的学习设计：作业改革新视角［M］.北京：教育科学出版社，2023：4-6.

一体。下面分别从任务和实践的视角来审视学生的学习活动。

（一）学科实践与跨学科实践

"做项目"就是实践。对学生来说，这种实践不是广泛意义上的实践，而是与学科相关的、基于学科课程的实践。崔允漷教授团队采用"学科实践"一词来描述，认为"学科实践是人类的实践、专业的实践、育人的实践，强调超越知识点的素养目标、学科专家思考与行动的惯例、过程技能与操控技能的整合和真实情境中的问题解决"[①]。

基于项目的学科实践是认知实践、行为实践和情感实践的统整。其主要特点有如下三个方面。

一是真实实践。真实实践指的是学习者能够在真实的情境中展开学习的活动，而不是仅在书本中或聆听中进行学习。真实实践的优势在于它可以更好地激发学生的兴趣和动机，帮助学生更好地理解和应用学科知识，培养学生的实践操作能力和问题解决能力。同时，真实实践还可以帮助学生更好地理解和适应真实情境中的挑战与限制，提高他们的决策能力和创造力。

基于项目的学科实践通常以解决真实问题为目标，让学生在真实的情境中完成任务。例如，学生可以在社区中设计并实施环保活动，或者在学校中参与科学实验等。在这些实践中，学生可亲身体验实践所需的资源、时间和工具等，感受实践的成就感和挑战感，更加深刻地理解学科知识与方法。

此外，真实实践作为一种更加具体、更加丰富、更加实际的学习方式，可以促进学生实践操作能力、问题解决能力和创造力的培养，同时也有助于提高学生的学习动机和兴趣。

二是学科思维。学科思维是指学生像学科专家一样思考并解决问题。在项目化学习中，教师为学生提供经历真实过程的机会和动手实践的条件，推动学生深度参与实践。学生在实践中学习、实现想法并解决问题，像那些专业的科学家一样参与到现实世界的活动中。学科思维的标志性识别方式是特定的语言和思维实

---

① 崔允漷，张紫红，郭洪瑞.溯源与解读：学科实践即学习方式变革的新方向[J].教育研究，2021（12）：55-63.

践。前者指关键概念和理论等；后者则强调过程和实践，即产生重要的学科产品并评价其价值的认可方法。[①]

三是社会性实践。在项目化学习中，实践往往以团队合作的方式展开，强调学生真实的、全身心的参与。所以，实践不只是动手实践，还特别关注社会性实践：一方面通过学习过程中的社会互动和人际交往，促进学生的社会性成长；另一方面促进学生在协作解决问题过程中的交互学习。美国的季清华教授提出的学习方式分类学，强调参与即是一种能力。她基于学习者的外部活动和参与程度，将不同的知识建构过程和学习成果划分为四种学习方式：被动学习、主动学习、建构学习、交互学习。[②] 通过与他人协作解决问题、分享对问题和解决方案的理解和见解，学生增强了彼此之间的互动与沟通能力，扩展了知识视野。

在项目化学习中，除了学科实践外，跨学科实践也是同等重要的。跨学科实践可以看成体现融合特征的学科实践，它以解决实际问题为导向，涉及多个学科和领域，通过整合各学科和领域的知识与技能来解决现实问题。在学校教育中，学科实践和跨学科实践应相互补充，共同帮助学生获得全面的知识和技能。

（二）核心任务与支持性活动

项目化学习常以任务承载学习，促使学生思考和探究，以实现知识的理解和迁移应用。任务是一个涵盖范围广泛的概念，可以通过不同的分类方法进行细分。根据其在学习目标上的功能，可以将任务分为三种主要类型：学习任务、评估任务和练习任务。

其中，"学习任务"旨在帮助学生初步学习知识和技能，从无知到有知，主要用于历经学习；"评估任务"是用来评判学生是否达到预期学习目标，以及获得知识和技能的程度与效率，主要用于检验学习；"练习任务"则用来加强学生对概念、事实、阅读、数学计算等方面的记忆力、熟练度或者自主性，主要用于巩固

---

① 费舍尔，西尔弗，戈德曼，等.国际学习科学手册［M］.赵建华，尚俊杰，蒋银健，等译.上海：华东师范大学出版社，2022：120.
② 盛群力，丁旭，滕梅芳.参与就是能力："ICAP 学习方式分类学"研究述要与价值分析［J］.开放教育研究，2017，23（2）：46-54.

学习。在通常的课堂中，三类任务应配合设计，协同促进学习的优化；而在项目化学习中，这三类任务常常一体化设计，称为项目任务，有时可能需要数周时间才能完成。

项目任务由若干有内在关联的子任务组成，可以分为核心任务和支持性活动。核心任务指的是项目主线上解决问题所需要的活动，如技术与工程领域中的设计、制作和试验，以及社会和文化学科中的调查、写作和展示等。支持性活动则是指为解决问题提供支持的辅助活动，其中包括必要的基础知识学习、专业技能练习和团队协作等方面。

由核心任务与支持性活动来承载学生的学习，意味着教师的教学应从原先的教授转向提供支持与指导。在项目化学习中，需要区分支持性活动所提供的"支持"与任务本身的"支持"。任务的"支持"是从问题解决要素的已知程度来说的。纽厄尔和西蒙于1972年提出"解决问题通用框架"，根据这一框架，学习者在探索问题解决时需要考虑四个要素：一是学习者所面对的给定状态；二是可接受的目标状态的要求；三是解决方案，即从给定状态到目标状态的操作序列；四是问题解决的过程，即为了达成某一解决方案所开展的尝试性心理运作或学习者如何想方设法提出一个解决方案（见图1-2）。① 给定状态、目标状态和解决方案这三个要素的已知程度所决定的是任务的支持度。因此，任务本身的"支持"是相对于问题解决要素的完备程度而言的，而支持性活动中的"支持"是相对于核心任务的功能定义的。无论是核心任务还是支持性活动，都有任务支持的程度，其支持程度应该根据任务的难度和学生的能力进行调整，以帮助学生更好地完成任务并提高学习效果。此外，为学生提供支持性工具也是一种支持，是辅助学生解决问题或完成支持性活动的手段。

---

① 范梅里恩伯尔，基尔希纳. 综合学习设计：四元素十步骤系统方法：第三版［M］. 盛群力，钟丽佳，陈丽，等译. 福州：福建教育出版社，2022：61.

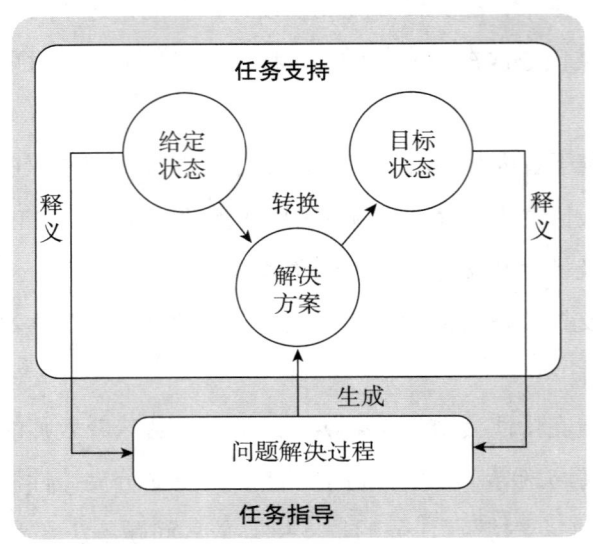

图1-2 解决问题通用框架

从支持性活动与实践的关系来看,支持性活动可分为三类。第一类支持性活动对于提高学习效率非常有帮助,但并非必需。比如,注意力和反应能力的训练、增进团队成员相互了解的活动等,这些活动可以提高学习者的学习能力和团队协作能力。第二类支持性活动在学生初次实践时是必需的,但在重复实践时可能并不需要。比如,建立课堂规则、建立同伴关系、开展协作式谈话、掌握分享要领等,这些活动可以为学习者提供支持和指导,使学习者更好地融入学习环境。第三类支持性活动是项目实施所必需的专业铺垫,这些活动为的是让学习者在实践项目之前了解必要的专业知识和技能,以便更好地解决实际问题。

此外,我们还可以按照目的、支持度等维度对支持性活动进行分类。如按照目的来分,支持性活动可以分为知识获得和技能训练等类型。知识获得活动旨在为学习者提供必要的知识基础,技能训练活动则是通过具体的实践活动来提高学习者的技能水平。再如按照支持度来分,支持性活动可分为高、中、低支持度三类。探究活动一般属于低支持度支持性活动,旨在激发学习者的好奇心和探究精神,引导他们主动发现问题、独立思考并找到解决问题的方法;案例分析则是高支持度支持性活动,通过分析已经解决的问题,了解问题解决的过程和方法,从而在实践中更好地应对类似问题；中支持度支持性活动介于二者之间，提供部分已知要素。

三、学习指导机制

在课堂学习中，教师既是组织者又是指导者，既要运用事先设定的学习任务选择教学策略，组织学习进程，又要根据学生的基础与过程表现提供适当的指导，帮助学生理解和掌握学习内容，展开思考与探索。在从"教为中心"走向"学为中心"的教学改革中，教师的角色已发生很大变化。马扎诺在《教学的艺术与科学——有效教学的综合框架》一书中提出了"学习之师"的概念，认为教师应该成为学生学习的指导者和组织者，帮助学生实现深度学习。我们既要重视教师的指导行为，也要强调教师的组织行为，关注学习指导与学习组织的平衡和配合，积极发挥学生自我指导的作用。

学习组织行为指的是教师在课堂中运用直接指令、任务驱动、工具支持、合作研讨等多样方式与策略，结合课堂管理，引导学生进入学习状态，促成学习深入且有序发生的行为，其成效通常反映在学习者的参与面与参与程度上。学习指导行为指的是教师在学生学习过程中以直接讲解、提示启发、激励强化、反馈矫正等多样方法进行伴随式的过程帮助，以维持或促进学生更为持久深入地学习的行为，其成效通常反映在对学习者的及时性、针对性帮助上。

学习指导机制所揭示的是教师在学生学习过程中对学生的学习进行组织、指导和提供支架的方式与方法，包括前述的学习组织行为与学习指导行为的规律。

（一）学习活动的组织

在项目化学习中，教师更多地组织学生开展自主学习和探究实践、促进互动交流的合作学习，并通过生成性指导来引导学生深入探究和创造。通过上述活动，达成学习目标，培养学生的批判性思维和解决问题的能力。

1. 组织学生自主学习

项目化学习中的自主学习，一方面表现为以自主探究的形式开展学习活动，

如让学生在支持性活动中自主探究掌握相关知识与技能；另一方面表现为在基于独立思考、自主学习的协作与合作中进行自我监控。作为学习活动的促进者与组织者，教师应注重学生的自我驱动、自我管理、自我监控。

教师可以通过引导学生体会学习的意义、赋予学生角色、赋予学生选择权等指导策略激发学生的内在学习动机；通过引导学生在已有经验中寻找借鉴、体会问题解决与知识学习的联系、应用思维工具、开展启发性对话等策略帮助学生形成问题解决的思路；通过借助管理日志引导项目进程、组织阶段性反思发展元认知等策略，引导学生自我管理，进而提升自主学习能力。

2. 组织学生合作学习

与传统学习中的合作学习更加侧重小组讨论、合作解决问题等较为单一的形式相比，项目化学习中的合作学习是为了完成复杂的任务和项目，需要学生在分工、协作、沟通、决策等方面进行密切的合作。因此，学生既需要在相对独立的任务模块上进行协作，同时需要考虑整个项目的目标和进度，并自主解决问题和做出决策。在这样的合作学习中，教师的角色更多是指导者、鼓励者和资源提供者，学生在合作过程中的自主性和合作程度都比较高。学生通过"协作与合作"两种方式进行互动。在项目化学习的合作学习进程中，学生将经历三个阶段：一是感知与体验合作，建立合作意识，融入学习团队；二是形成良好的合作状态，协作解决问题；三是基于合作展现学习成果。教师可通过提升合作意愿、营造合作文化、内涵合作规则、形成合作机制等策略来组织学生建设团队，通过开放性讨论、建构性讨论等策略来组织学生协作解决问题，通过过程性展示、阐释性展示和借鉴性展示来组织学生合作展示。

3. 提供生成性指导

预设性设计和生成性指导是两种教学策略，主要区别在于教师与学生的角色和教学目的不同。预设性设计是一种教师主导的教学策略，教师事先设定学习目标和任务，并给出明确的指导和教学资源，以帮助学生达成既定学习目标。在这种策略中，教师扮演着主导者和组织者的角色，学生是执行者和接受者。生成性指导则是一种学生主导的教学策略，旨在鼓励学生通过探究和解决问题构建知识与技能，在学习中积极参与、思考和创造。强调"生成性"意味着教学不仅是知识的再现，更是学生通过社会互动、个人反思和创新实践不断发展的过程。在这种策略中，学生扮演着探究者和构建者的角色，教师则是指导者和支持者。在项目化学习中，教师通过多种方法捕捉学生学习行为表现，并据此评估学习进展，提供指导性反馈，如激励意义的反馈、指导意义的反馈和矫正意义的反馈。

（二）学习指导行为的转变

现代教学观既反对完全的讲授式教学，也反对无指导的探究式教学。多项研究反复证明，没有任何经验的学习者在完成一项新任务时，必然需要得到指导，包括辅导、提供支架、示范、提问和反馈。[1]

"指导"主要涉及同成功地解决问题本身有关的过程帮助。[2] "指导"固然重要，但要把握其内涵与本质。当前越来越多的教师通过增加"支持"以更有策略地"指导"。"支持"是更加尊重学生主体性与决策权的"指导"，教师通过任务、资源、工具等，为学生的问题解决过程提供帮助。常见的"任务支持"，指的是在任务设计与表述中，向学习者明确已知条件是什么，目标求解是什么，从已知条件到目标求解的解决方案有哪些，以体现结果定向型帮助。

（三）支持性工具

支持性工具是一种学习支架，可以帮助学生更好地理解和掌握知识，提高学习效率和效果，同时也可以帮助教师更好地进行教学和指导。

支持性工具通常是一些简单而有效的工具，被用于支持学生的学习过程，可以帮助学生在学习前、学习中和学习后组织和表达思想与观点，从而更好地理解和掌握所学的知识与技能。例如，KWL（Known，Want，Learned）工具被用于在学习前确定学生对某个话题已知和未知的内容；AEIOU（Activity，Environment，Interaction，Object，User）观察表工具被用于设计和评估用户体验，帮助设计者发现用户需求并在设计中考虑这些需求；等等。这些工具可以起到启发和辅助的作

---

[1] 梅耶. 应用学习科学：心理学大师给教师的建议 [M]. 盛群力，丁旭，钟丽佳，译. 北京：中国轻工业出版社，2016：83.
[2] 范梅里恩伯尔，基尔希纳. 综合学习设计：四元素十步骤系统方法：第三版 [M]. 盛群力，钟丽佳，陈丽，等译. 福州：福建教育出版社，2022：17.

用,但不能替代教师的组织和指导或学生的思考和学习。

支持性工具和教师指导行为的相互结合,能够为学生提供更加全面和有效的学习支持。支持性工具可以帮助学生以更有目的性、组织性和系统性的方式开展学习。教师可以通过提供这些工具来支持学生的学习,并鼓励学生在学习过程中进行深入思考和反思。

必要的技术,如各种头脑风暴软件、数据收集和分析工具等,也可以视为支持性工具。随着科技的不断发展,支持性工具的种类和功能不断丰富和完善,逐步发展为支持性平台或系统。例如,智能化的辅助教学软件、网络学习平台、在线作业系统等,为学生提供了更加便捷和个性化的学习方式,也为教师提供了更多的教学资源和数据支持,促进了学生和教师之间的有效交互。

四、学习评价机制

不同的学习评价方式可以从不同的方面反映学生的学习效果和学习水平。注重客观题的纸笔测验,反映的是记忆和应用特定知识点的能力;采用 SOLO(Structure of the Observed Learning Outcome)评分规则的开放题,反映的是深层次的理解能力和批判性思维;基于实践任务的表现性评价,反映的是实际应用能力和问题解决技能的发展。频繁进行纸笔测验分数的横向比较,会使学生过于追求分数而非深刻的理解和持久的学习。

所以,必须深入研究学习评价机制,科学设计评价方法,将评价恰当地融入教学设计,以指导教师更合理地应用评价来促进学生的学习。评价不仅是对学生的反馈,还可以成为激励学生深入学习的有力工具,促使他们取得更多的成就。

项目化学习中的评价与其他学习方式中的评价有所不同,更加注重学生能力的发展,注重学生在项目完成过程中的行为表现和探究过程,注重过程性和表现性评价。其评价机制可以主要概括为明示学习目标、聚焦行为表现、引导学习过程。

（一）明示学习目标

在项目化学习中，评价设计通常要前置，也就是在项目开始之前，明确项目的目标和任务，让学生了解需要实现的结果、如何实现这些结果以及实现结果应有怎样的学习表现。这一般通过项目概述、任务说明和评价标准等来明确。

在明确项目目标和任务之后，教师要根据这些信息制定学习目标，以帮助学生理解他们需要学习和掌握的知识与技能。学习目标在项目开始之前明确，也可以在项目过程中不断调整和更新。在整个项目完成过程中，教师要提供及时的反馈和评估，帮助学生了解学习进展情况、需要改进的方面。评估标准要与学习目标和项目任务一致，帮助学生了解是否达到了预期的目标和要求。在评价过程中，让学生参与其中可以帮助他们更好地理解学习目标和项目要求，并加强他们对自己学习进展的了解。

（二）聚焦行为表现

在项目化学习中，评价通常聚焦学生的行为表现，而不是仅测评学生的知识掌握程度。学生通过实践性的项目活动，展现他们在知识、技能、思维能力等方面的表现。教师通过观察、记录学生的表现并提供评价和反馈，对学生进行评估。这种基于实践性学习方式的表现性评价，可以帮助教师更准确地了解学生的学习情况，为进一步的教学提供指导和支持。同时，表现性评价也可以激发学生的学习兴趣和动力，提升他们学习的主动性和积极性。高质量的项目化学习中镶嵌着基于真实任务的表现性评价，以此考查学生在完成任务的过程中所表现出来的知识与技能、问题解决能力、合作能力等的发展状况。

聚焦行为表现的评价包括以下要点：一是明确评价标准，即制定清晰的评价标准，明确学生需要展现哪些行为和能力；二是收集多样化的证据，即通过观察、记录、访谈等方式收集多种证据，以便更全面地了解学生的表现；三是给出及时、具体的反馈，即根据收集到的证据向学生提供及时、具体的反馈，鼓励学生继续优化自己的行为表现；四是鼓励学生自我评价，即鼓励学生自行评价自己的表现，帮助他们更好地了解自己的优势和不足。

（三）引导学习过程

在项目化学习中，评价用于引导学生进行自我反思和自我调整，从而更好地控制和调整学习过程，具体包括以下方面。

一是提供及时的反馈。评价应给出及时的反馈，以便学生能够在学习过程中进行必要的调整。反馈要关注学生的行为和表现，并提供具体的建议。

二是鼓励学生自我反思、自我监控。评价过程中教师应鼓励学生进行反思和自我评价。通过反思和监控自己的学习过程，学生能够更好地了解自己的学习状况，在未来的学习中更加高效和自主，并进行必要的调整。通过鼓励反思，教师可以帮助学生变得更自主，更有效地掌控自己的学习过程，同时有机会在评价的基础上进行自我纠正和改进。

三是使用多样化的评价形式和评价工具。多样化的评价形式包括口头反馈、书面反馈、自我评价等；多种评价工具包括学生作品、口头报告、学习日志等。这些评价形式、工具可以帮助教师更全面地了解学生的学习状况，从而更好地引导学生学习。

总之，项目化学习通过评价来引导学习过程，建立明确的学习目标和评价标准，收集多样化的证据，提供具体、及时的反馈，鼓励学生自我反思和自我监控，使用多样化的评价形式和评价工具，促进学生的参与和合作，强化学生的自主性和责任心。

本章小结

本章从学习是促进人思维发展的过程、是促进人自我教育能力形成的过程、是促进人社会性成长的过程三个方面来重新定义学习。从学习的发生与促进来探讨学习机制，包括从学习活动的设计出发探讨学习的驱动机制与承载机制，从促进学习的教师行为出发探讨学习的指导机制与评价机制。本章与后面第二章至第七章是总分的关系，后面六章将围绕四大学习机制展开论述。

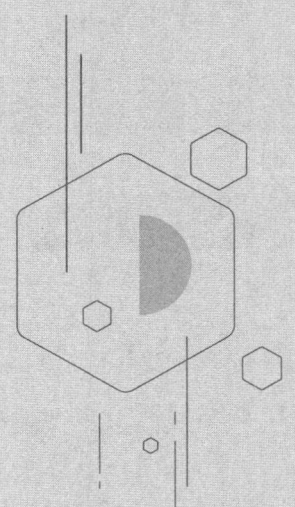

第二章
以问题解决驱动学习

→ 学习驱动机制——驱动性问题
　学习承载机制
　学习指导机制
　学习评价机制

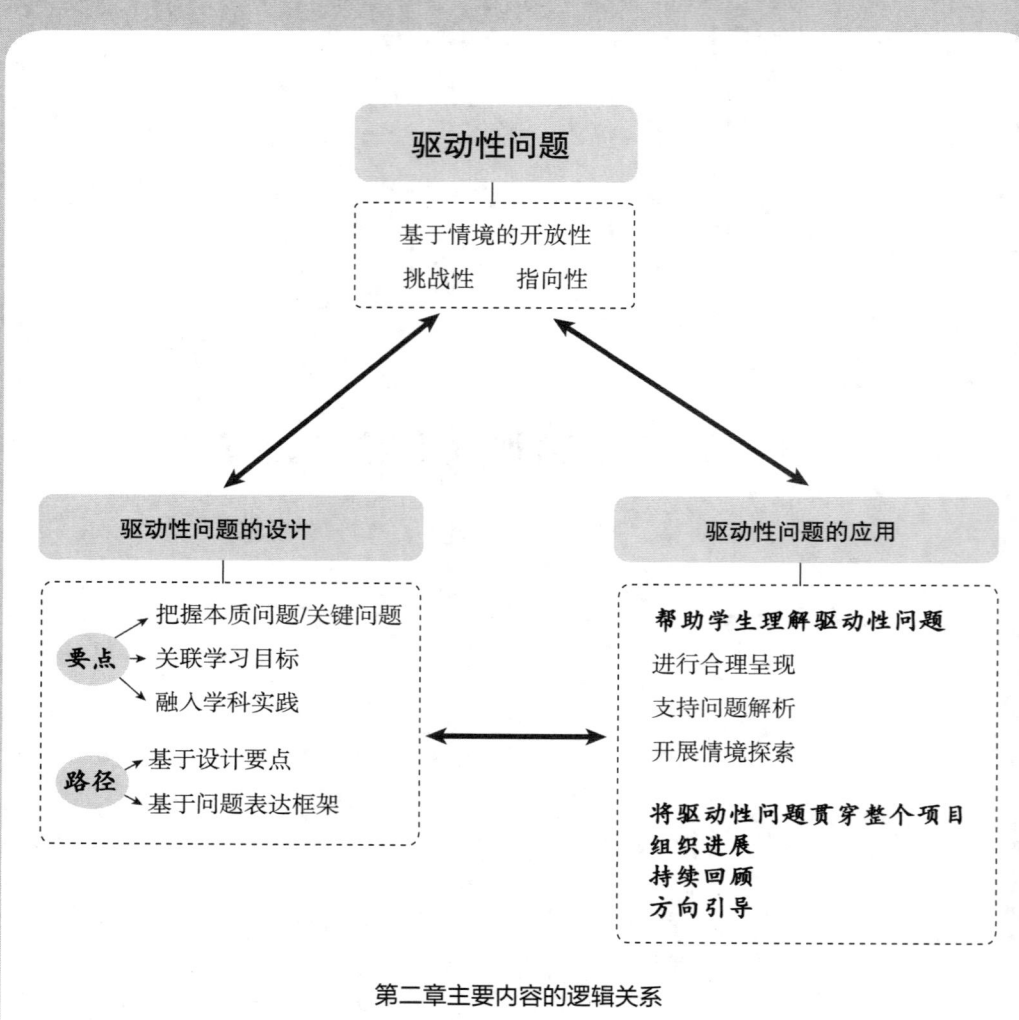

第二章主要内容的逻辑关系

驱动性问题是项目化学习的关键要素。驱动性问题不仅能引发学生的学习欲望，让学生认识到有一个重要问题真正需要去解决，而且能帮助学生认识学习目标，促使学生参与到实践中，同时还能用来组织并推动项目活动，提供一种情境，以便学生基于目标开展实践，使得整个项目活动连贯、一致。① 以真实情境的问题解决来驱动学生主动学习，是项目化学习标志性的学习机制，其要点不仅在于问题本身的驱动性，还在于实践过程中对问题的解决。

第一节 高质量驱动性问题的基本特征

有关驱动性问题特点的论述很多，《剑桥学习科学手册（第2版）》进行了总结，归纳出好的驱动性问题具有可行性、价值性、情境性、意义性和伦理性等特点②。我们从"问题"与"驱动性"两方面入手，认为驱动性问题的核心特征是基于情境的开放性，表现特征是挑战性和指向性。驱动性问题是对学生的挑战，并指向素养发展和学习方式的转变。

一、驱动性问题的核心特征是基于情境的开放性

"OECD 教育 2030"项目将未来世界称为"VUCA 世界"，即一个充满波动性（Volatility）、不确定性（Uncertainty）、复杂性（Complexity）和模糊性（Ambiguity）的世界。项目化学习作为一种学习方式，旨在帮助学生更好地应对不确定的未来世界的挑战。

---

① 索耶.剑桥学习科学手册：第2版[M].徐晓东，杨刚，阮高峰，等译.北京：教育科学出版社，2021：291-300.
② 同①：291.

（一）开放性

驱动性问题通常具有开放性，问题的解决方案不是明确的、唯一的，这鼓励学生探索多种可能的解决途径，促进学生的创造性思考。开放性体现在两个方面：首先，它鼓励学生考虑和比较多个潜在的解决方案，并通过反复尝试和改进，找到最佳方案；其次，它鼓励学生接受失败，因为在开放性问题的解决过程中，试错和从失败中学习都是常见的。

案例 2.1

"光盘行动"——一克米有多少？①

为了培养学生节约粮食的意识，减少浪费现象，学校开展了名为"光盘行动"的项目化学习。项目的驱动性问题是："如何利用数据让节约粮食宣传更加真实和打动人心？"学生通过收集数据，了解校园浪费情况，学习"质量"概念，树立节约粮食意识，然后利用数据进行节约粮食宣传。这个项目依托小学二年级数学单元"克与千克"开展，为期 4 课时。

案例 2.1 的驱动性问题非常具有开放性。问题是："如何利用数据让节约粮食宣传更加真实和打动人心？"这个问题没有单一的、明确的答案，而是鼓励学生探索各种方法和策略，以改善宣传效果。学生需要思考收集何种数据、如何有效地使用数据、如何选择合适的信息呈现方式，以及如何与目标受众互动以产生积极的影响。这种开放性问题激发了学生的创造性思维和解决问题的动力，还鼓励学生考虑不同的方法和可能的策略，以实现宣传的最佳效果。通过这个问题的解决，学生不仅研究了有关食物浪费的重要议题，还学习了数据分析、信息传播和决策制定的关键技能。这种开放性的驱动性问题使学习更具挑战性和深度，促进了跨学科学习和创新思维的发展。

与开放性类似的是劣构性，劣构性问题指的是现实生活中无确切答案、有多种可能性解决方案的问题。开放性问题和劣构性问题在项目化学习中都扮演了关

---

① 本案例由杭州市大禹路小学钱秀芬老师提供。

键的角色，它们共同推动学生深入地思考和探索问题，培养学习的自主性和创造性。它们有相似之处，也有一些不同。如开放性问题和劣构性问题都赋予学生自主性，让他们在问题解决过程中主导自己的学习；学生可以自行定义问题，提出解决方案，并选择合适的方法来解决问题；都意在发展创造性思维，要求学生考虑多种可能性和方法，而不仅是按部就班地回答问题。不过，劣构性问题往往从问题的结构连贯性角度来设置，而开放性问题则从问题解决的多样性角度来设置。例如，"如何运用所学的关于污染的知识来设计未来的交通工具？"就是一个劣构性问题，该问题并没有明确的指令告诉参与者如何开始回答，无法直接套用已有的模板或者算法来解决，参与者首先必须定义问题的范畴和限制，这需要对污染的根源、种类、影响及其与交通工具设计之间的关系有深入理解。这个问题也没有单一的、标准的正确答案。

开放性问题强调多方案的问题解决，更好地模拟了复杂和不确定的现实情境，也更符合探索波动性、不确定性、复杂性和模糊性世界的需求。它鼓励学生积极参与学习过程，不是仅按照教师提供的模板或答案来回应问题，使学习更富有挑战性和趣味性。

（二）情境性

驱动性问题常与特定情境紧密相关。问题可以看作我们面对未知的状态，其出现通常是为了满足某种需求或实现特定目标，即具体情境导致了问题的产生。当代学习理论强调，思维和学习只有在特定情境中才有意义。所有的思维、学习和认知都是处在特定的情境脉络中的，不存在非情境化的学习。[1]然而，传统的学习往往是脱离情境的，这是素养导向下强调情境重要性和推崇项目化学习的原因之一。

1. 情境的真实性

项目化学习强调真实情境、真实的学习。在这里，"真实情境"强调的是情境的"真实性"，情境中思维的"真实性"，而不一定要求它是"真实的"。换句

---

[1] 乔纳森.学习环境的理论基础［M］.郑太年，任友群，译.高文，审校.上海：华东师范大学出版社，2002：66.

说，真实情境必须包含真实世界的特征，但未必是当下学生生活中真实发生的事情。

从需求的角度来看，真实情境建立在真实需求的基础上，这些需求通常独立于学习目的而存在，不是为了教育而人为构建的。从问题解决的角度来看，项目化学习强调所学知识和能力的真实，所运用的思维方式的真实[①]，即学生在解决问题时使用专家也会用的工具和方法。从学生的角度来看，将学习与真实情境相联结，对于他们来说有实际意义。这种联系使得学科内容不是仅停留在书本上，而是能够贴近学生日常生活，与校外真实世界相关联，与学生当前和未来的生活联系起来。

在项目化学习的实施中，很多项目依托真实情境开展，如案例 2.1。当然在实际教学过程中，为了应对成本、风险和其他条件限制，教师也可以使用模拟情境或构建的情境，只要它们具备上述提到的真实性特征即可。

案例 2.2

高 楼 节 能[②]

该项目源于 2021 年夏天全国 11 个省份的用电量创下了历史新高，同时"限电限产"政策的出台影响了多个省份，一些高楼建筑积极响应，采取节能措施。在这一背景下，驱动性问题浮出："作为一名节能工程师，你如何在高层建筑的设计中创新应用可再生能源，以解决用电浪费的问题？"

在案例 2.2 中，驱动性问题从真实情境出发，与现实世界中的能源浪费问题直接相关，还与建筑行业面临的实际挑战息息相关，具有很强的现实意义。问题的解决要求学生运用他们在科学中学到的能源方面的知识和技能，来解决高楼建筑中的用电浪费问题。

2. 情境的约束性

情境的约束性是驱动性问题的另一重要特征。真实问题的解决通常受到情

---

① 夏雪梅. 素养时代的项目化学习如何设计［J］. 江苏教育，2019（22）：7—11.
② 本案例来自浙江省 STEM 项目化学习教师挑战赛，由朱雅萍、吕灿琳、张静、郑仲仲老师开发。

境的制约，离开了问题所在的情境，问题的解决就会失去实际意义。情境的约束性在确定解决方案的合理性时至关重要，因为它能帮助解决者识别可行的解决方案。离开情境，解决者将难以确定哪些解决方案是切实可行的。

情境的约束性体现在多个方面，包括问题的特点和规范标准、可用的资源和时间，以及问题解决者的能力。这些约束条件在问题解决过程中起着关键作用，它们界定了问题解决的范围，并为解决者提供方案指导。

情境的约束性有助于问题的实际解决，能够帮助解决者在实际情境中找到合理的解决方案，而不是仅停留在理论或想象层面。这种情境约束性对于培养学生的实际问题解决能力至关重要，它迫使学生在实际情境中考虑问题，综合各种因素，找到最佳解决途径。

案例 2.3

水 池 改 造[①]

校园内的水池是一处独具特色的景观，伴随着学校走过了 28 个春秋。然而，最近学生们开始注意到水池的问题：水体常常浑浊发臭，需要耗费大量人工和水资源进行频繁更换；水池内的鱼数量不断减少，水草也逐渐枯死；喷泉设备老化，无法正常运行。这一情况引发了一个驱动性问题："如何进行校园水池改造，以使其更具生态性并可持续使用？"

案例 2.3 涉及学校水池改造，从情境的约束性角度来看，以下方面需要考虑。

资源约束：学校可能受到有限的预算和资源限制，这会影响改造计划的可行性。项目必须在有限的资源下进行，这意味着学生需要找到经济高效的解决方案。

时间约束：学期和季节可能对改造计划产生时间约束。例如，在学生放假期间可能更容易实施大规模工程，但必须确保在学期开始前完成。

技术和工程限制：喷泉设备的老化和水池中生态系统的问题需要特定的技术和工程知识来处理，这些限制可能会影响解决方案的可行性。

环境约束：解决方案涉及生态系统改造，需要确保对周围环境的负面影响最

---

① 本案例由杭州市学军小学提供。

小。这涉及遵守环保法规和标准,并保持水体生态平衡。

因此,从情境的约束性角度来看,这个改造项目需要在有限的资源和时间内,考虑技术、环境和工程等多重约束条件,找到最佳的解决方案。这将促使学生综合考虑各种因素,实现解决实际问题能力的发展。

3. 情境的价值性

情境与学生的思维和价值观有着紧密的联系。好的驱动性问题一方面能引发高阶思维;另一方面能提供问题化的组织结构,为信息和内容提供有意义的目的。[①] 情境背后蕴含的价值观会对学生的情感、态度和价值体认产生影响,促使学生思考和探索,推动思维发展。

情境的价值性也决定了驱动性问题的层次性。具体情境中适合产生较低层次的问题;而更具宏观视野的情境可产生较高层次的问题,引发的问题更具挑战性,需要持续的探究。

例如,"光盘行动"、"高楼节能"、"水池改造"三个案例分别关联了食物浪费问题、能源浪费和环保问题、校园环境和生态保护问题,都通过情境和驱动性问题,传递了与资源保护、环境保护、可持续性发展相关的价值观。这有助于学生在解决问题的过程中发展出积极正确的价值观,更好地应对未来社会的挑战。

同时,这三个案例的驱动性问题在层次性上有所不同——"光盘行动"解决的是特定的食物浪费问题;"高楼节能"在问题层次上更具宏观视野,需要学生思考如何在建筑领域实践可持续发展;"水池改造"涉及生态系统管理和资源可持续利用,是一个更高层次的问题。这些案例在层次性上呈现出多样性,从解决具体问题到思考更宏观的问题,为学生提供了不同层次的问题解决和思维发展的机会。

二、驱动性问题的表现特征是挑战性和指向性

(一)挑战性

项目化学习的核心目标是激发学生主动学习和应用知识与技能的能力。为达

[①] 转引自:夏雪梅. 项目化学习设计:学习素养视角下的国际与本土实践 [M]. 北京:教育科学出版社,2018:55.

到这一目标，驱动性问题需要具有一定的挑战性，能够在认知上引发学生的思考和兴趣。恰当的挑战或问题能将学生置于舒适区的边缘，延展他们的思考力。[①]

挑战性问题不仅能够激发学生的好奇心和求知欲，还能激发他们探究问题的积极动机。这种动机是学生积极参与学习项目，运用有效的学习策略，并在面对挑战时坚持不懈的关键动力。通过积极面对具有挑战性的问题和学习任务，学生在试误中成长，并不断发展能力和自信心。这种动机能够激发学生在项目化学习中蓬勃发展，不断提升他们的学业成就和解决问题的能力。

（二）指向性

项目化学习的指向性有两层具体含义。首先，项目化学习与基于问题的学习都是围绕问题解决而展开学习，区别在于基于问题的学习是围绕帮助学习者找到解决问题的办法来组织教学，而项目化学习则是围绕制作产品、完成任务或者提供服务来组织教学。项目化学习以成果为导向的学习方式能够全面反映学生解决问题的过程和思考，这体现了驱动性问题指向性的第一层含义，即问题指向成果。

其次，项目化学习是一个长程的学习过程，融合了多样的学习内容和能力发展。通过驱动性问题鼓励学生积极参与体现学科特征和跨学科特征的实践，引导他们有重点地行动。这有助于学生专注于特定素养的发展，同时也有助于教师集中精力指导规划和制定标准。这构成了驱动性问题指向性的第二层含义，即问题指向素养发展和学科与跨学科实践。

第二节　驱动性问题的设计

驱动性问题的设计是项目化学习的核心，需要考虑多个因素，以具备开放性

[①] 博斯，拉尔默．项目式教学：为学生创造沉浸式学习体验［M］．周华杰，陆颖，唐玥，译．北京：中国人民大学出版社，2020：56．

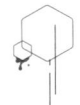

和情境性等特征,并确保问题能够激发学生的好奇心,推动学生深入学习。

一、驱动性问题设计的要点

要确保驱动性问题的开放性、情境性、挑战性和指向性,高质量的驱动性问题设计需要注意以下要点。

(一)把握本质问题/关键问题

驱动性问题的设计有两条基本路径:一是始于真实问题,即从生活的真实问题出发来设计;二是始于学科本质问题,即从学科课程的知识与能力目标出发来设计。① 前者的难点是如何将真实问题与核心素养关联,后者的难点是对学科本质的精准把握。

夏雪梅提出,项目化学习应关注核心知识的学习与应用,这意味着设计者要提出本质问题(Essential Questions)。本质问题是指在学科中、人生发展历程中或是对世界的理解中真正持久而重要的问题。② 此处对本质问题的解释,与威金斯的 Essential Questions 是一致的。Essential Questions 有不同的翻译,在《理解为先模式——单元教学设计指南(一)》中翻译为核心问题,在《追求理解的教学设计(第二版)》中翻译为基本问题。Essential Questions 中的"Essential"具有四层含义:一是指在我们一生中会重复出现的重要问题;二是指某一学科的核心思想和探究;三是指学习核心内容所需的东西;四是指能够最大程度地吸引特定的、各种各样的学习者。③

威金斯同时给出了判别基本问题的六个指标:

- 真正引起对大概念和核心内容的相关探究;
- 激发对更多问题的深度思考、激烈讨论、持续探究和新的理解;

---

① 张丰.聚焦任务的学习设计:作业改革新视角[M].北京:教育科学出版社,2023:200-201.
② 夏雪梅.项目化学习设计:学习素养视角下的国际与本土实践[M].北京:教育科学出版社,2018:54.
③ 威金斯,麦克泰格.追求理解的教学设计:第二版[M].闫寒冰,宋雪莲,赖平,译.上海:华东师范大学出版社,2017:123-124.

- 要求学生考虑其他不同观点，权衡论据，论证自己的想法和回答；
- 激励学生对大概念、假设和过往的经验教训进行必要的、持续的反思；
- 激发与先前知识和个人经历的有意义联系；
- 自然重现，为迁移到其他情境和学科创造机会。[①]

上述六个指标为项目化学习中本质问题的提炼提供了很好的参考。驱动性问题设计的另一路径是"关键问题"。关键问题是基于课程标准的学科重点和学习难点问题，这对于教师来说相对熟悉，也容易把握。

同时，从使用的角度来看，教师们在项目实施中还有很多困惑，如："一个项目有很多本质问题吗？""本质问题是只能在项目设计开始时使用，还是项目实施过程中也能使用？"

为此，有必要进一步厘清各种概念。在项目化学习中，学生将面对两类问题——需要解决的问题和需要思考的问题。Essential Questions 是学生面对的需要思考的问题，指向和突出对大概念和核心概念的理解；而驱动性问题则是驱动学生学习、需要学生解决的问题。我们认为，教师可以同时采用本质问题和基本问题的概念，两者都与 Essential Questions 关联。本质问题是教师设计的反映学科关键探究、指向学科大概念或核心概念的问题，是隐藏在学生实践活动背后的问题；而基本问题是在实践活动中，引发学生与实践经历建立联系，对核心概念进行持续思考的问题。本质问题是驱动性问题设计过程中教师需要考虑的、学生通过项目实践最终理解的问题；基本问题是项目任务和支持性活动设计过程中提出的、在项目实施过程中学生需要思考的问题。在本书中，我们还采用核心问题一词。核心问题与学习任务相关联，是驱动性问题的子问题，是需要学生解决的问题。图 2-1 梳理了项目化学习中各种问题之间的关系。

---

① 威金斯，麦克泰格. 追求理解的教学设计：第二版 [M]. 闫寒冰，宋雪莲，赖平，译. 上海：华东师范大学出版社，2017：124-125.

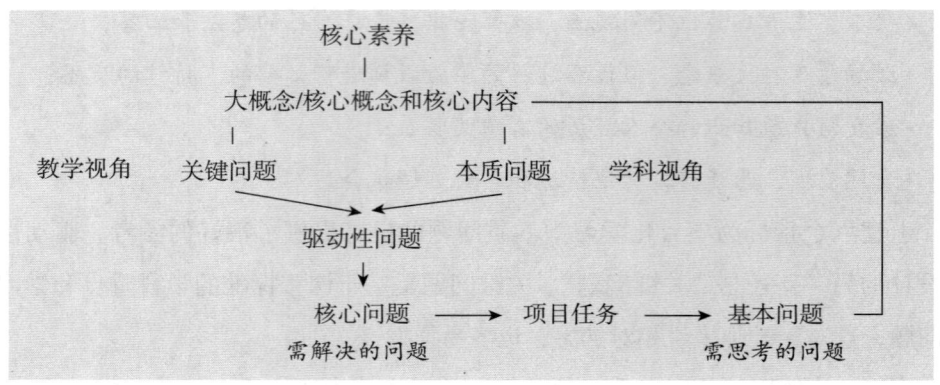

图 2-1　项目化学习中的问题

> **案例 2.1**
>
> "光盘行动"——一克米有多少？（续）

　　杭州市大禹路小学从数学学科出发，将项目关联数学学科的关键问题："'克'是一个较小的质量单位，如何加强学生对'克'的感知与理解？"将项目的驱动性问题确定为："如何利用数据让节约粮食宣传更加真实和打动人心？"围绕数感、量感、数据意识、运算能力四个数学核心概念来设计项目的学科目标。

　　数感：对粮食浪费数据有直观感悟，能在真实情境中进行合理估算，做出合理判断。

　　量感：认识克、千克，建立1克、10克、100克、1000克等质量的体感，明确各单位间的关系；会结合真实情境选择合适的度量单位进行度量。

　　数据意识：经历统计过程，会对数据进行整理、分析和判断；知道应先做调查研究，收集数据，感悟数据蕴含的信息。

　　运算能力：明确质量单位间的关系，运用进率进行化聚，提升运算能力；会选择合理简洁的运算策略解决问题。

　　项目的核心任务与核心问题如下。

任务一：数据收集。（如何进行高效的调研活动？）

任务二：数据处理。（如何借助"克与千克"单元知识，用自己的方法找出一克米大约有多少粒？）

任务三：数据分析。（如何借助数据的力量激起节约粮食共鸣？）

任务四：数据应用。（如何根据数据进行多种形式的节约粮食宣传？）

在核心任务中，教师也设计了一系列的基本问题，如任务三提出"怎样让统计结果更准确、一目了然？如何让数据更有说服力？"，任务四从社会责任感的角度出发，让学生思考"这件事为什么对我、周围的人、世界很重要？"，通过反思激发学生内心的节约粮食意识，达到节约粮食的目的。

"光盘行动"项目在实施中有多种迭代和实践，如有的学校侧重如何称重，让学生设计并制作简易天平；有的学校侧重如何宣传，让学生学习宣传标语、歌谣等的撰写，学习海报的设计与制作；还有的学校将项目改为"一粒米的故事"，让学生通过亲历田耕种植，懂得珍惜粮食。案例2.1基于数学学科，聚焦学科教学中的关键问题"'克'是一个较小的质量单位，如何加强学生对'克'的感知与理解？"，将驱动性问题确定为："如何利用数据让节约粮食宣传更加真实和打动人心？"，从而开展学科项目化学习，通过项目化学习解决学科中的难点、重点。项目还围绕数学核心概念来设计项目学科目标，基于课程标准，紧扣数学核心素养，使基本问题能促进学生深度思考。

（二）关联学习目标

在设计驱动性问题时，很重要的一点是确保这些问题与项目的学习目标和课程标准相关联。关联学习目标有两种基本路径，取决于问题的起点：一种是从真实问题出发，另一种是从学科本质问题出发。前者遵循了真实问题—驱动性问题—核心素养（课程标准）的逻辑，后者则依循了核心素养（课程标准）—本质问题/关键问题—驱动性问题的逻辑。

其中，嵌入核心概念是关联学习目标的一个重要策略。核心概念通常指的是

反映专家思维方式的概念、观念或论题①,能促使思维达到整合水平,促进深层次的理解,并鼓励知识的迁移。为确定核心概念,教师可以采取课程标准、学科核心素养、专家思维、概念派生、生活价值、知能目标、学习难点和评价标准八种路径。②依据威金斯的建议,教师可以浏览课程标准并识别其中反复出现的关键名称(如重要概念),使它们成为驱动性问题的基础;也可以考虑从教材中找到与某个大概念相关的重要问题,以确保学习目标与驱动性问题之间的紧密联系。③

(三)融入学科实践

在设计驱动性问题时,融入特定学科的实践至关重要。这意味着问题的形式应能促进学生开展特定学科领域的实践,如科学实验、历史研究、数学建模或文学分析等。这样做有助于将问题与学科知识和技能有机结合,使学生在解决问题时能应用特定领域的方法和工具。不同类型的驱动性问题,如哲学或争议性问题、以产品为导向的问题和以角色为导向的问题,可以在项目化学习中以不同方式引导学生应用学科实践。④例如,"我们是否应该在建议的地区修建新的高速公路?"是一个哲学或争议性问题,"作为一名科学家,我如何设计一个实验来解释一个科学现象?"则是一个角色导向问题。

融入学科实践的驱动性问题设计可以促进学生的学科理解,激发学习动机,为他们提供更丰富的学习体验。这需要选择合适的问题、构建适宜的情境,并提供相关的学科工具和资源,以确保学生在解决问题时深入应用学科实践。

二、驱动性问题设计的路径

驱动性问题的设计有两条路径:一是基于设计要点,二是基于问题表达框架。

---

① 刘徽.“大概念”视角下的单元整体教学构型:兼论素养导向的课堂变革[J].教育研究,2020(6):64—77.
② 同①.
③ 威金斯,麦克泰格.追求理解的教学设计:第二版[M].闫寒冰,宋雪莲,赖平,译.上海:华东师范大学出版社,2017:134.
④ Miller A. In search of the driving question[EB/OL].(2017-08-30)[2023-12-21]. https://www.edutopia.org/article/search-driving-question.

这两条路径为问题的有效设计提供了关键指导，确保驱动性问题的质量。

（一）基于设计要点

该设计路径包括以下步骤：

1. 列出课程标准希望学生达到的学习目标。

2. 用2至3句话解释学生需要完成这些学习目标的原因，以及这些学习目标在现实世界中对学生的帮助。

3. 画一个3列的表格来确定学习技能和内容：在第一列中，列举出学习目标中学生要使用的3至5个动词（如比较、计算、研究、分析等）；在第二列中，列出与学习目标相关的2至3个名词（如记叙文、科学计数法、消费等）；在第三列中，列出可以在这些学习目标中生成或解决的现实世界的产品（成果）或问题。

4. 从步骤3中选择1个真实的产品（成果）或问题和2至3个过程技能（动词和名词），根据这些内容确定现实生活中对应的可以生成这个产品（成果）或解决这个问题的角色或职业。

5. 将步骤4中的选择组合成一个驱动性问题，并使用驱动性问题与学生一起启动和指导项目。①

依据上述路径构建驱动性问题的模板见表2-1。

表2-1 构建驱动性问题的模板

第一部分：学习目标
列出国家课程标准要求学生达到的学习目标。
第二部分：学习目标的重要性
为什么学生需要完成这些目标？这些目标如何帮助现实世界中的学生？

---

① Blankston K. Building driving questions［EB/OL］.［2023-12-05］. https://teaching.betterlesson.com/strategy/20/building-driving-questions?from=search.

续表

第三部分：分析技能与内容		
关键词和潜在产品（成果）或问题是什么？		
动词	名词	真实世界的产品（成果）或问题

第四部分：将其综合		
选择现实世界的产品（成果）或问题、重要的过程技能和现实世界的角色。		
现实世界产品（成果）或问题 从第三部分中复制1个现实世界产品（成果）或问题	重要的过程技能 从第三部分中选择2—3个重要的过程技能（动词和名词）	现实世界角色 选择生成该产品（成果）或问题的职业或角色

第五部分：写驱动性问题
使用第四部分中的选择，写出驱动性问题。

（二）基于问题表达框架

驱动性问题的表达可以包括四部分：框架词、主体或角色、行动或挑战、对象或目的。[1]

参考这一框架，教师可采用以下简明步骤，写出驱动性问题。[2]

1.问题：问题通常以疑问形式出现，激发学生的学习兴趣和动机，可以"如

---

[1] BUCK INSTITUTE FOR EDUCATION. Driving question tubric 2.0［EB/OL］.［2023-12-05］.https：//my.pblworks.org/resource/document/driving_question_tubric.

[2] Segar S. How to write engaging PBL driving questions simply and clearly［EB/OL］.（2022-10-04）［2023-12-05］. https://www.experientiallearningdepot.com/experiential-learning-blog/how-to-write-project-based-learning-driving-questions.

何"、"应该"、"什么"、"可以"等词语开头。例如，案例 2.2 中的驱动性问题是："作为一名节能工程师，你如何在高层建筑的设计中创新应用可再生能源，以解决用电浪费的问题？"

2. 主体或角色：主体是项目的实施者，有时会被赋予某种角色，以帮助定义问题的背景和范围。在案例 2.2 中，角色是"节能工程师"。

3. 行动或挑战：行动是主体为解决问题采取的具体措施，通常指向产生某种产品、提出解决方案或创造价值。在案例 2.2 中，行动是"创新应用可再生能源"，指向解决用电浪费问题的方法或方案。

4. 对象：对象是与项目目标相关的社会群体或特定受众。项目的结果要确保与现实世界关联，并具有实际的影响力。例如，在案例 2.2 中，项目的对象可以是高楼建筑的业主。

5. 目的或影响：目的描述了为什么要解决这个问题、项目的最终目标是什么，以及项目的学习活动将如何影响学生和社会。在案例 2.2 中，目的是降低能源成本，改善能源可持续性。

第三节　驱动性问题的应用

一、帮助学生理解驱动性问题

（一）呈现驱动性问题

在项目化学习中，驱动性问题的呈现应是一个精心策划和设计的过程。要确保驱动性问题有效发挥作用，可综合使用多种方法，帮助学生理解问题的背景、复杂性和相关性，并鼓励他们积极参与解决问题的过程。方法有如下几种。

1. 引入真实情境：引入一个真实的情境或背景。该情境涉及学生将要研究和解决的问题。情境的目的是传达问题的现实性和重要性，使学生理解问题为什么值得研究和解决。

2. 问题陈述：明确定义和清晰陈述驱动性问题。问题陈述应该简洁明了，避免模糊或有歧义的措辞。

3. 提供示例或案例研究：提供一些示例或案例研究，说明问题的复杂性和多样性。这有助于学生理解问题的不同方面和可能的解决路径。

4. 角色扮演：为学生分配或建议适当的角色。这些角色有助于他们更好地理解问题和从不同的视角思考问题。

5. 提供启发性资源：提供学生所需的资源，以帮助他们更深入地了解问题。这些资源可以是书籍、文章、数据、专业意见、实地考察等。

案例 2.3

水池改造（续）

项目以校园真实的水池作为案例情境，让学生借助平板电脑观看校园水池图片，寻找发现水池中存在的问题。学生观察与讨论，在教师的引导和总结下，重点关注水质问题、生态问题等；同时连线校长（观看校长采访视频），知道学校也非常关注水池问题，如果同学们能设计一个合理的校园水池改善方案，校长室会慎重考虑，有可能采纳同学们的建议。

案例 2.3 提供了一个生动的、参与性较强的学习情境，具有以下特点。

1. 真实情境：项目以校园水池为背景，直接关联学生的校园生活，增加了问题的真实性和学习的相关性。

2. 引导总结：教师的引导和总结有助于学生更好地理解问题的本质及其涉及的多个方面，从而引发学生对问题的兴趣和思考。

3. 校长的参与：校长的参与和表态增加了项目的真实性，让学生明白他们的提议可能会对学校产生影响，从而增强参与的动机和责任感。

4.技术应用：借助平板电脑观看图片等对技术工具的使用，能够让学生更全面地探索水池情况。

（二）解析驱动性问题

驱动性问题有助于学生和教师关注项目焦点，更深刻地理解项目目的。[①] 驱动性问题的解析非常重要，因为它有助于师生确定项目的实际方向和实施过程。其作用主要有四个方面：一是明确目标——驱动性问题的解析有助于学生理解项目的实际操作方向，明确学习目标；二是确定学科关联——解析驱动性问题可以帮助学生将项目与特定学科领域相关联，确保项目不仅有趣而且教育价值高；三是拟订计划——解析驱动性问题有助于确定解决问题的步骤和所需的资源；四是引导研究和探索——解析驱动性问题能够指引学生查找信息和资源来解决问题。

为此，在提出驱动性问题后，教师可以和学生一起进行驱动性问题的解析，具体包括以下几步。一是概述问题，即让学生了解驱动性问题是什么、问题的核心内容是什么。这通常包括明确问题的背景信息，以帮助学生更好地理解问题的重要性。二是确定目标和评估标准。明确问题的解决目标，即明确想要达到的具体成果是什么。这通常包括期望学生学到的知识、技能，或者问题解决后的实际产品或方案；明确如何评估学生提出的问题解决方案，包括明确评估标准和方法。三是确定核心概念，即确定问题解决涉及的核心概念或学科核心素养。这些概念是与问题相关的关键学科概念，有助于将问题与学科知识联系起来。四是制订计划。帮助学生制订学习计划，包括资源的收集、任务的分配、项目的时间范围等，这有助于学生组织学习过程。

通过解析驱动性问题，学生能够更好地理解问题的实质，深入研究问题的方方面面，从而更有效地解决问题，实现项目化学习的目标。

---

① 伦兹，威尔士，金斯敦.变革学校：项目式学习、表现性评价和共同核心标准[M].周文叶，盛慧晓，译.长沙：湖南教育出版社，2020：71.

案例 2.4

"校园生物分布图册"中的微型研究[①]

针对小学科学六年级下册"生物多样性"的学习，学校创设"校园生物分布图册"项目，并设计了三个类似但有差异的驱动性问题来开展微型研究。

A 组：如何设计、制作一份描述校园真实生物分布、形象直观的校园生物分布图册？

B 组：如何绘制一份描述校园生物种类、数量特征的校园生物分布图册？

C 组：如何设计、制作一张描述校园一角真实生物分布、形象直观的明信片？

"设计"、"制作"和"绘制"对应着驱动性问题表达框架中的"行动"部分；而基于学科限制的产品呈现效果词语，如"描述校园真实生物分布、形象直观的"，则属于"目的"。

研究发现，学生的项目化学习往往重"行动"而轻"目的"，对项目化学习的认知停留在"设计制作产品"、"产品最重要"的层面上。为此，教师通过问题链引导学生对驱动性问题进行解析。例如，教师向 A 组学生提出以下问题，引导学生组内交流：

（1）什么是生物分布/形象直观/生物分布图册？

（2）如何描述真实生物分布/呈现得形象直观？

教师用提问的方式驱使学生思考驱动性问题中的核心概念，并在交流与讨论中逐渐达成理解的一致。一些被忽视的学科概念重新得到关注和思考，这也让学生对项目的任务与学习目的有了更加深入的了解。

（三）开展情境探索

根据情境在探究学习中的作用，探究学习有两类典型的实践：一类是"情境探索学习模式"，通过创设情境、形成问题来促进探究学习；另一类是"做中学"，进入情境，通过实验实践的真实参与，展开探究学习。[②] 项目化学习综合了情境探

[①] 本案例由杭州市星澜小学童婕好老师提供。
[②] 张丰. 聚焦任务的学习设计：作业改革新视角[M]. 北京：教育科学出版社，2023：112.

索和情境实践，使学生在项目中能够充分理解问题的复杂性，发展解决问题的综合能力。

情境探索通常发生在项目早期，其目标是为学生创造一个有启发性的情境，以引发学生的问题意识、激发学生的学习兴趣。这个过程包括情境对话，即通过与学生的互动，帮助他们认识情境的价值，并明确问题的本质。情境探索有助于学生更好地理解项目的背景、明确学习的方向，以及考虑可能的约束条件，这为项目的进一步实施奠定了扎实的基础。

情境实践则是项目化学习的持续过程，它将学生置身于实际情境中，要求学生通过亲身实践来解决问题或完成任务。这种实践方式的优势在于帮助学生在现实情境中应用知识和技能，从而更深刻地理解和掌握所学内容。在整个项目学习过程中，情境实践贯穿始终，确保学生的学习和实践是与情境有机结合的，而不是脱离实际情境的抽象学习。这促使学生真正参与到问题解决和项目实施中，发展了解决问题的主动性和实践技能。

案例2.5

校园导览手册[①]

学校拥有两个校区，当前面临一个问题：新生很难在短时间内了解校园环境、学习资源的使用方式，以及如何安全参与学校活动。为解决这一难题，学校展开了"校园导览手册"跨学科学习项目。此项目的驱动性问题是："如何制作一份生动反映校园特色、提供清晰导向的校园导览手册，以帮助新生快速熟悉校园？"

在解决这一问题的过程中，情境探索起到了关键作用。学生对该问题有亲身体验，但如何从实际生活中挖掘人们的真正需求呢？教师充分利用思维工具，如AEIOU观察表、用户移情图和POV（Point of View）关键视点，帮助学生深入观察、理解用户需求，在问题解决中坚持以人为本。教师运用思维工具激发学生的情感参与，通过再现真实情境，推动学生与外部事物、活动和环境深度互动。此过程不仅唤起学生作为新生时的回忆和体验，还引导他们关注与不同群体用户的

---

① 本案例由杭州市卖鱼桥小学余辛怡老师提供。

互动，如老师、家长、保安等。

明确了驱动性问题后，学生通过实地调研验证了他们对用户需求的假设。通过自主学习问卷编制技巧，学生两人一组制订了指向驱动性问题解决的调查问卷。通过整合各班学生制作的问卷题目，最终形成一份相对全面的调查问卷，体现了不同用户的真实需求。经过这一实地调研，情境更明确地指引了问题解决，项目小组提炼出了调查结果的四个关键词："路线"、"流程"、"安全"和"参与"，为进一步分解驱动性问题和设计任务角色打下了基础。

案例2.5强调了情境探索在项目化学习中的关键作用。通过仔细观察学生在新校区中面临的问题，教师引导学生借助思维工具，深入理解用户需求，聚焦问题的核心。实地调研进一步验证了他们的猜想，确保问题的真实性和针对性。情境探索为驱动性问题的明确定义和任务角色的设计奠定了基础，确保项目能够更好地满足用户的需求，同时帮助学生更深入地理解问题，发展解决问题的能力。

二、将驱动性问题贯穿整个项目

为确保驱动性问题不仅在项目之始引发学生的兴趣，还能在项目进展全过程中吸引和引导学生的学习，使他们保持对问题核心的关注，使项目化学习更具吸引力和教育意义，教师需要把握以下要点。

（一）使用驱动性问题组织项目进展

驱动性问题在项目化学习中至关重要，不仅为项目进展提供明确的方向，还激发了学生的好奇心和问题意识。明确定义和有吸引力的驱动性问题有助于学生认识问题的核心和重要性，借助驱动性问题推进项目进展。这意味着，驱动性问题不仅在项目的起始阶段引发学生的兴趣，而且在整个项目完成过程中都应保持活跃，为学生提供持续的启发和引导。通过这种方式，使项目的进展遵循一种有机的结构，并确保问题的重要性在学习过程中不会被忽视，同时使学习始终朝着目标进行。

（二）持续地回顾驱动性问题

驱动性问题要贯穿整个项目实施过程。这体现在项目不同阶段持续讨论、重新评估和深化问题，以确保学生对问题的兴趣和理解在整个项目完成过程中都能保持高水平。此外，反复强调问题的关键性，可以使学生明白问题是项目的核心，解决方案是实现目标的手段。通过不断提醒学生关注问题，他们能更加积极地思考，并期待找到解决方案以满足问题的需求。

（三）结合学生的关注方向进行引导

学生关注解决方案的提出，期待看到自己的创意被实现。在教学中，将驱动性问题与学生的解决方案相关联，可以引导他们将注意力集中在问题的核心要素上。这种关联有助于学生提升问题理解的层次和复杂性，从而更深入地探讨和解决问题。同时，教师可以引导学生思考其解决方案是如何应对问题的，以激发他们对问题的深入探究。

案例 2.6

吃药提醒盒[①]

本项目化学习涉及跨学科问题解决，所要解决的问题源于现实生活中常有患者因遗忘等原因未及时服药导致发病的情况。驱动性问题为："如何设计一个方便携带、实用有效、经济美观的吃药提醒盒？"项目时长为6课时，涉及学科包括科学、数学、技术、艺术、工程，实施年级为七年级。

在项目实施中，教师始终关注问题与用户需求。例如，教师在方案设计环节，采用方案设计检核表（见表2-2），从方案如何满足需求的角度让学生进行构思；在制作环节，从功能是否实现的角度，借助表2-3这一工具让学生思考功能与问题解决之间的关系。

[①] 本案例由湖州市第五中学戴秋丽老师提供。

表 2-2　方案设计检核表

序号	检核问题	创新思路	产品
1	是否可以调整提示功能		
2	是否可以改变形状		
3	是否适合年龄不同的群体		
4	是否可以改变大小		
……			

表 2-3　作品功能与涉及的知识

预设功能	功能实现	对应的知识技能
语音提醒	语音提醒模块	1. 串联、并联电路的特点及其在生活中的应用
亮灯提醒	LED 灯	2. 用基本的电路连接知识和实验技能完成电路的连接
时间提醒	时间模块	
紧急联系人	蓝牙显示屏	1. 了解通信技术在物联网中的关键作用 2. 认识蓝牙通信技术的应用场景及特点

本章小结

　　本章聚焦项目化学习中的驱动性问题。以问题解决驱动学生学习，是项目化学习的标志性学习机制。驱动性一方面体现在问题本身之于学生的意义，另一方面在于实践过程中对问题的解决。驱动性问题的核心特征是基于情境的开放性，其表现特征在于挑战性和指向性。把握本质问题 / 关键问题、关联学习目标、融入学科实践是驱动性问题设计的三大要点。教师可以按照基于设计要点和基于问题表达框架两条路径来设计驱动性问题。与驱动性问题的设计相比，其应用策略同样重要。项目实施中教师要帮助学生理解、解析驱动性问题，并将驱动性问题贯穿整个项目。

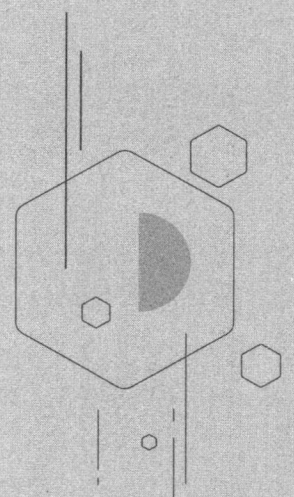

第三章
以项目任务承载学习

学习驱动机制——驱动性问题

学习承载机制——核心任务
　　　　　　　　支持性活动

学习指导机制

学习评价机制

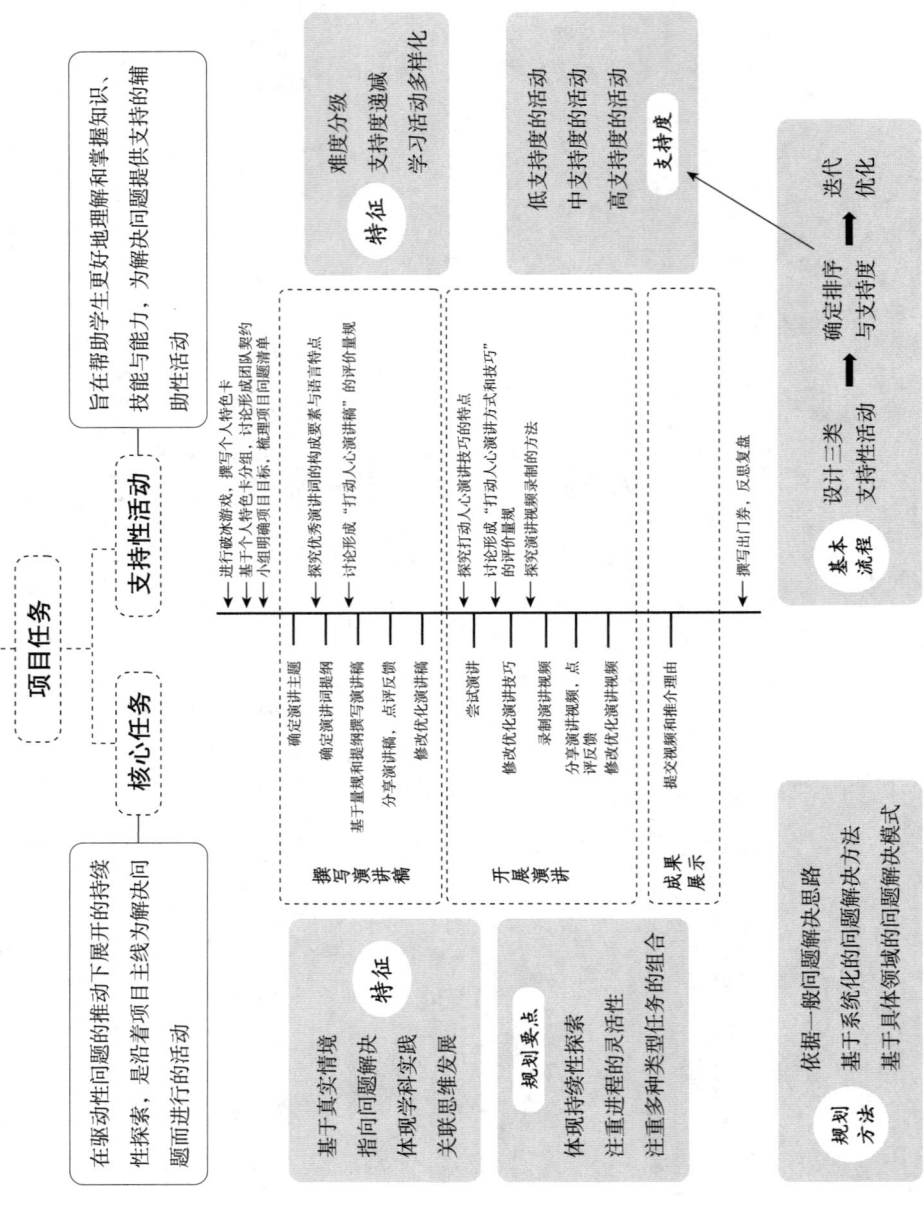

第三章主要内容的逻辑关系

美国巴克教育研究所将项目化学习定义为一套系统的教学方法，它是对复杂、真实问题的探究过程，也是精心设计项目作品、规划和实施项目任务的过程，在这个过程中，学生能够掌握所需的知识和技能。① 马卡姆认为，在项目化学习这种教学模式中，教师需要精心设计项目主题与任务，学生据此在真实情境中开展较长时间的探究活动，以此建构知识体系并提高学习能力。② 托马斯认为项目化学习需要复杂的任务，学生基于挑战性问题的解决过程进行问题解决、决策或者调查活动。③ 这些都强调了项目任务的重要性。在项目化学习中，教师要基于驱动性问题设计体现学科（领域）性质的系列项目任务来承载学习。项目任务由核心任务和支持性活动组成。

第一节　核心任务与支持性活动

一、为什么强调项目任务

项目任务与学科实践是一体两面，强调项目任务主要是基于以下两方面的思考。

（一）促进真实问题解决与知识学习相联结

在项目化学习中，如何将真实问题解决与知识学习相联结？郑太年教授分析了两种常见的实践模式。一种实践模式是学科知识学习附加问题引入和知识应用模式。这种模式以一个真实问题引发相应的学科知识主题，而后采取多种方式进行学科知识的去情境化学习和强化，待学生较好地掌握了学科知识，再回到真实

---

① PBLWorks. What is PBL?［EB/OL］.［2023-08-05］. https://www.pblworks.org/what-is-pbl.
② Markham T. Project based learning: a bridge just far enough［J］. Teacher Librarian, 2011, 39（2）: 38-42.
③ Thomas J W. A review of research on project-based learning［EB/OL］.（2000-03）［2023-12-26］. https://www.pblworks.org/sites/default/files/2019-01/A_Review_of_Research_on_Project_Based_Learning.pdf.

问题的情境中加以应用，并巩固学科知识。另一种实践模式是问题解决辅以学科知识学习与强化模式。这种模式直接用于学科知识学习的时间较少，因此一些教学设计者常采取两种方式来补充和强化学科知识的学习：一是在探究和问题解决过程中本着根据需要即时学习（just-in-time）的原则，在任务推进过程中穿插学科知识的探索或者直接教学；二是在问题解决或者探究活动完成后增加知识巩固和强化环节。[1]这两种实践模式都是强调在真实问题解决和学科知识学习的关联中，实现知识的有意义获取与有效运用。

项目化学习就是一种在真实问题解决过程中即学即用、学以致用的模式。巴克教育研究所提出将项目化学习分为五个阶段，即项目发布、知识与能力建构、形成与修订成果、成果展示、反思与迁移。尽管这种阶段式的分析思路易于理解与操作，但仍未解决真实问题解决和学科知识关联的问题。强调项目任务，就是强调以学习者为中心，赋予学生更多的自主性，通过核心任务、支持性活动，让学生从现实生活中、问题解决中构建自己的知识体系，从而形成高阶学习能力。

在项目化学习实施中，核心任务与支持性活动是交替进行的，而不是线性顺序关系。教师要根据问题解决过程所需用到的知识、技能和学生已有的知识、技能来考虑安排支持性活动。

（二）倡导任务设计先于教学过程设计

项目化学习注重学习方式的转变，这就要求传统的教学设计向注重完整任务的学习设计转变，并倡导任务设计先于教学过程设计。

相对于传统的教学设计，项目化学习中的学习设计首先强调"学生立场"，始终将学生的"学"放在第一位；其次，重视承载学习内容的学习资源与体现学习方式的学习任务的设计，这是学习内容的组织与呈现方式的体现；再次，强调学习活动设计先于教学过程设计，以学生学习活动为主线，辅以教学指导；最后，强调教师教学行为属于支持性行为与促进性行为。[2]项目化学习也遵循学习设计的主张，强调项目任务，强调教师在项目化学习设计中优先考虑学生的学而不是教

---

[1] 郑太年.联结真实问题与学科知识的学习活动设计［J］.上海教育，2021（20）：62-63.
[2] 张丰.聚焦任务的学习设计研究［D］.杭州：浙江大学，2023：50.

师的教。这是转变教学方式，实现"学为中心"的第一步。在项目化学习设计中，教师应先根据项目目标和学生实际，设计学生应经历的项目任务，再考虑教师的课堂组织实施方案。

传统的教学设计强调教学过程的设计，包括设计教学的环节以及各环节之间的过渡与衔接，在设计过程中，教师逐步添加任务。这种任务往往是局部任务，任务与任务之间缺乏关联性。在学习设计中，一个重要的动向是面向完整任务开展学习。[1] 完整任务强调聚焦基于真实情境的问题解决任务，是若干子任务的有机组合，重视子任务序列对有效学习的影响。[2] 对于这种聚焦完整任务的教学，弗兰科姆用"任务中心教学"加以概括，包括基于问题的学习、基于项目的学习、探究学习和其他面向真实任务的学习。[3] 因此，在项目化学习中强调项目任务，一是关注子任务的系列化；二是强调"任务中心"的课堂，关注以任务来承载学习，避免以项目的名义实施但实际上还是"对话中心"的课堂。

二、核心任务与支持性活动的特征

（一）核心任务的特征

我们将核心任务定义为：学生在驱动性问题的推动下展开的持续性探索，是沿着项目主线为解决问题而进行的活动。从该定义出发，核心任务具有以下特征。

1. 基于真实情境，指向问题解决

项目化学习旨在使学生通过真实情境去学习、思考和解决问题。当学生参与和实际生活紧密相连的项目时，学习体验往往更加深入和持久。项目具有高度的真实性，体现在真实的任务、真实的评价标准以及任务对社会和个人具有明确影

---

[1] 盛群力. 现代教学设计论 [M]. 修订版. 杭州：浙江教育出版社，2010：11.
[2] 盛群力，魏戈. 聚焦五星教学 [M]. 福州：福建教育出版社，2015：20—21.
[3] Francom G M. Principles for task-centered instruction [M] // Reigeluth C M, Beatty B J, Myers R D. Instrucaitonal-design theories and models (Volume Ⅳ): The Learner-centered paradigm of education. New York: Routledge，2017：66.

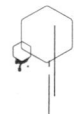

响。驱动性问题推动下的核心任务，也是基于真实情境指向问题解决的。一方面，核心任务由情境以及情境问题引出并推动，通过一个个任务的完成，最终实现驱动性问题的解决；另一方面，任务的完成具有很强的情境约束性，这意味着在任务完成过程中需要考虑真实情境的所有限制和要求。任务的成功不仅取决于其结果，还取决于结果在实际情境中的应用，这样，学生可以更好地了解他们的工作在真实世界中的应用和价值。在实际操作中，有的项目关注真实情境，并设计了子任务的情境；有的项目则关注子问题，将驱动性问题分解为子问题链，以此作为问题解决线索，进而设计任务链。

2. 体现学科实践，关联思维发展

项目化学习中的任务与基于问题的学习、主题学习、案例学习和设计学习中的任务类型一样，都属于真实任务。[①]聚焦真实任务不仅要求创设真实的情境，而且要求教学过程中给学生提供真实的解决问题的过程，即与专家相似的真实、有意义的实践。

核心任务关联思维发展，意味着学习者在完成任务的过程中，不是简单地获得知识，而是需要运用和发展自己的思维能力，尤其是高阶认知能力。这种能力包括但不限于分析、评估、创造和解决问题等。关联思维的任务应当是能发人深思的、促进学生质疑的、推动意义建构和迁移的任务。核心任务体现学科实践思想，不仅意味着要求学生掌握相关知识，还要求他们能够运用这些知识，进行深入的思考和探索，即运用学科知识与方法分析和解决问题。

（二）支持性活动的特征

支持性活动旨在帮助学生更好地理解和掌握知识、技能与能力，是为解决问题提供支持的辅助活动。[②]在项目化学习设计和实施中，教师基于学习目标创设真实情境，形成解决驱动性问题的核心任务，学生通过完成一系列核心任务建立整合知识体系，并将所学应用于实践中。然而，学生基础不同，认知习惯也有差异，

---

① 赖格卢特. 面向教育新范式的教学理论与技术［J］. 盛群力，译. 远程教育杂志，2012（6）：86-93.
② 卢夏萍. 如何基于驱动性问题设计项目任务［M］// 张丰，管光海. 项目化学习慕课研修手册（9册套装）. 北京：教育科学出版社，2022：37.

有些学生在解决问题或完成核心任务的过程中可能存在困难。因此，教师须设计支持性活动作为辅助活动，通过必要的铺垫性学习活动，帮助学生完成核心任务、解决驱动性问题，最终达到预期的学习目标。

1. 支持性活动的设计分析

支持性活动的内涵与特征需要结合认知负荷理论、认知学徒理论和最近发展区理论等进行分析。在设计支持性活动时，教师需要考虑以下三个方面。

（1）考虑学生的认知负荷

认知负荷理论强调教育活动须遵循学生的认知能力规律，控制学生学习过程中的认知负荷。① 支持性活动应在有限的工作记忆容量内提供适当的指导和资源，降低无关的认知负荷，确保学生专注于关键概念和技能和学习。因此，教师须根据学生的认知水平和经验，设计适当的支持性活动，以适应不同阶段和需求的学生。

（2）应用认知学徒理论

认知学徒理论认为学生是在社会互动和实践中学习知识与技能。在支持性活动中，教师可扮演导师角色，引导学生参与实践活动，学生借助模仿、观察和反思逐渐发展自己的能力。同时，教师还应关注学生的个体差异，提供个性化支持和反馈，以提高学习效果。

（3）充分利用最近发展区理论

最近发展区理论认为，学生在教师的指导和同伴的协助下，可以达到独立完成任务时无法达到的发展水平。② 支持性活动应关注学生的最近发展区，即介于学生当前能力和潜在能力之间的区域。教师须在支持性活动中逐步引导学生，帮助他们跨越发展障碍，实现更高层次的认知发展。

2. 支持性活动的特征概述

基于以上因素的考虑，支持性活动应具备三大特征。

---

① Sweller J. Cognitive load during problem solving: effects on learning [J].Cognitive Science, 1988, 12（2）: 257-285.
② Vygotsky L S. Mind in society: the development of higher psychological processes [M]. Cambridge, USA: Harvard University Press, 1978: 84.

（1）难度分级。支持性活动应注意难度分级，从易到难，帮助学生逐步掌握完成核心任务所需的知识和技能。根据不同的难度进行支持性活动设计，可以为不同的学生提供不同的帮助和指导，使学生更好地掌握所需的知识和技能。

（2）支持度递减。随着学习的进行和问题的逐步解决，支持性活动的支持度应逐渐降低，以帮助学生最终独立完成任务。这体现了"学习支架"的意义，即通过逐步降低支持度，帮助学生在学习过程中逐渐形成和建立自己的学习能力与自信心。

（3）多样化学习活动。支持性活动应提供多样化的学习活动，以帮助学生在不同的环境中进行实践，习得不同的知识和技能，提高学习效果。

三、核心任务与支持性活动之间的关系

核心任务和支持性活动都承载着项目化学习中的典型学习，反映了学习承载机制的改变。核心任务围绕驱动性问题而展开，最终为解决驱动性问题服务。支持性活动是为解决问题提供支持的辅助活动。

支持性活动到底是如何为解决问题提供支持的？在项目化学习设计和实施过程中，核心任务和支持性活动存在怎样的关系？为了更好地阐述核心任务和支持性活动的关系，帮助教师厘清两个概念之间的关联，下面我们基于一个实例来进行分析和解释。

案例 3.1

打动人心的演讲①

为帮助学生理解演讲稿撰写与演讲中的核心概念，掌握"讲"和"演"的技巧，以及培养人际交往能力（学习目标），结合当前社会热点，设计了"面对新冠肺炎疫情下的种种社会现象，如何演讲才能打动人心，传播正确思想，扩大影响力？"这个驱动性问题。

---

① 本案例由杭州市采荷实验学校谢飞跃老师提供。

教师梳理出解决该驱动性问题的一般步骤，确定"撰写打动人心的演讲稿"、"分享演讲稿，点评反馈"、"修改优化演讲稿"、"开展打动人心的演讲并制作视频"、"分享演讲视频，点评反馈"、"修改优化演讲视频"、"成果展示"等核心任务。但在分析学情的过程中，教师发现这些学生之前没有经历过项目化学习，对于有效团队合作、项目规划以及复盘反思等都缺乏经验。于是，教师创设了相关支持性活动，如"进行破冰游戏，撰写个人特色卡"、"撰写出门券，反思复盘"等学习活动，支持学生进行有效的团队建设和复盘反思。

该项目化学习的流程如图3-1所示，具体支持性活动的展开如表3-1所示。

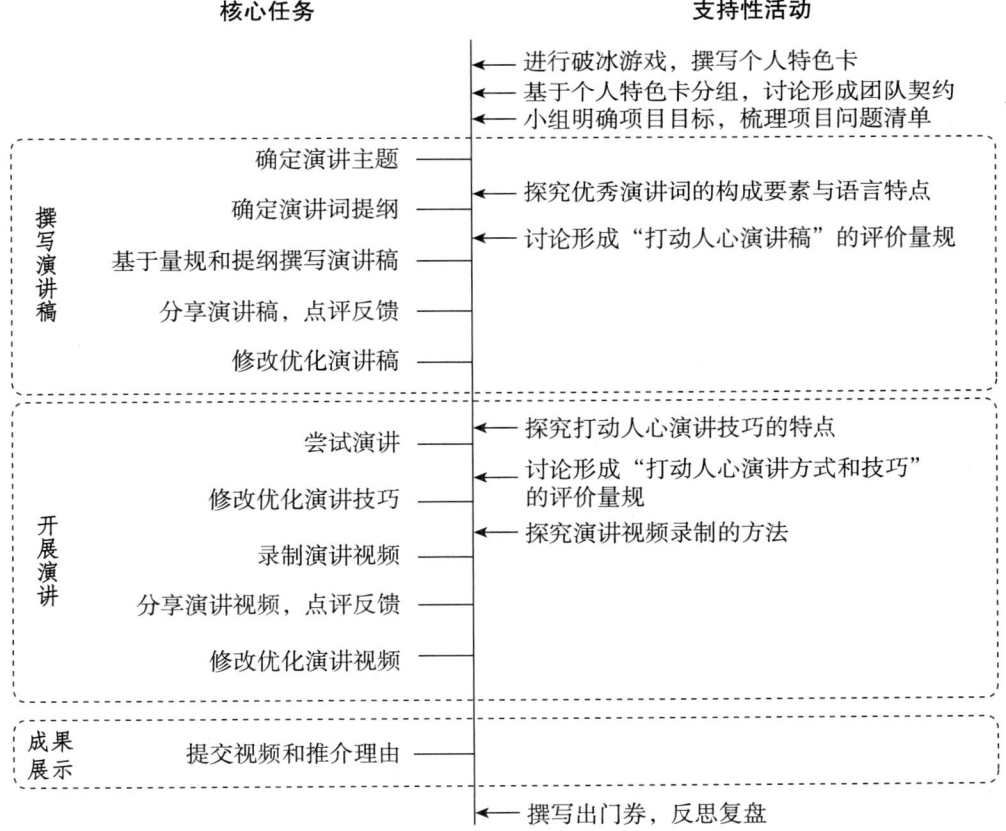

图3-1 "打动人心的演讲"流程图

表 3-1　具体支持性活动的展开示例

- 阅读四篇演讲词，借助表单分析四篇演讲词的构成要素
- 讨论打动人心的演讲词的观点与其他要素之间的关系
- 再次阅读其中两篇演讲词，借助表单补全两篇演讲词主体部分的思维导图；借助思维导图分析演讲词如何围绕观点阐述才能打动人心
- 借助表单补全情景对话，探究吸引听众的演讲词的语言特点

案例3.1通过可视化的图表清晰呈现了核心任务和支持性活动的关系。在该案例中，教师首先结合项目目标，按照专家在真实情境中解决该问题的方法和思路，设计了系列核心任务（也称任务链）；然后针对学生的学习需求和能力基础，设计了系列支持性活动，以帮助学生更好地完成核心任务。

进一步聚焦案例3.1中支持性活动的设计过程，我们可以看到，在确定任务链后，教师利用"解决问题通用框架"模型，基于学情和目标状态，分析学生是否具备完成各核心任务所需的知识、技能和情感态度，明确现实与目标间的差距。这是支持性活动设计的依据。例如，学生需要完成"开展打动人心的演讲并制作视频"这个核心任务，但当前学生尚不具备演讲的相关知识和能力，于是教师设计支持性活动让学生探究演讲技巧、探究如何才能打动人心。教师先让学生观看优秀演讲视频，借助表单梳理怎样的语言技巧能够打动人心，以及打动人心的演讲的特点；然后让学生阅读演讲词，分析演讲的构成要素，结合打动人心的演讲技巧，模拟演讲并录制视频；最后让学生借助表单，对比模拟演讲和原版视频的区别，补充和完善打动人心的演讲的特点与要素。教师通过这一系列的支持性活动帮助学生丰富相应的知识、提升相应的能力，最终帮助学生掌握演讲技巧。在该案例中，核心任务是项目的主线，是指向驱动性问题解决的关键任务；支持性活动是有目的地辅助学生达到学习目标且指向问题解决的系列辅助活动。核心任务和支持性活动一起构成完整的教学活动线。

值得注意的是，如果学生已经掌握相关知识、技能或支架，并能直接应用于学习过程，则相应的活动不被称为支持性活动。如在案例3.1中，学生在确定演讲主题时，直接运用教师设计好的表单进行头脑风暴，记录社会现象和自己的观点，

确定演讲主题。学生并没有深入探究什么是演讲主题、如何有效确定演讲主题，因此这是核心任务的完成过程，不被视为支持性活动。

第二节 核心任务进程的规划

如前所述，巴克教育研究所将项目化学习分为项目发布、知识与能力建构、形成与修订成果、成果展示、反思与迁移五个阶段。与此类似，夏雪梅博士在《项目化学习设计》一书中将项目化学习过程分为入项活动、知识与能力建构、探索与形成成果、评论与修订、公开成果、反思与迁移。我们认为，不一定按照固定的模式来实施项目化学习基本流程，其关键在于核心任务进程的规划。项目任务进程是指根据驱动性问题设计的用于推进学习的系列任务，应体现领域（学科）性质的学习实践。其设计思路与依据是多样的，主线是问题解决的思路，但须考虑学习领域的内在逻辑。项目任务进程是具体丰富的学习活动的组合，包括师生交往实践的可能预设。①

一、规划核心任务进程的基本方法

项目确立后，教师需要从整体的视角规划核心的学习任务及任务进程，形成项目的主线索。规划核心任务进程可以依据一般问题解决思路、系统化问题解决方法、具体领域的解决问题模式等。

（一）依据一般问题解决思路来规划

项目化学习是通过实际项目来解决问题，因此在规划核心任务进程时可以按照一般问题解决思路将大问题分解为子问题，逐步细化。首先，将驱动性问题分

---

① 张丰.聚焦任务的学习设计研究［D］.杭州：浙江大学，2023：203.

解成更小的子问题，以便问题拆解和更好地理解问题的复杂性。子问题可以帮助学生深入研究和分析核心问题的各个方面。其次，为每个子问题明确定义任务，任务须可操作，有清晰的目标，并与核心问题的解决有直接关联。此外，还需明确任务之间的逻辑关系与顺序，以及各任务的可衡量性、可评估性，这通常涉及制订任务完成的标准或评估方法。

案例 3.2

元朝符牌的设计[①]

在初中历史"元朝的统治"单元教学中，教师采用项目化学习的方式，基于如下情境"公元 1279 年，元灭南宋，统一全国。为更好地管理国家，忽必烈要求紧急铸造一批新符牌，于是元朝工部符牌局发布了征集令"，设计了驱动性问题："你如果是元朝的能工巧匠，如何结合元朝的统治措施与特点设计一块符牌，使其更好地助力元朝的管理？"在设计学习任务时，教师围绕驱动性问题分解出一系列子问题，形成了任务链（见表 3-2）。

表 3-2 "元朝符牌的设计"子问题与任务链

核心问题	任务链	教学视角
什么是符牌？符牌的设计要考虑哪些因素？	任务1：明确符牌的定义和设计符牌需要考虑的因素	学生能够通过识读《元朝形势图（1330年）》，知道元朝辽阔的疆域范围 教师通过呈现地图，帮助学生了解元朝的广阔疆域与行省制度的主要内容，培养学生的时空观念和识图能力
如何设计一块元朝的符牌？为什么这么设计？	任务2：根据提供的素材，进行符牌设计	学生通过对符牌的设计，知道元朝是一个民族交融的朝代，知道行省是元朝设立的地方最高行政机构、行省制度影响深远，知道元朝设澎湖巡检司管辖澎湖和琉球、通过宣政院管辖西藏，掌握元朝统治的系列措施 教师呈现史料，引导学生认识行省制度的影响和元朝加强边疆管理的意义，培养学生提取有效信息的能力和论从史出的学科素养
	任务3：完成符牌的展示与理念阐述	
这块符牌设计得如何？符合要求吗？	任务4：工部符牌局完成对设计图的评价	

---

① 本案例由杭州市嘉绿苑中学吴敏杰老师提供。

续表

核心问题	任务链	教学视角
历史上真正的符牌长什么样？有何寓意？	任务5：根据符牌局反馈进行符牌再设计	学生能够通过对元朝统治措施的了解，认识到西藏、台湾地区自古以来就是中国领土神圣不可分割的一部分，理解元朝时的民族交融为我国统一多民族国家的进一步发展奠定了基础，发展国家主权意识与中华民族共同体意识

在案例 3.2 中，教师规划核心任务进程时采取了以下步骤：（1）分析驱动性问题，确定其中涵盖的关键元素，包括符牌的定义、设计因素、元朝的政治文化等特点，以及如何整合这些关键元素。（2）确定核心问题，包括符牌的形状、设计考虑因素、实际设计和符牌的历史使用背景。（3）针对每个核心问题规划相关任务，将学生引导到逐步深入研究和解决问题的过程中。（4）明确任务的学习目标，每个任务都有清晰的学习目标。

总之，按照问题解决思路规划任务进程有三个要点：一是抓准驱动性问题中的关键词；二是清晰定义驱动性问题中的挑战；三是设计任务链，明确任务层级的分布。① 教师在问题分解时要有整体观，需要将子问题的解决方案整合成一个综合解决方案，不要孤立地使用某个子问题或子任务。

（二）基于系统化问题解决方法来规划

系统化问题解决方法主要从技能分解的角度来规划任务进程，注重学生解决问题时所需的技能。系统化问题解决方法是一种处方性计划，规定了学习者在特殊领域中解决问题时所必须达到的总目标和子目标，以及可以帮助他们达成总目标和子目标的经验法则。②

系统化问题解决方法具体说明了问题解决过程中每个阶段的核心任务与完成该任务所对应的技能。从规划的角度来看，教师需要不断追问："为了完成项目，学生需要掌握与运用哪些技能？"

---

① 张丰. 聚焦任务的学习设计研究[D]. 杭州：浙江大学，2023：209.
② 范梅里恩伯尔、基尔希纳. 综合学习设计：四元素十步骤系统方法：第三版[M]. 盛群力，钟丽佳，陈丽，等译. 福州：福建教育出版社，2022：157.

基于系统化问题解决方法规划核心任务进程包含以下关键步骤。

• 明确总目标和子目标：首先，确定项目的总目标，也就是学生最终需要达到的技能或能力水平；其次，将总目标分解为更具体的子目标，这些子目标是达到总目标所必需的步骤或技能。

• 列出所需技能：基于子目标，列出学生在项目完成过程中需要掌握和应用的技能，这些技能可能包括知识、技术、创造力等。

• 明确核心任务：根据所需技能和子目标，明确定义核心任务，这是学生在此阶段需要完成的主要工作。

在系统化问题解决方法中，在列出所需技能之后，教师可以进一步采用经验法则指导学生在特定情境中恰当地应用所学技能。这些法则往往是过去成功经验的总结，可以帮助学生更有效地解决问题。

案例 3.3

数风流人物（秦汉篇）历史剧[①]

在历史教学中，"如何有理有据地评述历史人物、事件、现象，恰当说明他（它）们在历史进程中的作用？"是一个关键问题。由此，教师选择历史课本里的"秦汉时期"，以"怎样将课本里的杰出历史人物及其事件编写成生动具体的历史剧并搬上舞台演出？"为驱动性问题组织项目化学习，项目成果将在元旦时学校举办的大型学生活动中展出。

教师将项目与历史课程的核心素养（史料实证、历史解释）相关联，依据课程标准，列出学生完成项目所需技能，并确定了读历史人物、品历史人物、演历史人物三大核心任务。（见图3-2）

---

① 本案例由杭州市临安区教育研训中心金霞老师提供。

第三章 以项目任务承载学习 | 61

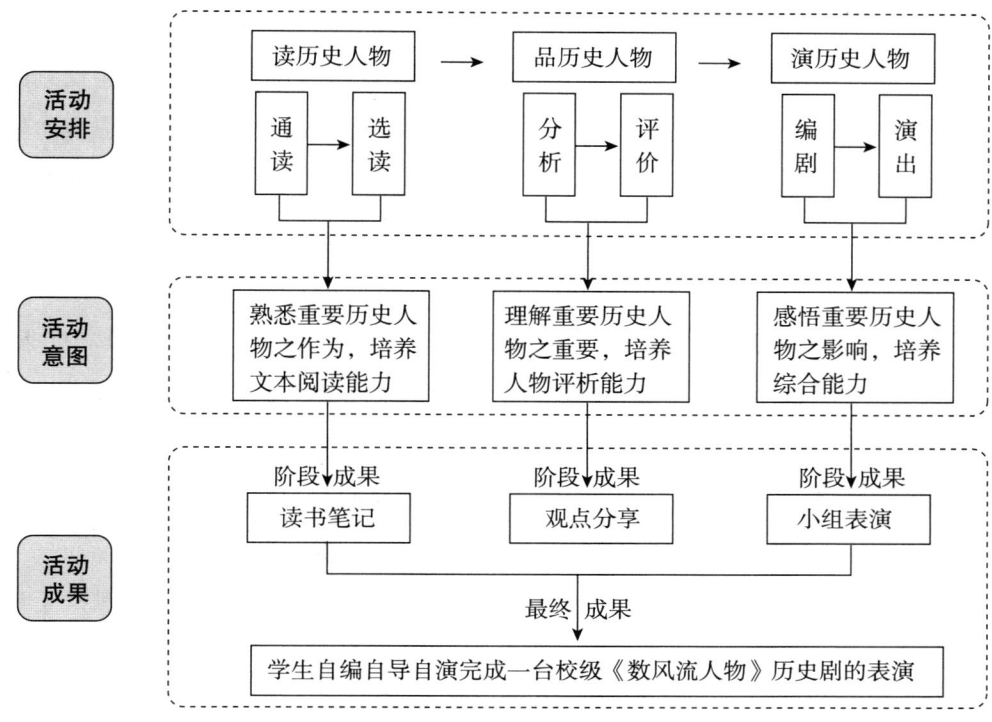

图 3-2 "《数风流人物（秦汉篇）》历史剧"项目任务

教师也提供了一些经验法则，帮助学生解决问题，如在历史人物分析与评析中分享了 PEEL 写作工具和观点分享指南。(见图 3-3)

PEEL写作工具	观点（P）	我对某一历史人物或事件的观点是什么
	证据（E）	我找到的最重要和最有说服力的事件有哪些
	解释（E）	我找到的事件如何证明我对历史人物或事件的观点
	连接（L）	我形成了评判历史人物或事件的某一个重要标准，对照此标准联想到了现实中的哪些人物与事件
观点分享指南	分享前	小组内每人按照PEEL写作工具和参考模板完成一个文本报告
	分享中	以小组为单位，每位成员汇报并重点讲解"证据"和"解释"部分，组内其他成员倾听并及时记录
	分享后	小组成员汇集各自的文本资料，整理、修改后形成对这一历史人物或事件较为全面完整的观点报告，为后续的历史剧本创编提供蓝本

图 3-3 写作与分享工具

案例3.3采用系统化问题解决方法来规划项目任务，具体步骤如下。（1）明确总目标。驱动性问题是："怎样将课本里的杰出历史人物及其事件编写成生动具体的历史剧并搬上舞台演出？"该问题明确了总目标，即将历史内容制作成生动的历史剧，并进行表演。（2）列出所需技能。教师基于史料实证、历史解释两个核心素养，列出了所需的技能，包括获取历史信息、识读史料、分析历史和评述史事。这些技能对于完成项目的总目标至关重要，因为学生需要有效地处理历史材料和事件，以便将其生动地呈现在历史剧中。（3）确定核心任务。基于所需技能，教师确定了三个核心任务：读历史人物、品历史人物和演历史人物。这些核心任务代表了项目中需要完成的主要工作。每个核心任务与所需技能密切相关，确保学生在实施项目时掌握必要的技能。（4）提供经验法则。教师提供PEEL写作工具等经验法则，帮助学生解决历史人物分析与评析中的问题。

运用系统化问题解决方法时，首先要明确与课程相关的核心素养，其次是与这些素养相关的具体技能。这些技能需要与课程标准保持一致，以确保项目目标与学科本质一致。例如，同样是舞台剧，语文老师则会从语言运用、思维能力、审美创造三大语文核心素养入手，让学生通过逐渐深入的阅读形成个人体验，通过联想和运用文字来探索创新，发展欣赏和评价语言文字作品等核心技能。具体核心任务如下所示。

任务一：真实情境探索，拉近与文本的距离，激发创作热情；

任务二：多角度阅读，深入文本，体会写作内容，内化书面语言；

任务三：文本语言转换，增补空白，创编剧本台词，提升思维品质；

任务四：个性试演剧本，复盘表演，对比分析得失，培养审美能力。

（三）基于具体领域的解决问题模式来规划

一些领域通过不断地创新和实践已经积累了一些有效的问题解决模式和方法。这些模式是基于经验的指导框架，可以帮助人们更有效地应对各种问题的复杂性，提高问题解决的效率，推动创新和进步。例如，在科学领域，科学方法是一种经典的问题解决模式，包括观察现象、提出假设、设计实验、收集数据、分析数据、得出结论等步骤，强调证据和实验。在工程领域，问题解决通常遵循一系列步骤，如问题定义、设计、制作、测试、改进和分享。这个模式强调了问题的系统性解决、设计思维和创新。美国《新一代科学教育标准》综合了"科学"与"工程"领域，提出了包括提出问题和定义问题、开发和使用模型、计划和开展研究、分析和解读数据、使用数学和计算思维、建构解释和设计解决方案、参与基于证据的论证以及获取、评价和交流信息等实践形式。

案例 3.4

出租车司机的决策[①]

出租车司机在将乘客送达机场后，是选择等待其他乘客还是立刻返回呢？在下雨天、晚高峰等不同情境下，他们需要做出不同的决策，也会得到不同的收益。为提高司机个人收益，缓解机场周边交通压力，教师确定项目的驱动性问题是："如何帮助司机做出更优化的决策？"教师从数学建模角度来规划项目任务。

1. 问题定义与模型准备

学生在任务单的引领下，利用多种途径了解司机送完乘客后的决策，收集影响决策的多种因素：等待时长、时段和等待车辆的数量，研究它们与决策的关系。

2. 模型建构与求解

探究如何表达不同方案的收益，以及如何量化。学生将生活问题通过问题分析、数学抽象，转化为可以定量刻画的函数问题。

3. 模型分析与验证

通过收集数据、处理数据、分析数据，分析模型的合理性。

在案例 3.4 中，教师采用数学建模这一具体领域解决问题的方法来规划项目任务，具体步骤如下。（1）通过问题定义与模型准备，学生在教师的引导下了解问题领域，即出租车司机的决策过程，收集多个影响因素，这有助于问题的明确。（2）模型建构与求解，要求学生将现实问题转化为数学问题。学生需要思考如何量化不同决策的收益，将问题抽象成可以应用数学方法求解的形式。（3）模型分析与验证，这是数学建模解决问题的关键步骤。学生需要通过数据的收集、处理

[①] 本案例由杭州市钱江新城实验学校戚杭燕老师提供。

和分析来验证他们的模型是否准确反映了实际情况。这个过程有助于检验模型的有效性，并确保其在解决问题时的适用性。综合而言，基于数学建模解决问题模式的项目任务规划使学生更深入地理解问题领域，将问题具体化，并进一步转化为可解决的数学模型。这有助于培养学生的问题解决能力和数学建模能力，使他们掌握特定领域的思维方式，能够在现实世界中应对复杂问题。

基于具体领域的解决问题模式与基于系统化的问题解决方法有相似之处，都是目标导向的，都旨在解决特定的问题或达到明确定义的目标，也都包括一系列阶段或步骤，以便按照特定的流程逐步解决问题。这些流程通常涉及特定学科的技能应用，以满足问题解决的需求。相比之下，具体领域的解决问题模式更侧重于特定领域，用于解决相关学科领域的问题；而系统化的问题解决方法更通用，更注重技能和方法的普遍适用性。

二、规划核心任务进程的要点

（一）体现持续性探究

在巴克教育研究所提出的项目化学习黄金标准中，持续性探究是八大核心要素之一。持续性探究有助于提升学生的思维品质，促进深入理解，培养有价值的素养。① 驱动性问题具有开放性且充满挑战，常常伴随着不确定性，问题的解决需要学生深入思考和探究，而不是简单地快速寻求答案。持续性探究有助于学生清晰地认识问题的挑战性和不确定性。在应对和处理复杂挑战时，资深问题解决者与初学者的关键区别在于是否愿意停下来花时间去探究所面对的挑战，而非企图快速解决、越过障碍。因此，最重要但往往最常被忽视的行动准则之一就是在面对不确定性时，冷静地"停下来"探究。项目任务设计时要强调持续性探究，鼓励学生不仅在项目的开始阶段探究问题，还要在整个项目进程中不断追求深入理解，反思并多角度地探寻问题解决方案。这有助于提升学生的思维品质，培养批

---

① 纽曼，凯思. 创建思维课堂：引领当今教育变革［M］. 陈红美，邓奕华，甄桂春，译. 上海：华东师范大学出版社，2023：178.

判性思维和解决问题的能力。

（二）注重多种类型任务的组合

项目任务的规划，也是多种类型任务合理组合的过程。根据项目化学习的实践特点和目标，任务可以分为探究型任务、设计型任务、制作型任务、展示型任务、评鉴型任务。①

• 探究型任务——运用已有知识和技能研究学习或现实生活中的问题，通过资源搜索、整理分析、实地观察、反复测试等方式得到解决问题的方法。

• 设计型任务——在经历探究任务的过程并发现规律以后，基于解决问题的目标，考虑各类因素，调用所需的知识，设计问题的解决方案，包括产品名称、设计图、功能解释等。

• 制作型任务——基于产品，合理使用各类工具、材料，制作符合设计图纸和评价标准的产品模型或真实产品。

• 展示型任务——通过运用语言文字，借助交流、汇报、表演等形式进行展示，培养学生的情感态度与价值观，丰富学生的活动经历、现场体验等。

• 评鉴型任务——在呈现设计图、产品、展示方案等之后，学生根据评价指标、量表，对学习过程中的表现、能力和产品的质量、性能等进行评价。

马扎诺建议围绕特定结构的复杂认知任务来设计项目，具体任务包括问题解决、决策、实验探究、调研、创见和系统分析等过程。②

• 问题解决任务是克服重重困难，打破限制，快速实现目标的过程。

• 决策是制定并运用标准对备选方案加以衡量并做出选择的过程。

• 实验探究是针对某个现象做出假设并进行实验验证的过程。

• 调研是对人们对事物看法的差异性以及事物内部存在的矛盾信息的不同之处进行识别并确认的过程。

• 创见是指产生能够满足特定需求的新过程或新产品的过程。

---

① 卢夏萍. 如何基于驱动性问题设计项目任务［M］// 张丰，管光海. 项目化学习慕课研修手册（9册套装）. 北京：教育科学出版社，2022：5.
② 马扎诺. 基于课堂中精准理解的教学设计［M］. 丁旭，译. 北京：中国青年出版社，2022：146.

• 系统分析是描述和分析系统各个部分的过程。

马扎诺所提的六个任务，在上文介绍项目任务规划时都有体现，如问题解决、实验探究、调研、创见，只是有的地方用词不同；而决策、系统分析往往隐藏于各种核心任务中，马扎诺从认知角度进一步凸显了这两点。

不同的学科，也有各自丰富的任务类型。

数学学科的任务类型主要包括以下几种。（1）数学建模类：运用数学知识解决实际问题，如预测气象变化或优化资源分配。（2）创新制作类：根据数学原理设计和制作产品，如设计一个与数学问题相关的应用程序。（3）决策建议类：基于数学的调查和分析提供决策支持，如某产品市场分析报告。

语言类学科的任务类型主要包括以下几种。（1）演讲：就特定主题或问题进行演讲，练习口头表达和沟通能力。（2）戏剧：参与戏剧表演，演绎文学作品或传达特定的信息。（3）辩论：参与辩论活动，练习辩论技巧，掌握有说服力的表达方式。

（三）注重进程的灵活性

在项目化学习中，任务的规划和排序应该反映项目的整体目标和学生的学习需求，确保任务之间的逻辑关系合理顺畅，使学生能够逐步掌握知识和技能。同时，在这个过程中，教师也要避免僵化和模式化的方法，要给予学生一定的自主权和灵活度，以便他们能够根据需要对任务进行重新排序或调整，更好地应对项目中出现的挑战。总之，任务的规划和排序应该保持一定的灵活性，帮助学生在项目中持续地探究，学习和发展关键技能，以实现项目的最终目标。

案例 3.5

舟游石梁溪①

石梁溪是衢江的一级支流。自开展"五水共治"以来，石梁溪已从"黑臭河"蜕变为"最美溪流"。为了保持"最美溪流"的风貌，学校组织开展项目化学习，让学生设计一艘可以承载两人的船，帮助清理河道。驱动性问题为："如何设计并制作一条可承载两人的能在石梁溪安全行驶的船？"

---

① 本案例由衢州市新华小学提供。

项目安排了三个核心任务：探索纸船载重，建造模型载人船，建造实物载人船。每个任务都按提出问题、设计方案、制作模型、测试模型、反思改进五个环节展开。（见图3-4）

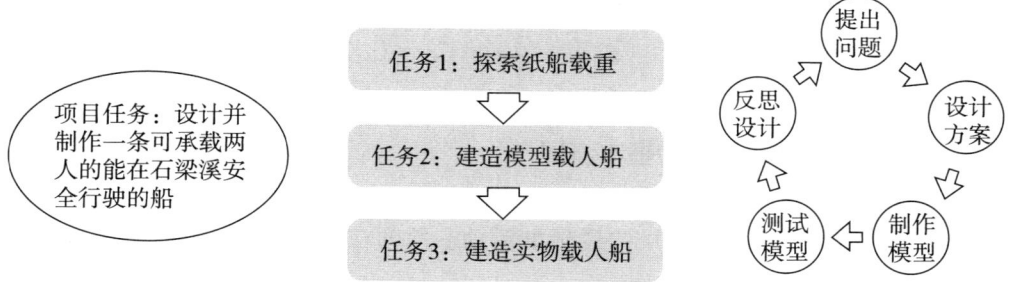

图3-4 "舟游石梁溪"项目的核心任务与实施过程

在案例3.5中，三个核心任务从探索纸船载重开始，逐渐增加难度，一步一步引导学生掌握更复杂的概念和技能。这种递进式的设计有助于学生从简单的任务过渡到相对复杂的任务，逐步获得成功的经验。

此外，项目中的每个任务都按照工程设计和实施的流程进行，包括提出问题、设计方案、制作模型、测试模型、反思改进。这种循环性有助于培养学生的系统性思维和解决问题的能力，为学生提供了深入理解工程设计和体验问题解决过程的机会。学生在每一轮任务完成过程中都能够积累经验，发展自己的技能和创新能力。

该案例也充分体现了"整体任务排序"的思想。"整体任务排序"确保学习者在每一个任务中开展的学习都是面向完整任务的，不同的任务类别只是在复杂性上有所差异。这样的做法同"局部任务排序"相反。采用"局部任务排序"时，学习者有时只专注于完整任务中的某些部分。[①] 例如，若采用"局部任务排序"，该项目就不会安排探索纸船载重、建造模型载人船两个任务，而是围绕建造实物载人船，安排提出问题、设计方案、制作模型、测试模型、反思改进五个核心任务。

除了以上方面，我们还要关注核心任务完成的限制条件。由于现实中资源等都是有限的，因此教师在规划任务时要考虑资源分配，为每个任务分配合适的时间、人力、物资和信息等资源，确保有足够的资源支持任务的完成。

---

① 范梅里恩伯尔，基尔希纳.综合学习设计：四元素十步骤系统方法：第三版［M］.盛群力，钟丽佳，陈丽，等译.福州：福建教育出版社，2022：103.

第三节　支持性活动的有效设计

一、支持性活动设计的基本流程

支持性活动是指向问题解决的辅助活动。教师在设计支持性活动时要充分考虑学情和学生需要达到的预期目标，通过分析学生解决核心任务所需的流程或技能来确定支持性活动的排序和支持度的设计。图 3-5 简略显示了支持性活动设计的三大步骤。但是，具体的支持性活动设计流程不仅限于三个步骤，设计流程也不是线性推进的，教师需要根据实际情况动态调整优化。

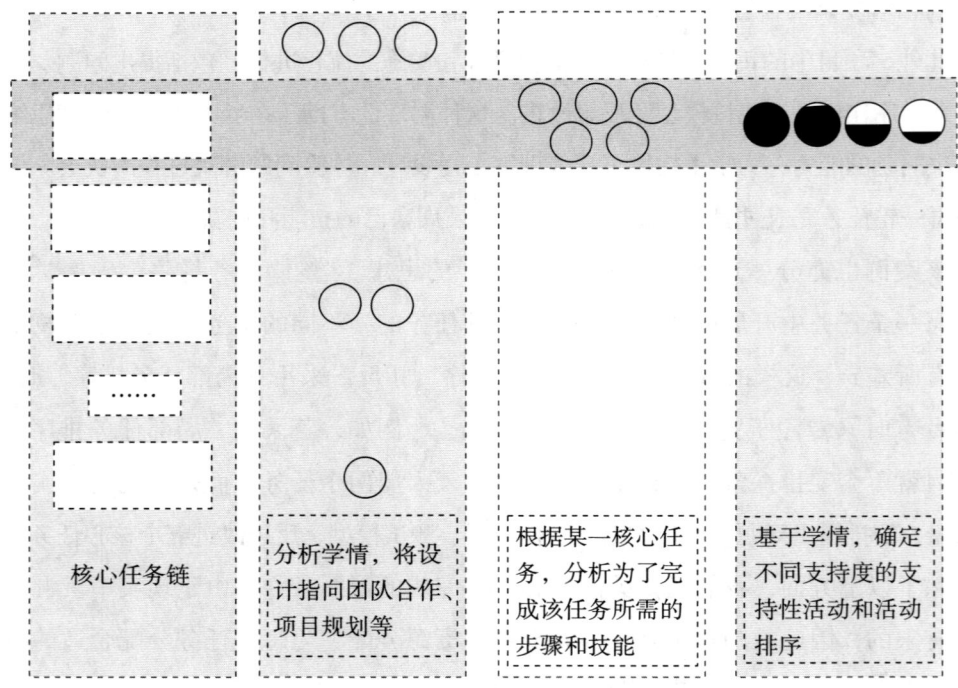

图 3-5　支持性活动设计的三大步骤[①]

---

① 图中铺不同程度黑色的圈代表支持性活动的不同支持程度，黑色越多代表支持度越高。

（一）基于学情，设计第一类和第二类支持性活动

教师在确定了核心任务之后，首先要根据学情分析，从有效完成项目角度思考是否需要在团队建设、项目导入、项目规划以及复盘反思等有利于项目推进和问题解决的维度，设计第一类和第二类支持性活动（具体说明见第一章）。以案例 3.1 为例，考虑到学生之前没有以小组合作的方式完成过学习任务，为保证项目实施中小组讨论以及合作的有效性，避免小组成员因为观点和意见不合出现争执，教师设计了相关的支持性活动，让每个小组形成团队契约，让每一位组员明晰自己的职责以及团队研讨时的规则。需要说明的是，并不是每一位教师都需要在每个项目开展中设计类似的支持性活动。假如教师带着学生开展了近两年的项目化学习，每一位学生都已经明晰自己的职责以及团队合作时需要遵守的规则，那么此时在项目设计中就不必考虑对应的支持性活动。所以，教师在设计第一类和第二类支持性活动时，需要充分分析学情，提供适切的支持。

（二）基于核心任务，罗列支持核心任务完成的第三类支持性活动

教师在设计指向支持学生完成核心任务的第三类支持性活动时，需要考虑学生完成该核心任务所需的流程和技能是什么。流程通常是常规步骤、技巧或规范，体现出一定的相似性；技能通常指向学生通过该任务要达到的学习目标。

仍以案例 3.1 为例，为了支持学生完成"撰写打动人心的演讲稿"这个核心任务，教师需要站在学生的角度，通过头脑风暴的方式，把学生为了完成该核心任务可能考虑的步骤或可能遇到的问题挑战都罗列出来，并进一步思考学生为了完成这些步骤或者解决这些问题和挑战需要掌握哪些知识或技能。在案例 3.1 中，教师设计了"撰写打动人心的演讲稿"这个核心任务，并站在学生的角度思考如果要完成这个核心任务，学生需要经历哪些流程。教师预设，学生可能需要解决"如何确定演讲主题？"、"怎样组织演讲稿的结构才能使演讲打动人心？"、"什么样的演讲词才吸引听众，激发他们倾听的兴趣？"等问题，如此才能最终完成任务。针对怎样的演讲稿会使演讲打动人心、吸引听众，学生可能需要了解"打动

人心的演讲稿需要包含什么要素？具备哪些特征？"、"这些要素之间是如何联系的？"、"打动人心的演讲词是怎样围绕观点来设计的？"、"演讲词如何表达才吸引听众？"。（见图3-6）学生只有解决了这些问题，才能够组织出打动人心的演讲稿。在这个过程中，教师梳理出的问题为设计第三类支持性活动提供了依据，因为第三类支持性活动的设计就是为学生在完成项目过程中所需的专业知识和技能做铺垫的，以便他们更好地解决实际问题、完成核心任务。

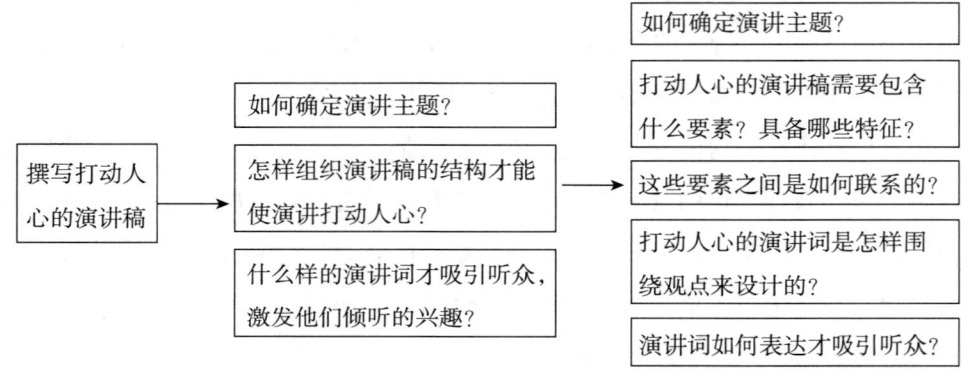

图 3-6 "撰写打动人心的演讲稿"中支持性活动的设计

（三）基于学情，确定支持性活动的排序和支持度

在支持性活动的排序上，教师要考虑先整体后局部的原则。这意味着要让学生先从整体上把握知识的框架、结构和主要内容，对需要掌握哪些核心知识和技能以完成核心任务有个总体的认识；然后再通过局部的学习，深入理解和掌握各个具体细节。这样的排序方式有助于学生理解知识体系的结构和内部联系，使学生后期能够将所学的知识和技能有效迁移到不同的情境中。

再以案例3.1为例，教师罗列了学生完成核心任务所需的流程和技能之后，结合学情以及项目目标，进一步细化分析学生在不同环节需要掌握的知识和技能。我们认为，此时教师对标本项目核心任务预期学生的学习目标，基本上能从全局把握该核心任务所需的知识框架、结构和主要内容。然后教师基于学情设计不同支持度的支持性活动。（见表3-3）"撰写打动人心的演讲稿"项目实施的关键在于学生要了解演讲词的构成要素、演讲词的观点与其他要素之间的关系、打动人心的演讲词是怎么样围绕观点来设计表达思路的，以及吸引听众兴趣的语言表达特点。教师通过分析学情，了解到学生并没有掌握这些必要的知识和技能，所以通过先组织高支持度的支持性活动，再循序渐进，让支持度依次递减，最终帮助学生撰写了高质量的演讲词。

表3-3 支持性活动排序和支持度的设计思路

学生完成核心任务所需的流程和技能	本核心任务预期学生达到的学习目标	基于学情，细化分析学生需要掌握的知识和技能	基于学情，设计不同支持度的支持性活动	活动支持度
怎样组织演讲稿的结构才能使演讲打动人心？	能够识别并掌握演讲词的五个关键特点（从语言风格、结构布局、论点支持、情感表达和观众互动等方面考虑）；能够明确识别、详细分析并准确应用演讲词的核心概念（包括主题、目的、论点、受众定位和情感呼应）	·演讲词的构成要素 ·演讲词的观点与其他要素之间的关系 ·打动人心的演讲词是怎么样围绕观点来设计表达思路的	·学生阅读教师给定的文章，借助表单分析演讲词的构成要素 ·学生讨论打动人心的演讲词的观点与其他要素之间的关系 ·学生借助表单补全两篇演讲词主体部分的思维导图 ·学生分析比较演讲词如何围绕观点阐述才能打动人心	● ● ◐ ◐
什么样的演讲词才吸引听众，激发他们倾听的兴趣？		吸引听众兴趣的语言表达特点	学生借助表单补全情景对话，探究吸引听众兴趣的演讲词的语言特点	○

（四）基于学习目标，迭代优化支持性活动的设计

教师在确定支持性活动的排序和支持度之后，还需要结合项目目标，再次对已设计的支持性活动进行分析，思考通过这些支持性活动是否能够帮助学生达到预期学习目标，以及是否能采集到学生学习目标达成的证据。如果学生通过系列支持性活动不能达到预期的学习目标或者不能够让教师采集到学习目标达成的证据，教师就需要进一步优化迭代支持性活动的设计。当核心任务对应的支持性活动能够支持学生顺利完成核心任务且达成学习目标时，教师再依据以上步骤设计其他核心任务所需的支持性活动。

二、设计不同支持度的支持性活动

在支持性活动的设计上,教师要充分考虑学情,设计不同支持度的支持性活动,吸引学生参与,提高学习效果。如根据学情在不同的阶段设计不同支持度的支持性活动:在最开始时设计高支持度的学习活动,随着学生理解的加深,逐渐降低支持度,直到最后完全放手,彻底撤除支持。学习任务有不同类型,如案例任务、逆反任务、模仿任务、自由任务、补全任务以及常见任务等,[①] 这些任务根据其特征可以进一步划分为高支持度、中支持度和低支持度三个主要层级。

(一)高支持度的支持性活动

在这类学习活动中,教师考虑到学生缺乏解决问题相关的知识和技能,会给予充分的支持,以减轻学生的认知负荷,确保学生能够在高支持度学习活动中建立起对所需知识和技能的基本认识。高支持度的支持性活动通常指向案例任务(样例学习)。案例任务旨在通过提供典型的案例或样例,为学生展现一个完整的解决方案。学生可以通过观察和分析这些案例,了解问题解决的给定状态、目标状态和解决方案之间的关系。高支持度的支持性活动特别适用于学习伊始和对复杂问题的学习,可以帮助学生迅速认清解决问题所需的基础知识和技能,帮助学生更系统地理解问题的各个方面,为学生提供结构化的问题解决框架。

在案例 3.1 中,教师为了支持学生完成"撰写打动人心的演讲稿"这个核心任务,设计了"学生阅读教师给定的文章,借助表单分析演讲词的构成要素"支持性活动。教师提供已经挑选好的优秀演讲词以及对应的表单(见表 3-4),让学生借助表单分析演讲词的构成要素(画线部分为学生填空内容)。在该案例中,教师遵循支持性活动的特点,在学习伊始,为学生提供优秀的演讲稿样例,引导学生理解打动人心的演讲稿的整体结构、特征和要素。通过对优秀样例的学习分析,学生明晰为了完成核心任务需要掌握的必备知识和技能,然后通过后面的系

---

① 范梅里恩伯尔,基尔希纳.综合学习设计:四元素十步骤系统方法:第三版[M].盛群力,钟丽佳,陈丽,等译.福州:福建教育出版社,2022:65.

列支持性活动深入学习如何形成观点、如何选取素材支持观点等。

表 3-4 案例 3.1 中支持学生了解演讲词构成要素的表单

构成要素	《最后一次讲演》	《应有格物致知精神》	《我一生中的重要抉择》	《庆祝奥林匹克运动复兴 25 周年》
演讲者身份	诗人、学者、民主战士	物理学家、诺贝尔奖得主	计算机文字信息处理专家，被誉为"当代毕昇"	法国教育家、社会活动家、现代奥林匹克运动创始人
演讲的时间	1946 年 7 月 15 日	1991 年 10 月	1998 年 10 月	1919 年 4 月
演讲的背景	李公朴被国民党特务暗杀，追悼会上有特务捣乱，闻一多拍案而起，发表演讲	丁肇中被授予"情系中华"征文特别荣誉奖时，发表了这篇演讲	王选在北京大学演讲	"一战"结束仅 5 个月，顾拜旦出席了在瑞士洛桑举行的国际奥委会全体委员会并发表演讲，阐述了奥林匹克运动的精神内涵
演讲的观点	反动派必将灭亡，人民必定胜利	应有格物致知精神	要大力扶植年轻人	奥林匹克主义将呈现出更为开阔的视野，这将凸显它即将扮演的崭新角色的意义
听众的构成	昆明的进步人士、青年学生；混入的少部分国民党分子	参加"情系中华"大会的各界人士	北京大学学生	国际奥委会全体委员
听众的反应	悲愤、振奋	深受启发	热烈欢迎、受鼓舞	激动、兴奋

（二）中支持度的支持性活动

在这类学习活动中，教师在考虑任务支持时会允许学生在完成任务的过程中保持一定程度的自主性和探索性，既为学生提供一定程度的支持，同时鼓励学生积极参与知识建构过程。模仿任务和补全任务是两种典型的中支持度支持性活动。模仿任务要求学生观察、分析并模仿一个给定的样例，在对样例进行仔细研究中，了解其关键要素、结构和策略，在模仿的过程中进行学习。补全任务是提供一个部分完成的样例，学生需要填补其中的空白部分，以使其达到完整的状态。补全任务旨在让学生通过发现并填补空缺部分，建构需要学习的知识或技能，从而达到学习目标。

在案例3.1中，教师为了支持学生完成"撰写打动人心的演讲稿"这个核心任务，让学生阅读优秀演讲稿，补全两篇演讲词思维导图中的主体部分（见图3-7），分析比较演讲词如何围绕观点阐述才能打动人心。然后，基于对优秀演讲稿样例的学习，模仿其中的结构、特征和要素，进行演讲稿的创作。在该案例中，学生在得到一定支持的基础上，进行有意义的知识建构，加深对局部相关知识和技能的理解。

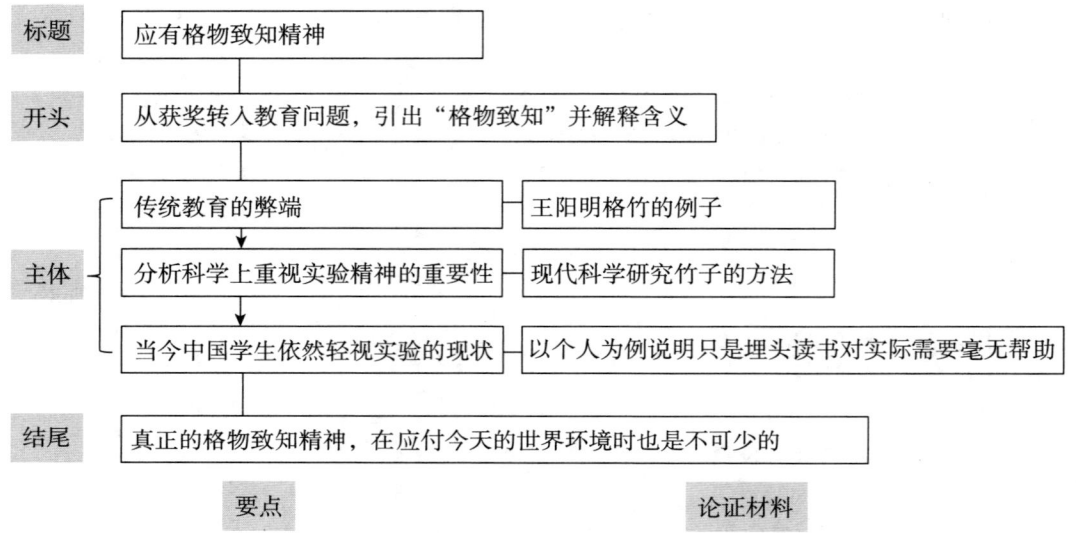

图3-7　案例3.1中补全演讲词思维导图样例

（三）低支持度的支持性活动

在这类学习活动中，教师会再一次降低甚至撤除支持，倡导学生自主探索，观察学生是否能够基于给定状态和目标状态自主探索问题，找到解决方案，真正实现知识迁移。在低支持度的支持性活动中，教师更多发挥辅助作用，提供必要的支持和指导，不会过多干预，而会更多关注学生是否能够运用已掌握的知识和技能，通过自己的思考和实践解决问题。

在案例3.1中，在"撰写打动人心的演讲稿"这个核心任务中，学生最后根据实际需求，借助对前面活动所学知识和技能的迁移应用，撰写演讲稿。在演讲稿撰写活动中，教师可以采集反映学生达成学习目标的证据，学生则可以再次反思迁移之前支持性活动中学到的知识和技能。

本章小结

本章系统探讨了项目化学习的关键组成部分：核心任务与支持性活动。首先强调了项目任务的重要性，深入探究了核心任务和支持性活动的特征以及它们之间的关系。在此基础上，详细阐述了规划核心任务进程的方法以及设计支持性活动的流程与策略。基于不同学情，支持性活动的排序与不同支持度的设计是项目任务的要点。综合来看，本章为项目化学习实施者呈现了一个从宏观到微观的探究视角，旨在帮助教师更好地理解与设计核心任务和支持性活动。

第四章
以学科实践深化学习

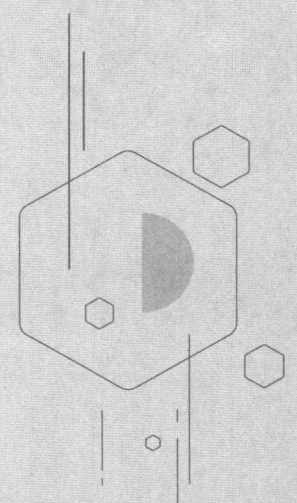

学习驱动机制——驱动性问题

学习承载机制——核心任务————学科实践
　　　　　　　　支持性活动　　跨学科实践

学习指导机制

学习评价机制

学科实践与跨学科实践

设计要点
- 指向学科/跨学科**素养**的**目标**定位
- 基于驱动性问题解决的**核心任务**设计
- 体现学科/跨学科特征的**支持性活动**设计
- 深化学科/跨学科实践的**支持性工具**

设计例析

学科实践：
- 语文：整本书阅读"潜伏者计划"
- 数学：学科实践"停车位设计"
- 信息科技：计算思维"自动控制灯"

跨学科实践：
- 基于学科的跨学科实践："校园定向声音响系统"
- 指向工程素养的跨学科实践："桌面玩具设计师"

第四章主要内容的逻辑关系

《义务教育课程方案（2022年版）》提出深化教学改革的方向：坚持素养导向，强化学科实践，推进综合学习，落实因材施教。项目化学习是彰显素养导向与综合学习的典型学习方式，通过项目任务与学科实践来承载学习，变革育人方式。在巴克教育研究所和马卡姆对项目化学习的表述中，项目任务与探究是关联在一起的；而从有效的基于项目的学习的关键特征来说，克拉切克从科学课程角度采用"科学实践"，[①] 夏雪梅从学习素养角度采用"学习实践"。这些不同的概念本质上都强调了项目化学习中"实践"的重要性。我们认为，项目任务与学科实践是一个统一体，是从不同视角审视学生学习活动的"一体两面"——前者从学习载体的视角，后者从学习方式与活动性质的视角。本章聚焦学习承载机制中的学科实践，探讨如何通过丰富而深刻的学科实践落实素养导向的教学，彰显学科特性，达成学科理解。

第一节　理解学科实践

一、实践学习的内涵

首先要理解"实践"这个词语。在《现代汉语词典（第7版）》中，"实践"主要有以下含义：（1）实行（自己的主张），履行（自己的诺言）；（2）人们有意识地从事改造自然和改造社会的活动。

马克思主义哲学将"实践"理解为主观见之于客观的活动，认为实践是人有目的地认识世界和改造世界的主体性活动。[②] 因此，人们的实践活动是理论产生的源泉，同时理论又反过来指导实践。实践是学习的重要方式，人们通过实践探索、实验和总结，获得新的知识和经验，并通过不断地反思提高自己的理论水平和实

[①] 索耶.剑桥学习科学手册：第2版［M］.徐晓东，杨刚，阮高峰，等译.北京：教育科学出版社，2021：294.
[②] 王仕民.简论马克思的实践范畴［J］.哲学研究，2008（7）：30-33.

践能力。因此,马克思主义强调实践是理论的检验标准。总的来说,实践和学习是相互依存、相互促进的关系。

实践学习指的是通过实际操作、体验等实践来获取知识和技能的学习方式。它强调学习的过程要将理论知识与实践相结合,使学习者能够在实践中不断探索和发现问题,同时获得经验和技能。

关于实践学习的理念,总结起来包括以下几个方面。(1)实践是学习的基础:实践是获取知识和技能的根本,学习者只有通过实践才能真正掌握和运用所学的知识和技能。(2)实践需要反思:实践不是单纯地进行操作或体验,重要的是通过反思、总结和归纳来深化对知识和技能的理解与掌握。(3)实践需要探索:实践是一个不断探索的过程,需要学习者具备探索精神,不断尝试,发现和解决问题,从而不断提升自己的能力和水平。(4)实践需要团队协作:实践过程中,学习者需要具备团队协作精神,与他人进行交流合作,共同解决问题,从而达到更好的效果。①

实践学习具有充分的理论依据,如具身学习理论认为,学习不是仅将信息存储在大脑中,而是通过身体动作和感觉将信息与经验嵌入个体的认知体验中。它是一种通过身体体验进行的学习,在这种学习过程中,身体及身体活动产生的知觉体验处在中心地位。②具身学习让学生亲身体验到知识的实际应用和价值,从而更加深刻地理解知识并迁移运用。与此相关的还有体验式学习理论,它是由美国心理学家戴维·科尔比于20世纪70年代提出的一种学习理论。该理论认为,学习是通过经验和实践来实现的,人们通过体验和反思来理解与掌握新的知识和技能。根据体验式学习理论,学习的过程包括四个连续的阶段:经验、观察和反思、概括和抽象化、实践应用。这四个阶段构成了一个学习循环,被称为"科尔比学习循环"(Kolb's Learning Cycle)。③

---

① 堵琳琳,金雷.实践性学习活动:学生素养提升的突破口[J].人民教育,2022(11):46-49.
② 刘娇,朱成科.回归教育生活体验:不言之教与具身学习:一种比较现象学的研究视角[J].教育科学论坛,2022(5):3-7.
③ 邓昊熙.Kolb体验式学习经典模式再探:启示和反思[J].湖北经济学院学报(人文社会科学版),2023,20(4):154-160.

二、学科实践与跨学科实践

我们可以把实践学习分为两大类：学科实践和跨学科实践。学科实践是对传统的单纯文本学习的优化，强调知识产生的过程，让学生在经历与实践中学习知识、验证原理、理解概念，具有比较明显的学科边界，是在学科世界里通过实践来进行的学习。正如崔允漷教授的观点："学科实践是指具有学科意蕴的典型实践，即学科专业共同体怀着共享的愿景与价值观，运用该学科的概念、思想与工具，整合心理过程与操控技能，解决真实情境中的问题的一套典型做法。"[①] 学科实践既注重学科性，也注重实践性，强调通过实践获取、理解与运用知识，倡导学生在实践中建构、巩固、创新自己的学科知识；突出学科思想方法和探究方式的学习，加强知行合一、学思结合，倡导做中学、用中学、创中学。

跨学科实践可以看成学科实践的升级和变式。学科实践的学科边界较为清晰，而跨学科实践强调多个学科视角知识和思想方法的应用。它从某个学科问题或者真实世界中的问题出发，要求学生像专家一样综合运用各学科知识解决问题。跨学科实践有利于学生对各学科关键概念的理解和迁移应用。

不同于传统教学只重视间接经验的获得，通过听讲、理解、记忆、背诵、作业、考试的形式落实"双基"，学科实践和跨学科实践都强调学生对学科的深度认知，而这种深度认知必然要求学生的亲身经历和具身体验。这样的变化倒逼课堂教学的转型。传统的课堂是一步一步片段式的，知识的学习和应用是割裂开来的，学生学完碎片化的知识点之后再去解决问题；而以实践为中心的课堂是给学生一个真实的问题、任务，让学生在解决问题、完成任务中进行学习。课堂教学改革必须突出"以学习为中心"，但不是简单地从"先教后学"切换成"先学后教"，关键是基于学生立场提供适合学生的教学，以促进学习的真实发生。[②] 学科实践与跨学科实践能够带来这样的教学转型，促发相应的学习机制，实现深度学习。

---

① 崔允漷，张紫红，郭洪瑞.溯源与解读：学科实践即学习方式变革的新方向［J］.教育研究，2021（12）：55-63.
② 张丰.探寻学习发生的机制：基于典型课例的讨论［J］.基础教育课程，2022（17）：43-52.

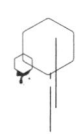

第二节　学科实践的设计

《义务教育课程方案（2022年版）》在"深化教学改革"部分明确提出："强化学科实践。注重'做中学'，引导学生参与学科探究活动，经历发现问题、解决问题、建构知识、运用知识的过程，体会学科思想方法。加强知识学习与学生经验、现实生活、社会实践之间的联系，注重真实情境的创设，增强学生认识真实世界、解决真实问题的能力。"这是对2001年版课程方案倡导的"自主、合作、探究"学习方式的迭代发展，为素养时代回答如何实现育人方式变革的问题提供了新的范式。

一、学科实践的设计要点

学科实践的核心是"实践性"和"学科性"。首先，学科本质上是实践的结果，只是其呈现方式不同于原始经验的混沌性、无序性，而是经过不断地实践与总结、证伪、反思、再实践的过程形成了具体的"学科"。也就是说，学科的产生本身就是人类在实践的基础上不断深化认知，从感性认识到理性认识，形成概念或原理的结果。其次，学科实践还强调"学科性"，它要求用学科独特的方式方法学习学科：用语文的方式学习语文、用数学的方式学习数学、用科学的方式学习科学……，让学生像学科专家一样去探究和实践。

综合前文的观点，我们认为，学科实践的设计要点可以围绕目标、核心任务、支持性活动、支持性工具四个维度来展开。

（一）指向学科素养的目标定位

学科实践是培养学生核心素养的路径和载体，其承载的是传统"双基"本位的课堂教学无法实现的学生核心素养培养，包含学科核心素养和跨学科素养。学科核心素养即像学科专家那样思考和行动，通过观察、考察、实验、调研、操作、设计、策划、制作、欣赏、阅读、创作、创造等"做中学"的方式获取学科知识、理解学科本质、形成学科思维。因此，在基于项目的学科实践设计中，首先要精准定位目标。项目目标不是虚无缥缈的，而应指向学科本位，体现学科核心素养。具体来说，教师要将学科核心素养转化为具体的项目目标，引导学生在学科实践活动中形成知识结构、养成学科思维，助力学生的社会性成长。

（二）基于驱动性问题解决的核心任务设计

本书第三章回答了如何基于驱动性问题解决规划核心任务。无论是依据一般问题解决思路、系统化问题解决方法还是具体领域的解决问题模式，它们都需要在学科实践中得到具体体现。

依据一般问题解决思路的任务设计，涉及将一个大问题分解成更小、更易管理的子问题。这个过程需要学生具备领域内的知识和技能，以便能够理解问题的各个方面，并将它们细化为可解决的程度。因此，学科实践在这里体现为学生运用学科内的概念、原理和方法解决子问题，并将这些解决方案整合为整体解决方案的过程。

系统化问题解决方法提供了解决问题的通用框架和方法，强调问题解决的过程和技能；而学科实践提供了领域内的专业知识和实际应用经验。项目化学习通过将二者结合起来，既帮助学生在真实情境中解决问题，也使其深入了解特定领域的要求和标准。

具体领域的解决问题模式是特定领域内常见的问题解决方法。这些模式通常是经过实践验证的，并被学科内的专家广泛接受。当教师引导学生使用这些模式来解决问题时，学生需要了解领域内的实践准则和标准以确保他们的解决方案是符合学科要求的。

（三）体现学科特征的支持性活动设计

本书第一章提到，从支持性活动与实践的关系来看，支持性活动可分为三类，其中第三类支持性活动与学科实践紧密相关。第三类支持性活动指的是项目实施所必需的专业铺垫，是为了让学习者在实施项目之前，了解必要的专业知识和技能，以便更好地解决实际问题。

在设计支持性活动时，教师需要考虑学生完成该核心任务所需的流程，以及为了完成核心任务目前仍欠缺的学科知识或技能。因为有欠缺，所以教师要设计相应的支持性活动帮助学生掌握必要的学科知识和技能。通过项目化学习转变学生的学习方式，在学科上体现为支持性活动是以具有学科意蕴的实践方式开展的，这就是我们所倡导的"以学科的方法学习学科"。

（四）深化学科实践的支持性工具设计

支持性活动要想顺利实施，还要配套相应的支持性工具。支持性工具可能是通用型的，比如思维导图，用于不同的学科会有不同的效果；也有学科性的，如语文阅读支架、英语写作支架等。不管哪种类型，其目的都是增强学科理解，培养学科思维，促进学科实践的有效落地。

综上所述，立足项目的学科实践需要驱动学生转变角色，成为解决问题的主人，像科学家那样学习科学，像工程师那样设计工程，像数学家那样学习数学。在解决学科问题的过程中，教师通过引导学生完成核心任务，辅以多种体现学科特征的支持性活动和支持性工具，实现学科核心素养培养的落地。

二、设计例析：语文整本书阅读中的项目化学习

《义务教育语文课程标准（2022年版）》将语文学科界定为"学习国家通用语言文字运用的综合性、实践性课程"。课程要培养的学生核心素养指向"文化自信和语言运用、思维能力、审美创造"，让学生能够在掌握基础的语文学科知识之上，在体验真实的语言实践之中，生成阅读与理解能力、沟通与交流能力、批判与反思能力、审美与鉴赏能力等。这些素养的表现触及了"学以致用"、"知行合一"理念的教育本质，即一种指向实践的知识观与学习观。①

---

① 郭元祥. 知行合一教育规律：本质内涵与时代意蕴[J]. 人民教育，2022（2）：53-56.

因此，在语文学科育人方式的变革中，教师尤其要关注语文学科的综合性和实践性，将学科实践视为促进学生实现核心素养发展的重要学习方式。实践性是语文学科的基本属性，离开实践活动的语文教学是毫无意义的。语文学科实践的本质体现在以学生真实生活情境为教学基点，以培养语言文字运用能力和文本理解能力为基本要求，以开展多样的实践活动为主要方式，包括识字与写字、阅读与鉴赏、表达与交流、梳理与探究等，围绕学科知识、生活情境、思维品质、问题解决、探究能力等维度，以学习任务群的形式建构实践活动体系，集探究性、开放性、情境性于一体。下面我们结合语文项目"潜伏者计划"[①]来具体阐述。

（一）指向学科素养的目标定位

"整本书阅读"是学生语言经验实践、思维能力训练、文化审美提升等语文素养发展的养分来源，而项目化学习所立足的情境性又恰好为"整本书阅读"的学习实践提供了坚实有效的载体。二者的联结与互相渗透促进了阅读教学模式的革新，使学生能够以主动的言语实践和思维活动积极投入驱动性问题的解决过程中。基于此，杭州市观成武林中学语文组设计了七年级"潜伏者计划"整本书阅读项目化学习。

案例 4.1

项目"潜伏者计划"
——情境与驱动性问题

共产党地下工作者"老鬼"和"邮差"打入日伪情报组织内部，他们需要在紧要关头向我方传递重要情报，同时隐藏身份。你作为本次潜伏计划的制订者，需要审核来自《朝花夕拾》和《西游记》作品中的十位潜伏备选人员，最终确定两位作为搭档完成任务。在危机四伏的情况下，到底哪两位人物最适合组成搭档并有能力承担起艰巨的"潜伏"任务呢？

---

① 本案例由杭州市观成武林中学戴莜莜老师提供。

为解决这一问题,学生需要依托文本,从十位备选人物(长妈妈、寿镜吾、范爱农、衍太太、藤野先生、孙悟空、唐僧、沙僧、猪八戒、白龙马)中选取两位并陈述相关依据,最终向上级提交一份"潜伏者推选计划书"。

《义务教育语文课程标准(2022年版)》在第四学段(7—9年级)"阅读与鉴赏"中明确提出:"每学年阅读两三部名著,探索个性化的阅读方法,分享阅读感受,开展专题探究,建构阅读整本书的经验。感受经典名著的艺术魅力,丰富自己的精神世界。"项目设计组结合教材,基于学情,统整"表达与交流"、"梳理与探究"方面的目标,着重体现语文学科素养,将项目目标定位如下。

案例4.2

项目"潜伏者计划"

——目标设计

(1)通过阅读叙事性作品,了解事件梗概,能够简要梳理概括出重要情节;

(2)能采用精读和跳读相结合的方式检索并组合与特定人物相关的关键情节;

(3)能用恰当的语言表达自己对作品人物的看法和感受;

(4)能够结合客观的事实评价和主观的价值评价,有理有据地对自己的观点进行论证和阐述;

(5)能够合理规划自己的阅读进度,在较长时间内坚持投入项目实践,并保持一定的专注度;

(6)运用较为客观合理、有依据的方式分析和评价他人成果。

(二)基于驱动性问题解决的核心任务设计

在目标定位明确之后,教师要进行基于驱动性问题解决的核心任务设计,可采用本书第三章提到的一般问题解决思路、系统化问题解决、具体领域的解决问题模式等方法来规划。在语文学科中,识字与写字、阅读与鉴赏、表达与交流、梳理与探究属于典型的语文学科实践活动,可以使用具体领域的解决问题模式来规划核心任务。

案例 4.3

项目"潜伏者计划"
——核心任务设计

项目"潜伏者计划"用一个虚拟情境和驱动性问题将七年级学生的碎片化阅读整合起来。项目中的任务规划围绕"阅读与鉴赏"、"梳理与探究"、"表达与交流",安排了"分析潜伏任务"、"确定候选人物"、"撰写潜伏者推选计划书"、"举行公开成果展"四大核心任务,层层递进。通过问题驱动和阅读计划安排,融入阅读策略,让学生根据阅读梳理与探究完成计划书撰写,最后展示成果,体现强烈的"语文味儿"。具体设计如图 4-1 所示。

驱动性问题:哪两位人物最适合组成搭档并有能力承担起艰巨的"潜伏"任务呢?

学习目标	核心任务		支持性活动	支持性工具
目标 (1) (2) (5)	分析潜伏任务	明确任务 提交潜伏任务分析方案 围绕十大候选人物开展阅读 分析候选人物特点	借助素质体系冰山模型整理"潜伏者"需要具备的能力和品质 运用阅读批注方法有效开展阅读 借助人物性格研究支架,剖析备选人物的能力与品质	阅读策略支架 阅读思维导图
	确定候选人物			
目标 (3) (4) (6)	撰写潜伏者推选计划书	确定计划书模板 撰写计划书 团队辩论交流	借助助写支架尝试撰写计划书 探究汉堡式论证方法,学会"观点+理由"的辩证思路	计划书撰写模板
	举行公开成果展	确定展览形式 进行展览与评价 修改计划书	共同商议并使用量规参与评价	项目反思单

图 4-1 项目"潜伏者计划"设计总览

（三）体现学科特征的支持性活动设计

在项目化学习中，学生通过完成项目任务或解决现实问题进行学习，在具体的实践中掌握学科知识、促进学科理解、提升学习素养。而要让学生更好地完成任务，教师需要设计相应的支持性活动。诚如何珊云老师的观点，在项目化学习设计中，我们给学生挖了个"坑"，要让学生顺利走出这个"坑"，还应该给学生爬坑的"梯子"，支持性活动就是这样的"梯子"。[①] 我们通过对"潜伏者计划"中与核心任务配套的支持性活动的分析来说明支持性活动是如何促进项目化学习有效落地并体现学科特征的。

案例 4.4

项目"潜伏者计划"
——核心任务中的支持性活动

核心任务一"分析潜伏任务"主要分三步完成：先在导入中引入经典文学作品中人物形象的"奇特"问题；进而分析本项目的情境问题，开展头脑风暴，借助素质体系的冰山模型整理"潜伏者"需要具备的能力和品质；最后回到项目的驱动性问题，理解"潜伏任务"的意义，提交分析方案。这三个步骤中有教师的导入，有项目情境的分析，也有方案的提交；有的步骤需要教师引导完成，有的步骤学生可以自主完成，有的步骤则需要设计支持性活动。如在第二步中，教师引入"素质体系的冰山模型"："冰山"露出水面的部分对应文学作品中人物的外在属性，包括身份、年龄、行为等，"冰山"隐于水下的部分对应文学作品中人物藏在文本内部、需要读者进行深入解读的内在品质，包含价值观、态度、个性、品质等。这样的支持性活动可以助力学生从外在属性和内在品质两个维度分析文学作品中的人物形象，从而完成高质量的文本阅读。

任务二、任务三和任务四也要根据任务的难度与需求设计配套的支持性活动，以使学生顺利完成整个项目。

---

① 资料来自何珊云博士的公开讲座《重构学生的学习历程：基于 PBL 的学习创新》。

（四）对关键环节突破的分析

"潜伏者计划"项目的核心是提升学生的阅读素养，让学生运用一定的阅读策略分析文学作品及其典型人物，打破浅层次的阅读，提升语文思维能力。我们以核心任务二为例来进行深度分析。

在核心任务二"确定候选人物"中，学生需要根据驱动性问题完成整本书阅读，具体任务包含两个步骤：围绕十大候选人物开展阅读、分析候选人物特点。可以看出，这两个步骤具有很强的驱动性。为了实现更优质有效的阅读，教师在第一步中设计了支持性活动"运用阅读批注方法有效开展阅读"，提升了阅读的深度，让阅读更有指向性；之后是分析候选人物特点，由于学生缺乏这样的经验，教师提供了支持性活动"借助人物性格研究支架，剖析备选人物的能力与品质"，引导学生更加精准地总结。可以看出，这样的步骤设计和支持性活动能够有效地助力学生完成整本书阅读，后面的"撰写潜伏者推选计划书"和"举行公开成果展"也就水到渠成了。

三、设计例析：基于数学实践的项目化学习

《义务教育数学课程标准（2022年版）》提出"三会"核心素养："会用数学的眼光观察现实世界"、"会用数学的思维思考现实世界"、"会用数学的语言表达现实世界"。数学的教学变革应该打破通过"刷题"或者机械式的反复训练来获取高分的传统教学形态，而基于项目的数学学科实践就是数学核心素养形成的关键路径。学生在生活中发现问题和提出问题，用"数学的方法"描述与分析问题，通过猜测、实验、计算、推理、验证、数据分析、模型建构等数学实践过程解决问题，理解和掌握数学的基础知识、基本技能，体会和应用数学的思想与方法，获得数学的基本活动经验。下面我们以小学五年级数学项目"校园小广场停车位设计"[①]为例来进行说明。

---

① 本案例由杭州市景成实验学校提供。

（一）基于学科素养的目标定位

项目"校园小广场停车位设计"来自真实情境："外校老师或社会人员经常来学校参加活动，因学校的停车位不够用，他们会将车停在校园小广场上。小广场由于没有规划停车位，出现乱停车现象，不但影响通行，而且存在安全隐患。"为解决这个问题，五年级的学生需要运用数学的图形与几何、空间想象等领域的知识重新规划校园小广场的车位，优化校园小广场的功能。因此，本项目的驱动性问题是："如何通过数学的方法，合理规划校园小广场的停车位，满足校外人员临时停车需要，防止意外事故发生？"

数学核心素养具有整体性、一致性和阶段性的特点，在不同阶段具有不同表现。小学阶段，核心素养主要表现为：数感、量感、符号意识、运算能力、几何直观、空间观念、推理能力、数据观念、模型观念、应用意识创新意识。本项目主要涉及数据意识、几何直观、空间观念、应用意识，联系相关的数学核心知识和技能，将项目目标确定如下。

案例 4.5

项目"校园小广场停车位设计"
——目标设计

（1）经历简单的数据收集和整理过程，能用简单的图表整理数据，为停车场的设计提供依据；

（2）通过实地测量，借助比例尺等知识绘制校园小广场平面图；

（3）运用长方形和平行四边形的相关知识设计和规划停车位，理解不同形状车位的优缺点；

（4）能够基于实际需求改进并优化停车位的设计。

（二）基于驱动性问题解决的核心任务设计

学科项目化学习不仅是学科的活动化，还是学科核心知识在情境中的再建构与创造。在"校园小广场停车位设计"项目中，将驱动性问题进一步分解为"有什么样的需求？"、"有什么样的空间可用？"、"如何进行设计？"、"效果如何？"，同时规划了四大核心任务：校园小广场使用现状调查、校园小广场平面图绘制、校园小广场停车位设计、校园停车场的改进与优化。（见图4-2）学生需要经历前期调查、中期设计、实地划线、后期优化等过程，历时一个月。每个任务都体现了明显的学科特质，如第一个任务需要学生收集资料，并通过校园临时停车的需求调查来确定校园小广场停车位数量，体现了数据意识；第二个任务需要学生运用观察、测量与比例尺等知识，将立体的空间转化为平面图，体现了典型的几何直观和空间观念。

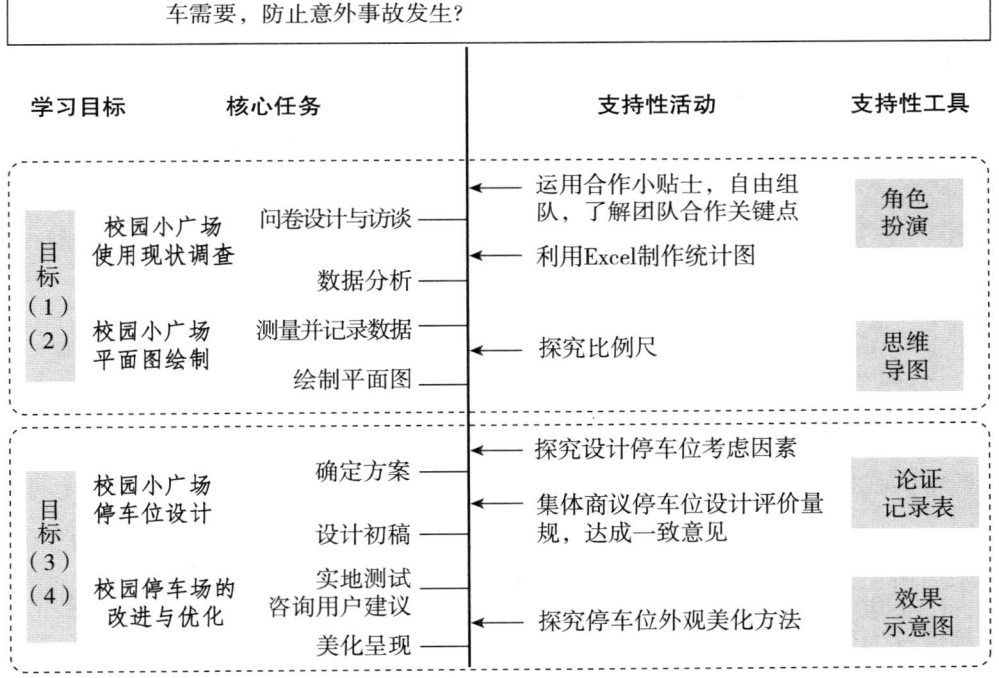

图4-2 项目"校园小广场停车位设计"设计总览

（三）体现学科特征的支持性活动设计

本项目的四个核心任务实践性都非常强，有的任务还涉及六年级才会学的比例尺，因此，项目实施过程中必须提供充分的支持性活动。例如，在核心任务三

"校园小广场停车位设计"中,学生需要根据平面图确定设计方案,但学生缺少停车位设计的相关知识,不清楚停车位设计要考虑哪些相关因素。为此,教师设计了相应的支持性活动,让学生探究停车位设计的相关考虑因素。(见表4-1)在该支持性活动中,学生通过数据分析、实物测量、视频分析、整体分析等一系列活动探究车型、停车方式以及车位标准、校园整体环境对停车位设计的影响。这样的支持性活动对于学生设计出合理、科学的停车位是必不可少的,同时涵盖了数学中平面图形的特征、测量等知识的学习和运用。

表4-1 "校园小广场停车位设计"中的支持性活动"探究设计停车位考虑因素"

实践中的问题	支持性活动
两厢车和三厢车的占地面积与车位大小有什么关系?	教师提供商场、旅游景点的停车位大小的数据,学生基于数据分析得出结论(数据分析)
不同车车门打开的宽度有无差异?其怎样影响停车位的大小?	学生以小组为单位测量家用小汽车车门打开的宽度,借助专业车位标准理解车位大小的考量因素(测量)
哪种停车方式(垂直停车、平行停车、斜列式停车)更合适?	学生通过视频与文字资料了解三种类型的停车方式对车位的要求与各自优劣(几何直观)
车辆进入小广场的路线是否需要考虑?	教师提供校园平面图以及学生进出校园时间等(系统观念)

(四)对关键环节突破的分析

"校园小广场停车位设计"项目的核心是运用数学眼光发现问题、用数学思维分析问题、用数学方法解决问题,小广场的停车位设计为学生提供了非常真实的数学实践机会。这个项目的关键环节在于如何在平面图上呈现停车位设计的效果图。此外,除了停车位设计的相关知识,呈现效果图还需要用到比例尺的知识,这个知识点本应在六年级学习,但因为问题解决的需要,该知识的学习和运用就自然地发生了。学生在基于已有经验尝试绘制平面图时会遇到问题:在没有等比缩小的平面图上设计停车位,根本不清楚是否符合校园小广场的实际情况。于是,教师伺机引导学生探究比例尺,应用比例尺的方法对校园小广场的数据进行等比缩小,优化平面图。(见图4-3)这样,学生在真实的情境中发现"等比例"的重要性与必要性,学习运用"等比例"建模,感受"等比例"建模的好处,而这一过程也充分体现了开放性问题解决中知识"即学即用,学以致用"的特点。

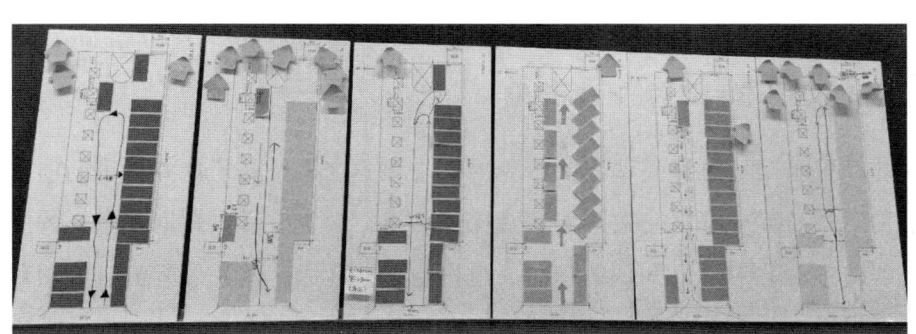

图 4-3 "校园小广场停车位设计"平面图

四、设计例析：指向计算思维的信息科技项目化学习

《义务教育信息科技课程标准（2022 年版）》（以下简称《信息科技课程标准》）指出义务教育信息科技课程具有基础性、实践性和综合性。实践性作为信息科技课程性质之一，凸显了学科实践在落实信息科技学科育人价值中的重要性。《信息科技课程标准》指出信息科技主要研究以数字形式表达的信息及其应用中的科学原理、思维方法、处理过程和工程实现。从信息科技的学科实践视角来看，很多真实问题的解决过程或不同领域使用的软硬件产品、应用系统，都会融合科学原理、思维方法与处理过程，从而达到工程实现。因此，信息科技学科实践主要指向科学原理的探究及运用过程、运用学科思维解决问题的过程和信息处理与实现的过程等，驱动学生主动参与、积极实践与意义建构，促进学生对信息科技学科本质的理解，从而帮助学生逐步形成核心素养。

基于计算思维的信息科技项目化学习，是具有信息科技学科特质的学科实践路径，遵循计算思维特征及其过程要素，将学科知识包裹在问题情境中，以问题解决为主线，沿着计算思维的学科思想和问题界定、问题分析、问题求解、迁移应用的学习逻辑开展实践探究活动，培养学生的核心素养。以下我们结合信息科技项目"自动控制灯"[①]来具体阐述。

---

① 本案例由杭州市丹枫实验小学提供。

（一）基于学科素养的目标定位

计算思维是信息科技课程要培养的核心素养之一。基于计算思维的项目化学习，是运用计算思维本身去开展实践探究学习，学生在真实且富有意义的问题探究与解决中深化对学科知识的理解、建构与迁移运用。这一过程能有效培养学生的计算思维，并与核心素养的其他三个方面相互支持与渗透，共同促进学生核心素养的发展。

"自动控制灯"项目源于信息科技课程第三学段（5—6年级）的内容模块"过程与控制"。该项目的驱动性问题是："生活中的灯有时无法满足我们的需求，如何设计并制作自动控制的灯来解决？"为解决这个问题，六年级学生需要将信息科技"过程与控制"模块的学科知识融入问题情境，以问题解决为主线，沿着计算思维的学科思想开展实践探究活动，设计并制作一个自动控制灯，通过展示评价、交流反思不断完善其功能，提升在实际生活中利用学科知识与计算机解决问题的能力。

《信息科技课程标准》指出，第三学段计算思维学段特征包括：在一定的活动情境中，能对简单问题进行抽象、分解、建模，制订简单的解决方案；验证解决方案，反思问题解决的过程与方法，并对其进行优化。该项目结合"过程与控制"模块的内容要求及学业要求，对项目中的学科知识进行结构化梳理，并与核心素养相关联，将项目目标确定如下。

案例 4.6

项目"自动控制灯"

——目标定位

（1）能认识到过程与控制系统普遍存在于日常生活中；

（2）能发现大的系统可以由小的系统组成，不同系统中存在相似的组成部分；

（3）能识别系统中的输入、计算、输出环节，能理解反馈在系统中的作用，能分辨输入与输出环节中的数据是开关量还是连续量，并能运用逻辑和数值运算设计简单的处理环节；

（4）能利用在线平台和工具寻找生活中的过程与控制场景，能设计用计算机实现过程与控制的方案，并能在实验系统中通过编程等手段加以验证和优化。

（二）基于驱动性问题解决的核心任务设计

在规划核心任务时，可基于具体领域的解决问题模式，遵循计算思维的过程逻辑，沿着"问题界定—抽象建模—算法设计—验证优化—迁移运用"规划任务。计算思维是信息科技课程的学科思维，教师要深入理解计算思维的特征及过程表现，将计算思维的过程要素进行拆解，以此形成基于计算思维的项目化学习实践路径。在设计与实施的过程中，教师要依据不同学段学生的认知规律以及课程内容模块的性质，动态选择计算思维的过程要素，形成多样化的学习路径。同时，不同的问题情境有其复杂度的差异，针对简单的问题情境，学生可以围绕计算思维的过程要素进行解决；针对较为复杂的问题情境，学生就需要通过模块化思想来设计与实践。也就是说，学生要以问题解决为逻辑线，遵循模块化思想，将计算思维线融入其中，通过自上而下设计、自下而上的实践路径，实现问题解决。

"自动控制灯"项目围绕信息科技"过程与控制"模块的知识和核心概念，旨在让学生形成具有学科思维的问题解决方法和思路。

按照计算思维的过程逻辑，问题界定是解决问题的第一步，教师设计"任务一：发现不同应用场景对灯的需求"，让学生明确当前问题可以用计算思维来解决，运用化繁为简、化大为小的思想，将问题分解为多个可以解决的小问题或者小模块。抽象建模是从具象到抽象的过程，教师设计"任务二：运用控制系统设计问题解决思路"，让学生抓住问题的核心，提取关键要素，得到问题的形式化表达，构建真实问题自动化求解的模型，为下一步计算机自动化求解做准备。算法设计是通过明确的问题解决操作步骤描述问题求解方案，教师设计"任务三：自动控制灯的设计"，让学生运用顺序、分支、循环三种基本结构来对算法进行表述，并将其转变为计算机能够理解的语言。验证优化是验证问题解决方案的过程，教师设计"任务四：自动控制灯的实践"，以此来让学生反思并优化问题解决的方案。迁移运用是在解决一个具体问题后进行的总结归纳，教师设计"任务五：自

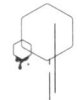

动控制灯的优化与展示",让学生形成解决问题的方法,并将其迁移运用到其他问题求解中。具体项目设计如图4-4所示。

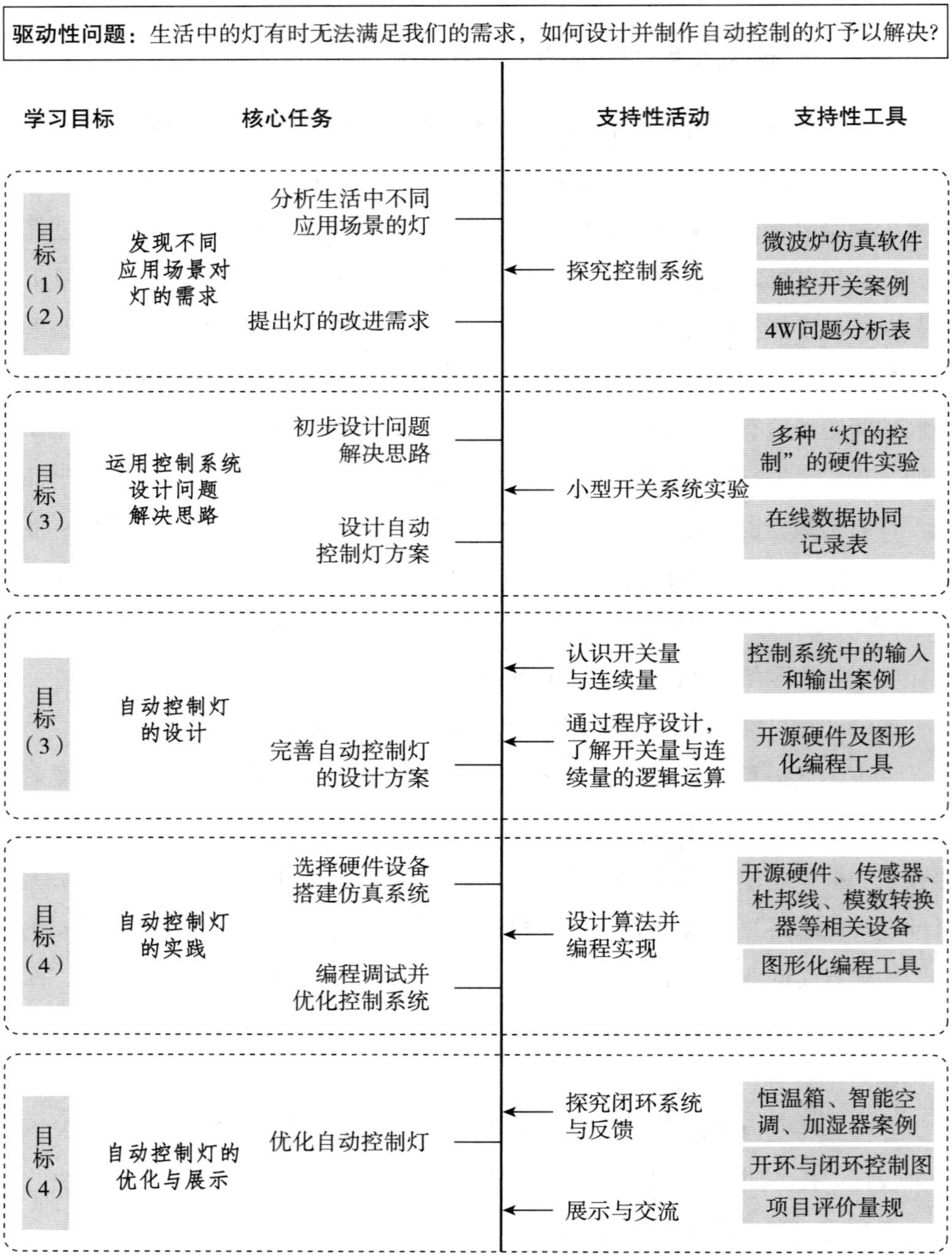

驱动性问题：生活中的灯有时无法满足我们的需求,如何设计并制作自动控制的灯予以解决?		
学习目标	核心任务	支持性活动	支持性工具

目标(1)(2)	发现不同应用场景对灯的需求	分析生活中不同应用场景的灯 提出灯的改进需求	探究控制系统	微波炉仿真软件 触控开关案例 4W问题分析表
目标(3)	运用控制系统设计问题解决思路	初步设计问题解决思路 设计自动控制灯方案	小型开关系统实验	多种"灯的控制"的硬件实验 在线数据协同记录表
目标(3)	自动控制灯的设计	完善自动控制灯的设计方案	认识开关量与连续量 通过程序设计,了解开关量与连续量的逻辑运算	控制系统中的输入和输出案例 开源硬件及图形化编程工具
目标(4)	自动控制灯的实践	选择硬件设备搭建仿真系统 编程调试并优化控制系统	设计算法并编程实现	开源硬件、传感器、杜邦线、模数转换器等相关设备 图形化编程工具
目标(4)	自动控制灯的优化与展示	优化自动控制灯	探究闭环系统与反馈 展示与交流	恒温箱、智能空调、加湿器案例 开环与闭环控制图 项目评价量规

图4-4 项目"自动控制灯"设计总览

（三）体现学科特征的支持性活动设计

支持性活动在项目化学习中具有重要意义，是有目的地辅助学生达到学习目标且指向问题解决的系列辅助活动。设计促进学科理解的支持性活动，需要充分考虑学情和学生需要达到的预期目标，基于解决问题的通用框架确定支持性活动的排序和支持度。图 4-4 所示的项目"自动控制灯"设计总览清晰地呈现了学习目标、核心任务、支持性活动的关系。教师在设计支持性活动时，要具体分析核心任务及相应的学科知识，设计体现学科特征的支持性活动来支持学生完成核心任务，促进学科理解，达到预期学习目标。（见表 4-2）

表 4-2　项目"自动控制灯"中的支持性活动

核心任务	支持性活动
发现不同应用场景对灯的需求	体验生活中不同的控制系统，分析控制系统的组成部分；使用微波炉仿真软件，体验从设置数值到加热的过程，思考过程中存在的子系统，将系统与组成部分填写到学习单中（控制系统）
运用控制系统设计问题解决思路	小组协同实验并记录数据，讨论在实验中得出的结论；汇报实验过程和数据并分享结论，从传感器获取的温度、湿度和灯的亮灭、颜色等归纳控制系统的典型环节（控制系统的典型环节）
自动控制灯的设计	结合提供的生活实例，分析开关量和连续量，根据流程图找出实验程序中开关量和连续量所对应的指令，得出连续量可以经由阈值判断形成开关量的过程，并利用输出指令对判断结果进行验证（开关量与连续量）
自动控制灯的实践	根据问题需求，用流程图的方式描述算法；用模块化思想编写控制程序，对程序进行调试，感受程序在过程与控制系统中的作用（算法实现）
自动控制灯的优化与展示	对提供的生活实例进行现场体验，了解开环与闭环控制系统，讨论二者的差别，得出反馈是作用在输出环节的计算方式，并对生活中的控制系统进行举例分类（闭环系统与反馈）

核心任务一"发现不同应用场景对灯的需求"通过系列支持性活动，让学生发现并验证生活中不同的灯系统有共同的组成部分；通过微波炉仿真软件体验，让学生感受一个大的系统可以分解为几个小系统；借助案例分析和小组讨论，巩固和强化学生对系统模块和组成部分的认识，帮助学生关联不同灯的使用场景和控制方式等，促进学生结合生活实际对灯的控制系统进行思考，同时给予思维支架帮助学生从四个维度对问题进行深入分析，并提出单元的驱动性问题。

核心任务二"运用控制系统设计问题解决思路"通过让学生在实验中初步感受过程与控制系统，借助在线协同的形式整合实验中获取的数据，提炼出输入和输出两个典型环节；通过小组分析与体验程序中"计算"的过程，深化对"计算"的认识，进而归纳出过程与控制系统包含的三个典型环节，完成系统抽象建模。

在核心任务三、核心任务四和核心任务五中，教师同样根据任务的难度与需求，分析学生当前的学习基础和为了完成核心任务需要学的学科知识，明确二者之间的差距，设计支持性活动支持学生完成核心任务，达到预期学习目标，最终指向问题解决，完成整个项目学习。

（四）对关键环节突破的分析

"自动控制灯"项目沿着解决问题的实践路径发展学生的计算思维，培养其核心素养。为了解决各小组提出的问题，学生需要经历对问题的抽象建模，明确学习目标：知道控制系统的三个典型环节——输入、计算和输出；根据控制系统的三个典型环节，运用程序流程图描述问题解决的步骤。为此，学生需要完成"运用控制系统设计问题解决思路"这一核心任务，抓住问题的核心，提取关键要素，得到问题的形式化表达，构建真实问题自动化求解的模型，为下一步计算机自动求解做准备。但是，当前学生还缺少运用控制系统解决问题的知识和能力，需要教师设计多元化的支持性活动，帮助学生掌握相应的知识和能力，支持学生完成核心任务。因此，本环节设计学生探究控制系统的支持性活动，即小型开关系统实验。该活动依据学生不同的研究方向，提供多元学习支架，引导学生使用开源硬件进行灯的实验，近距离体验控制系统，感受控制过程，并协同记录实验数据。通过对实验数据的比对分析，帮助学生抽象建立"输入—计算—输出"的环节模型，深入理解控制系统原理。

第三节　跨学科实践的设计

跨学科实践既是一种知识与生活、不同学科领域彼此融合的价值追求与时代精神，又是一种强调互动建构、合作探究知识的学科研究的知识论与方法论。

一、跨学科实践的设计要点

跨学科实践是一种综合多种学科知识和实践方式的学习方法。它通过将不同学科的理论和方法融合应用于实际问题，使学生能够更全面地理解和解决问题。跨学科实践强调多角度思考和综合思维能力的培养，使学生能够从不同学科的角度思考和分析问题，拓宽了思维的边界，增进了对问题的深入理解。跨学科实践的另一个重要特点是综合多种实践方式。不同学科具有不同的研究方法和实践手段，跨学科实践能够将这些不同的方式整合在一起，形成一个综合的学习过程。通过实验、实地考察等多种实践方式，学生可以更加深入地了解问题的本质，并锻炼自己的动手能力和实践能力。

跨学科实践注重培养学生的跨学科素养。跨学科素养是指学生通过学习不同学科的知识和方法，能够进行跨领域思考和解决问题的能力。跨学科素养不仅包括对不同学科的理解和应用能力，还包括批判性思维、创新能力和团队合作能力。跨学科实践通过丰富的学习方式和实践环境，培养学生综合运用知识的能力，提升他们的跨学科素养。

跨学科实践也非常注重学生的社会性成长。在实践过程中，学生需要与不同兴趣爱好、能力特长的同学和不同学科背景的专家进行合作，促进彼此间的交流和协作。通过参与实践项目，学生还能够更好地理解社会的需求和挑战，并探索解决问题的创新方法。跨学科实践不仅帮助学生发展个人能力，也培养他们的社会责任感和团队合作精神。

（一）指向跨学科素养的目标定位

跨学科实践的目的是对学科之间的内容进行整合，促进综合学习，使学生的知识结构成为一个紧密联系的整体，助力学生融合不同学科的思想方法认识客观世界和解决实际问题，形成结构化的知识和思维。在确立目标的过程中，教师需要立足某一学科课程，组织相关学科课程的内容和学习方式，指向现实生活中复杂问题的解决。目标中也应包含让学生通过跨学科实践实现在问题解决中拓展认知边界的内容，通过变革学习方式创造性地完成任务。

（二）基于驱动性问题解决的核心任务设计

任务源于问题，而驱动性问题的提出可以从两个维度进行：一是基于某一学科领域的问题，指向这一学科的关键知识和能力，并综合运用其他学科的知识或方法解决问题，在跨学科实践过程中帮助学生深化对这一学科知识的理解；二是基于真实生活世界的问题，这类问题相对复杂或综合，是一门学科知识或方法解决不了的，必须用到两门或两门以上的学科知识或方法，以此促进学生对不同学科思想方法的理解。此背景下的核心任务也要与驱动性问题相匹配，学生通过对拆解后的子任务的解决来指向驱动性问题的解决。

（三）体现跨学科特征的支持性活动设计

为帮助学生更好地开展项目实践，顺利解决驱动性问题并达成学习目标，跨学科项目实践中的每个核心任务均应该包含适切的支持性活动，有的用于提供各门学科知识与技能的支持，有的用于引导学生开展实践活动。在设计跨学科实践中的支持性活动时，须注意厘清不同学科知识的发展逻辑，并找寻不同学科知识之间的融合点。

（四）深化跨学科实践的支持性工具

支持性工具在深化跨学科实践方面发挥着重要作用。支持性工具通过提供各种功能和资源，促进学科间的交流、合作和协同工作，提高团队的效率和创造力。

首先，支持性工具能提供即时的沟通和协作平台，帮助不同背景及兴趣特长的学习者进行实时交流和协商。通过在线聊天、视频会议、共享文档等工具，学习者可以随时随地进行讨论与合作，克服地理空间和时间的限制。这种实时互动还能促进不同团队成员间的思想碰撞和知识共享，加快了问题解决的速度。

其次，支持性工具提供了合作管理和项目协调的功能，帮助团队在跨学科实践中进行任务分配、进度追踪和资源管理。通过项目管理工具，团队可以将整个实践过程分解为具体的任务，并分配给对应的团队成员。每一个团队成员均可以查看任务状态、交流进度和共享资源，实现高效的协作与合作。

最后，支持性工具还可以提供知识资源和学习材料，帮助学习者互相了解和学习有关的领域知识。通过在线学习平台和知识库，每一个学习者均可以获取相关学科的知识资源，促进跨学科的学习和交流。这种知识共享和互相学习的机会有助于跨学科实践的融合与创新。

二、设计例析：基于学科的跨学科实践

（一）指向跨学科素养的目标定位

跨学科实践活动的主题常来源于学生日常生活中遇到的真实问题，多采用项目化学习等新型学教方式。学生需要在学习过程中综合运用多门学科知识和思维方法，打破学科壁垒，将不同学科知识和思维方法融为一体。同时，跨学科实践也将学校学习与现实世界相连接，校内学习与校外活动有机融合，课堂学习与社会实践有机配合。"校园定向声音响系统"项目[①]以校园中音响系统声音覆盖面小，输出音量过大时影响周边居民的正常生活为真实情境，创设驱动性问题："在进行大课间体育锻炼时，主席台广播声音容易影响周边居民，但操场远端仍听不清主席台发出的指令。如何设计学校的音响系统以减少对外噪声，同时增大操场内广播声音的覆盖面？"

该项目旨在引导学生体验产品研发的流程，渗透科技服务需求的理念，培养

---

① 本案例由杭州市丹枫实验小学提供。

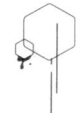

学生善于合作、敢于表达的习惯，增强学生整理信息和解决问题的能力，最终让学生感受现代科技为校园生活及管理带来的便捷，提升学生的社会责任感。该项目的目标定位如下。

案例 4.7

项目"校园定向声音响系统"
——目标设计

（1）通过了解声音传播的过程和原理，学习定向声学知识，并能自主查阅和汇报相关知识；

（2）通过实地调查记录和组内交流分析，学会分析和整理资料，提升收集与处理信息的能力；

（3）利用控制变量法进行实验论证猜想，并能小组合作制作操场模型与定向声音系统模型，完成测试；

（4）利用PPT、Word、微视频等形式汇报和展示本组定向声音系统，并能对不同的声音系统给予评价。

（二）基于驱动性问题解决的核心任务设计

跨学科实践可以按照问题解决的逻辑线设计核心任务，形成任务链。任务链在跨学科实践活动中具有非常重要的作用，可以帮助学生更全面地理解所学知识，提高实践能力和综合能力，建立起系统化和目标导向的学习模式，帮助学生更有效地完成实践活动。

案例 4.8

项目"校园定向声音响系统"
——核心任务设计

"校园定向声音响系统"以探究实践为主线，立足科学学科，融合数学、劳动、美术等学科进行任务规划，设计了由四个任务组成的任务链：校园音响系统调查、设计系统方案、模型制作与测试、方案展示与评价。（见图4-5）学生经历完整的工程设计过程，发展实验探究与推理论证的素养。

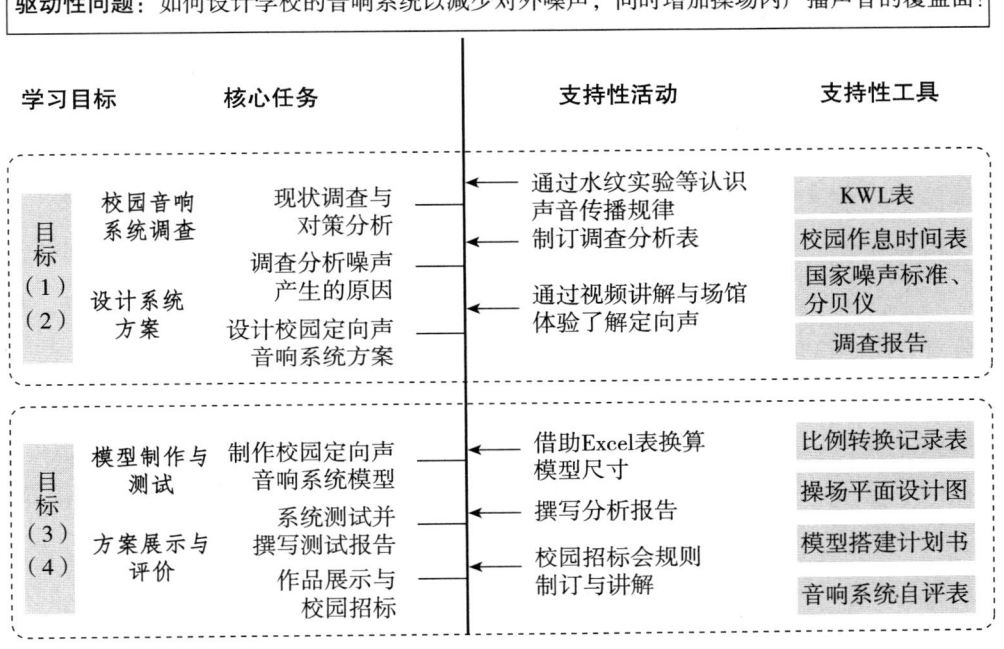

图4-5 项目"校园定向声音响系统"设计总览

（三）体现跨学科特征的支持性活动设计

跨学科实践中的支持性活动是指在实践过程中提供各种资源和支持的活动，旨在帮助学生更好地完成跨学科实践。在"校园定向声音响系统"项目中，教师从情境、资源、策略、交流和评价等方面设计支持性活动，以校园真实问题为背景，提供了丰富的声学学习资源，引导学生将复杂的噪声问题拆分为小问题来解决，最后通过组内合作制作模型与客观评价，帮助学生高效地掌握知识技能。学习支架的使用，不仅能使学生在遇到挑战性问题时进行持续研究，也使教师对核心任务的要求与支持性活动的特征有了更深的理解。

案例 4.9

项目"校园定向声音响系统"
——核心任务中的支持性活动

在核心任务一"现状调查与对策分析"中，教师借助水纹实验、音叉振动实验等帮助学生了解声音传播的规律；利用小型音箱进行模拟，让学生感受声音的传播过程。在核心任务四关于校园定向声音响系统方案的展示与评价中，教师召开校园招标会，引导学生结合在整个项目中的表现和观察进行个人自评与团队互评，从个人贡献、合作沟通、调查研究、整理表达、展示评价五个维度展开，旨在为项目反思提供依据和支持。具体支持性活动见表4-3。

表4-3　项目"校园定向声音响系统"中的支持性活动

实践中的问题	支持性活动
校园音响系统的现状如何？存在哪些问题？	水纹实验等
定向声是一种怎样的技术？该技术可以怎么用在校园里？	定向声介绍与体验
如何通过实验测试音响系统的相关参数并完成自评？	撰写分析报告
怎样有序、公正地开展校园招标会？	校园招标会规则制订与讲解

（四）对关键环节突破的分析

在核心任务一中，教师让学生在认识校园音响系统的基础上完成KWL表中的"K"部分。在核心任务二的实验探究阶段，学生需要运用数学学科中数据分析与建模等方法，根据比例尺对操场平面及建筑物大小进行测算，制订校园声音响系统方案；各个小组借助分贝仪记录校园各个角落的音量数据，根据成本和效果等指标，得到最优的校园定向声音响系统方案。（见图4-6）

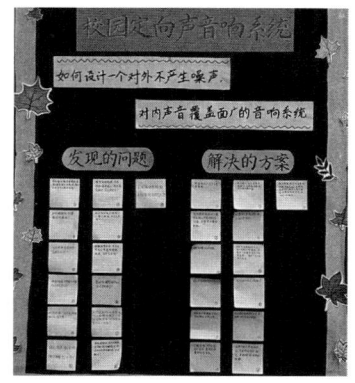 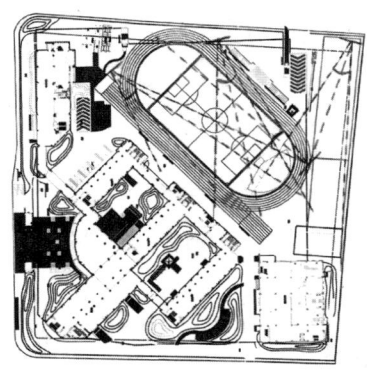

图 4-6 项目"校园定向声音响系统"中的问题解决方案

三、设计例析：指向工程素养的跨学科实践

（一）指向跨学科素养的目标定位

具备跨学科素养的人能够综合思考、创造性解决问题，并能在不同领域的实践中取得有效成果。某教师设计了面向五年级学生的项目化学习——"桌面玩具设计师"[①]。该项目的情境创设与驱动性问题是："一年级小朋友在课间休息时，经常在教室内外追逐打闹、大喊大叫。这样既不文明，也存在一定安全隐患。学校希望小朋友们能在室内空间活动时用玩桌面游戏的方式进行放松。你作为一名设计师，如何为一年级小朋友设计一款适合课间使用的桌面玩具？"

对照《义务教育科学课程标准（2022年版）》《义务教育数学课程标准（2022年版）》，该项目主要指向的是学生工程素养、设计思维与数据分析能力的培养。学生需要收集、分析数据，从中提取有用信息；根据调研结果进行玩具设计，表现自己的设计构思，并利用一定的材料与工具完成自己的设计，形成物化成果。基于此，本项目将目标确定如下。

---

① 本案例由杭州绿城育华亲亲学校提供。

案例 4.10

项目"桌面玩具设计师"
——目标设计

（1）经历项目聚焦、问题定义、模型设计的过程，并能够根据调研问卷，收集、分析数据，得出合理的调研结论；

（2）认识设计和材料的关系，用手绘草图或立体制作的方法表现设计构想；

（3）经历工程设计的基本步骤——提出问题、设计方案、制作原型、测试迭代，与人交流完成问题清单整理、草图设计、模型制作，通过合作交流，从不同视角提出研究思路，采用多种方法、利用多种材料，完成探究、设计与制作，培育创新精神。

（二）基于驱动性问题解决的核心任务设计

确定目标之后，教师需要着手设计规划能体现跨学科特征的任务。体现跨学科特征的任务规划是一个设计和组织任务的过程，通过完成任务促进学生在学习中综合运用多个学科的知识和技能。任务规划应跨越多个学科领域，涉及并整合不同学科的知识和技能。这样的设计能够引导学生在完成任务过程中综合运用多个学科的概念、理论和方法，认识学科间的联系和交叉点。任务规划还应包含体现综合性特点的问题或挑战，要求学生从不同学科角度进行思考和解决。学生需要把握问题的全貌，探究解决驱动性问题所需要的各种知识与方法背后的因果关系和相互影响，通过综合思考与分析，创造性提出解决方案。此外，任务规划应促进跨学科合作与交流。通过跨学科团队合作，学生相互分享和整合学科知识，共同解决问题。这一过程有助于培养学生的沟通、协作和领导能力，以及跨学科合作的意识和能力。

案例 4.11

项目"桌面玩具设计师"
——核心任务设计

"桌面玩具设计师"项目安排了"实地考察,发现问题""明确需求,定义项目""创意构思,方案设计""原型制作,测试迭代""展示交流,产品发布"五大核心任务,层层递进。小设计师们遵循设计思维理念,共情用户,挖掘需求,储备知识,再历经方案设计、原型制作、测试迭代等流程,感受和体验跨学科学习。图4-7所示为项目设计总览。

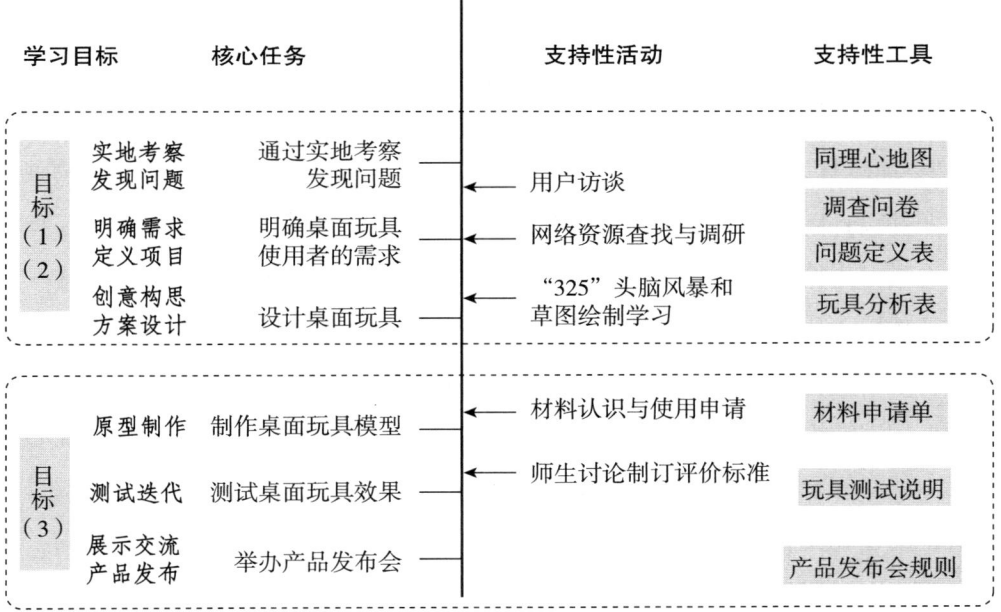

图4-7 项目"桌面玩具设计师"设计总览

（三）体现跨学科特征的支持性活动设计

本项目核心任务的实践性都非常强,因此教师必须提供充分的支持性活动。在核心任务一中,学生通过用户访谈,以"问题卡"的方式不断发现问题。在核心任务三中，学生通过学习草图绘制相关内容，从原始设计不断趋于专业设计，像工程师一样标注设计意图、尺寸和材料等，同时认识到产品设计要关注人的安全；基于驱动性问题生成多种设计方案，并围绕用户需求，进行"325"头脑风暴，择优使用解决方案。在核心任务四中，学生开展模型材料的选择是一个大问题，他们很难从日常生活中收集合适的材料，在制作过程中，学生需要申请材料，之后由教师指导选材。具体的支持性活动设计见表4-4。

表4-4 项目"桌面玩具设计师"中的支持性活动

实践中的问题	支持性活动
哪些游戏或玩具是一年级小朋友喜爱的？	用户访谈
怎样将自己的想法表达出来？	"325"头脑风暴与草图绘制学习
制作玩具时需要用到哪些材料？	材料认识与使用申请
怎样判断我们设计的桌面玩具的优劣？	师生讨论制订评价标准

（四）对关键环节突破的分析

"桌面玩具设计师"项目指向的是学生工程素养等的提升。工程思维是一种分析问题并设计解决方案的方法和思考方式，它强调系统思维、创新思维和工程实践。本项目遵循"定义问题—分析问题—收集信息—生成方案—设计与实施—测试与评估—优化和改进"的工程思维步骤解决问题。核心任务一中的实地调研要求五年级学生从真实的人群中获取信息，用以了解一年级学生真正的需求；随后教师采用"结构化海报"让学生根据海报各部分的设计要求来分析数据。核心任务二中的桌面玩具统计表提示学生可采用写"正"字的方法统计喜欢各类玩具的人数；问题定义表采用固定句式来定义问题，帮助学生准确定义、明晰方向；玩具分析表则就研究的玩具进行知识再构，通过再构学习活动，帮助学生朝着自己的研究方向深入研究。在原型制作阶段，各组因产品方案不同导致所需材料不同，教师提供一些材料，拓宽学生对材料的认识，使其学会从生活中获取合适的材料。

本章小结

本章聚焦学习承载机制中的学科实践，探讨如何通过丰富而深刻的学科实践来落实素养导向的项目化学习。在澄清学科实践与跨学科实践的区别的基础上，本章提出了学科实践与跨学科实践的设计要点，并以语文、数学、信息科技三个学科项目与两个跨学科项目为例，阐释了如何进行素养目标定位、核心任务与支持性活动设计、支持性工具的应用，介绍了开展彰显学科特征或跨学科学习特征的素养导向的项目化学习的策略与方法。

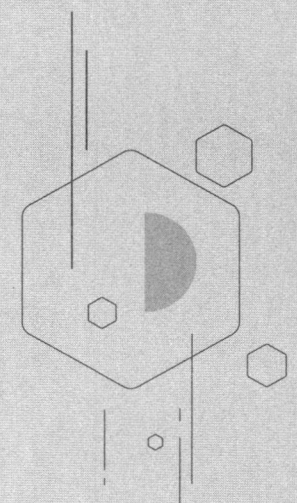

第五章
以思维工具支持学习

学习驱动机制——驱动性问题
学习承载机制——核心任务　　学科实践
　　　　　　　支持性活动　　跨学科实践
学习指导机制——支持性工具
学习评价机制

项目任务
核心任务与支持性活动

↑
支持性工具
⇓

将教师的现场指导和提示转化为具体、明确的思考指引，帮助学生系统高效地完成核心任务和支持性活动

类型
- 基于功能的分类
- 基于项目进展阶段的分类
- 基于场景的分类
- 基于任务类型的分类

支持性工具的设计要点
- 打造属于自己的工具箱
- 适时性、引导性和渐隐性原则
- 借助流程式与表格式支架

支持性工具的合理运用
- 帮助学生精准定义问题
- 支持学生进行产品设计与建模
- 支持学生高阶思维发展
- 支持学生自主推进项目

第五章主要内容的逻辑关系

学生在项目化学习过程中会遇到诸多困难和挑战，如怎样更好地理解概念、如何创想方案、如何有效开展团队合作以及如何组织开展调查等。在项目化学习中，教师通常不会通过直接指导的方式告知学生"答案"，而是提供支持性思维工具，鼓励学生自己在探索应用中解决问题。

思维工具是支持学生开展项目化学习的重要组成部分，如概念图、学习日志、参考文献、模型示例等。它们的作用不仅是提供信息，还包括引导学生思考、分析和解决问题并经历方法意义的学习。最重要的是，思维工具并不局限于某个特定项目或任务，掌握其使用方法也是一项可迁移的技能。学生可以不断地了解和熟悉这些工具，并将它们应用到合适的学科领域和生活情境中，以解决各种各样的问题。这种迁移能力是培养学生成为终身学习者的关键，使他们能够持续适应与应对变化的知识需求和挑战。

第一节　支持性工具的内涵与类型

一、支持性工具的内涵

"工具"一词我们并不陌生，其身影在日常生活中随处可见。例如，在烹饪过程中，我们经常使用各类厨具，以更为高效和便捷的方式制作美味的佳肴；而如羊角锤这样的工具，则使我们能简单便捷地拔出钉子。不论是"厨具"还是"羊角锤"，它们均是"工具"一词的生动体现，起到了帮助我们完成某项任务的作用。那么，什么是支持性工具的"支持性"呢？

维果茨基在他的经典著作中提出了最近发展区理论，认为学生存在两种发展水平：一是实际发展水平，指的是学生在无外部帮助的情况下能够独立解决问题的能力；二是潜在发展水平，即学生在得到成人或其他更有能力的同伴的帮助下能够解决问题的能力。[1] 在这里，支持性工具正是扮演了桥梁和脚手架的角色，支持和促进学生"踮起脚尖够一够"，达到潜在发展水平。支持性工具是指经过实践研制并逐渐完善的思维工具与组织工具，它们在充分考虑学生学习需求的基础上，为学生提供对应的学习支架，降低学生的认知负荷，并为其学习过程提供持续的支持。[2][3]

二、支持性工具与核心任务和支持性活动的关系

在项目化学习的设计过程中，教师需要考虑"核心任务"、"支持性活动"和"支持性工具"等关键要素，及其之间的相应关系。

结合本书第三章的论述，核心任务和支持性活动都属于学习活动，是从项目整体的视角对发挥不同作用的学习活动的区别分类。支持性工具与二者有所不同，它不是学习活动，而是辅助工具。这些工具的作用体现在将教师的现场指导和提示转化为具体、明确的思考指引，帮助学生更为系统和高效地完成核心任务和支持性活动。例如，一个思考框架或流程图可以作为支持性工具，辅助学生在学习过程中形成逻辑性更强、结构更清晰的思考。

更为重要的是，通过持续和多样化地运用这些支持性工具，学生能够逐渐形成一种可以在不同场景下迁移应用的思考和解决问题的基本模式。这意味着，即使在没有教师现场指导的情况下，学生也能依靠这些模式自主地面对和处理相关的学术或实践问题。

为了更好地了解支持性工具、核心任务和支持性活动的关系，我们以第三章拆解过的"打动人心的演讲"项目为例，进行深入的解析。

---

[1] Vygotsky L S. Mind in society: the development of higher psychological processes [M]. Cambridge, MA: Harvard University Press, 1978: 86.
[2] 张丰. 聚焦任务的学习设计：作业改革新视角 [M]. 北京：教育科学出版社，2023：213.
[3] Sweller J, Kirschner P A, Clark R E. Why minimally guided teaching techniques do not work: a reply to commentaries [J]. Educational Psychologist, 2007, 42（2）：115-121.

案例 5.1

打动人心的演讲[①]
——支持性工具的设计

在"打动人心的演讲"项目中,为了辅助学生更好地完成核心任务和支持性活动,教师设计了支持性工具,鼓励学生运用支持性工具进行自主探究和知识建构。例如,学生在阅读优秀演讲词、明晰演讲词构成要素的学习活动中,可能对如何解构演讲词、从优秀的演讲词中总结归纳其构成要素存在困难。如果这方面的困难未能及时克服,学生将难以在整个学习活动中完成相应的任务,后续的系列学习活动以及"撰写打动人心的演讲词"的核心任务也难以开展。因此,教师在充分考虑了学生可能存在的困难后,设计了"演讲词构成要素分析表单",让学生借助该支持性工具在阅读演讲词的过程中能进行更有针对性的思考,并在该分析表单的支持下分析归纳出演讲词的构成要素,从而"够一够"完成该学习活动的任务。

> **驱动性问题**:面对新冠肺炎疫情下的种种社会现象,我们该如何演讲,才能打动人心,传播正确思想,扩大影响力?

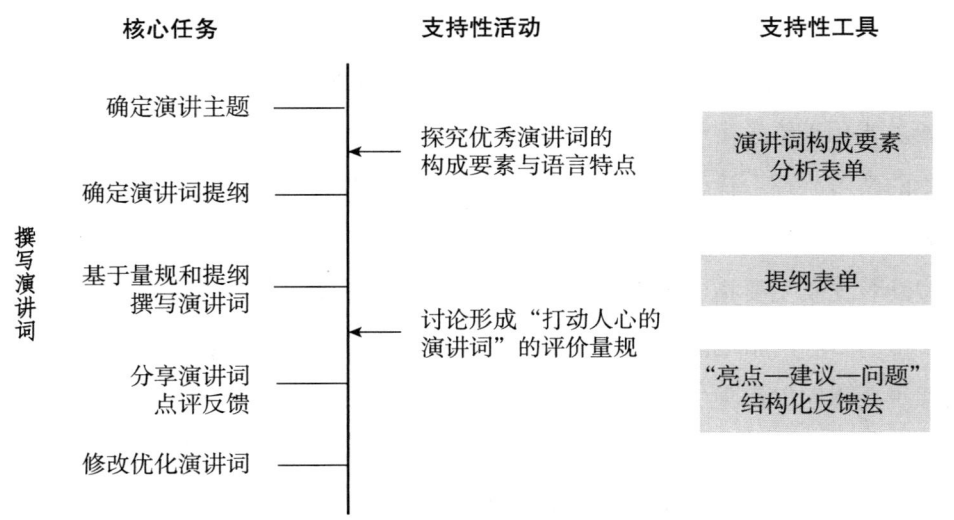

图 5-1 "打动人心的演讲"项目中的核心任务、支持性活动和支持性工具

[①] 本案例由杭州市采荷实验学校谢飞跃老师提供。关于案例的更多介绍,可参考:张丰.重新定义学习:项目化学习15例[M].北京:教育科学出版社,2020:266-285.

在案例 5.1 中，我们可以看到教师在充分考虑学情的基础上，设计了支持性工具以辅助学生更好地完成核心任务和支持性活动。教师设计和使用支持性工具的过程，就像建筑工地上的项目负责人，结合实际情况搭建脚手架，帮助工人更好地完成工程项目。所以，支持性工具是助力核心任务和支持性活动更好完成的工具，可以是策略、资源、流程或图表等。总的来说，核心任务与支持性活动构成了学习的内容和框架，支持性工具则为学生完成这些任务和活动提供有效辅助，帮助他们形成稳固、可迁移的思考和学习模式。

三、支持性工具的分类

在项目化学习中对支持性工具进行分类有很多种思路。基于对浙江省 2022 年项目化学习资源众筹建设与深化研究活动中 427 个案例的编码分析，我们发现对教学实践中支持性工具的分类主要有四种思路。

（一）基于功能的分类

根据支持性工具的功能，国内研究者将支持性工具分为情境型学习支架、策略型学习支架、资源型学习支架、交流型学习支架和评价型学习支架。[①] 情境型学习支架主要用于给学生创设一个真实的情境，增强学习内容对学生的吸引力，激发学生的学习兴趣，让学生更容易理解情境任务和开展后续探究；策略型学习支架主要用于给学生提供方法指导，帮助学生更好地解决项目开展过程中的问题；资源型学习支架主要指向给学生提供解决问题所需的学习资源或过程导航，如相关的参考书目、网络地址、文献索引、工具清单以及其他媒体资源等；交流型学习支架主要指向促进学生和教师之间更好地交流沟通，为有效交流提供方法和技巧上的指导；评价型学习支架主要用于提供自评或互评的机会，让学生明确学习的状态和进展程度，从而调控小组和个人的学习进程。

---

① 汪湖瑛. 项目化学习中的学习支架［M］// 张丰，管光海. 项目化学习慕课研修手册（9 册套装）. 北京：教育科学出版社，2022：6—7.

（二）基于项目进展阶段的分类

巴克教育研究所根据项目进展将项目化学习过程分为项目发布、知识与能力建构、成果形成与修订、成果展示、反思与迁移五个阶段。虽然这些阶段在真实的项目进展中不是线性开展的，但是它们比较典型地代表了项目化学习各阶段的实践特征。基于项目进展阶段对支持性工具进行分类（见图5-2），能够帮助教师更好地掌握适合不同阶段使用的支持性工具。

项目阶段	支持性工具清单			
项目发布	视频	问题清单	个人特色卡	项目规划手册
	观察—思考—好奇	KWL	团队协议	项目跟踪反思卡
	思考—困惑—探究	思维泡泡图	评价量规	
知识与能力建构	思维导图	概念图	韦恩图	信息梳理记录表
	故事地图	三个"为什么"	5W2H	人物传记图表
	鱼骨图	关系图	访谈问卷	访谈记录单
成果形成与修订	"635"头脑风暴	象限图	用户体验单	我喜欢—我希望—我好奇
	角色脑暴	创意整理单	循环问诊单	平面图设计模板
	奔驰法	方案筛选单	画廊漫步	评价量规
成果展示	观众反馈单	为想脱颖而出的学生提供的17个"杀手级"演示技巧		
	成果展示计划表			
	成果展示检查单	项目墙		
反思与迁移	出门券	KWL		
	原来我认为……，现在我认为……			

图5-2 适用于项目进展不同阶段的支持性工具

如在项目发布阶段，教师希望通过创设情境引发学生的注意、激发学生的学习动机、呈现项目学习目标、助力学生回忆已有经验或相关知识等，帮助学生更好地学习和内化所需的知识与技能，[1]学生在该阶段需要明晰"这个项目让我做什么？"、"我需要知道什么？"、"为什么这个项目是重要的？"、"我的项目成果要分享给谁？"。为此，教师可通过"思考—困惑—探究"等支持性工具引发学生的注意，为学生搭建深入探究问题和激发学习兴趣的支架；通过"评价量规"帮助学生明晰本项目的学习目标，明晰项目的"目的地"在哪里，为学生后续的学习指明方向；通过"KWL"、"思维泡泡图"、"问题清单"等支持性工具，促进学生思考为了解决该驱动性问题，已知的信息有哪些，还需学习和掌握哪些知识与技能才能解决该问题，从而链接学生相关的已知内容和须知内容。下面我们以"'地球表面的变化'桌游设计师"项目为例，说明"问题清单"这一支持性工具在项目发布阶段的具体应用。

案例 5.2

"地球表面的变化"桌游设计师[2]

在"'地球表面的变化'桌游设计师"项目的入项阶段，教师提出驱动性问题："如何以'地球表面的变化'为主题，设计一款桌游，使小玩家们能够在玩中学习相关知识？"基于该驱动性问题，学生在教师的引导下对该问题进行了分解，提取关键词，并提出各种子问题（见图5-3）。

图5-3 驱动性问题的分解

在分解驱动性问题后，学生明晰项目任务是要以桌游设计师为项目角色，设

---

[1] 加涅, 布里格斯, 韦杰. 教学设计原理 [M]. 皮连生, 庞维国, 等译. 上海：华东师范大学出版社, 1999：29.
[2] 本案例由杭州市学军小学周菲老师提供。

计一款以"地球表面的变化"为主题的桌游。但是,学生仍对接下来的具体任务感到不知所措。据此,教师设计了"问题清单"(见表5-1),进一步解析驱动性问题,链接学生关于该问题的已知、须知以及下一步的计划。借助该"问题清单",学生能够结构化地分解驱动性问题,并对后续行动计划有结构化的思考。

表5-1 "问题清单"表单

驱动性问题:如何以"地球表面的变化"为主题,设计一款桌游,使小玩家们能够在玩中学习相关知识?		
已知信息:对于这个主题你已经知道了哪些信息?(尽量详尽) 例如: 1. 有关地球表面变化的知识 2. 看到过或接触过哪些桌游?怎么使用? 3. 对要设计的桌游的描述	须知信息:要解决该问题,你还想了解哪些方面的信息?(至少写3条) 请以问题的方式提出,例如: 1. 关于地球表面变化还有哪些相关知识? 2. 地球表面变化的知识如何融入整合到桌游的机制中? 3.	后续步骤:对于这个主题,我们接下去可以做哪些探索? 1. 2. 3.

基于项目进展阶段的分类思路对教师的教学设计与实施有一定的引导选择作用,有助于教师明晰各阶段可以使用的支持性工具。但这一分类思路缺乏对支持性工具功能的把握,可能会使教师忽略基于学生的真实需求选择工具。

(三)基于场景的分类

基于场景的分类更关注工具的使用场景,在充分考虑学情的基础上,以教师的需求为出发点,按场景需求进行工具分类(见表5-2)。

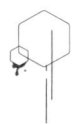

表 5-2 基于场景分类的支持性工具

场景需求	我如何更好地……	我可以尝试……
观察理解 访谈/问卷调研	·促使学生仔细观察并提出可探究的问题？ ·支持学生深度分析，定义问题？ ·引导学生理解真实问题情境，关联已知，明确须知？ ·支持学生开展调研，获取有效信息？	观察—思考—好奇、思考—困惑—探究、视频、AEIOU、用户旅行图、POV、用户移情图、KWS、问题清单、思维泡泡图、访谈问卷、访谈记录单
概念理解 文本分析	·支持学生通过对比分析理解某个概念？ ·支持学生厘清文本结构？ ·支持学生理解小说、剧本或历史中的人物？	思维导图、韦恩图、概念图、5W2H、鱼骨图、拔河、故事地图、故事山、说理地图、人物传记图表、信息梳理记录表、关系图
方案构思 方案梳理	·促使学生尽可能多地提出自己的观点或想法？ ·支持学生筛选和归纳重要的观点或想法？ ·支持学生设计高质量的方案图？	"635"头脑风暴、奔驰法、角色脑暴、象限图、创意整理单、方案筛选单、评价量规、平面图设计模板
评价反馈 汇报展示	·支持学生点评他人成果？ ·让学生可视化地展示项目的过程信息和成果？ ·支持学生在展示过程中收集观众的观点和想法？	我喜欢—我希望—我好奇、循环问诊单、用户体验单、成果展示计划表、项目墙、为想脱颖而出的学生提供的17个"杀手级"演示技巧、Polls Everywhere、观众反馈单
复盘反思 团队合作 规划跟踪	·促使学生更深入地回顾项目的历程与收获？ ·引导学生有效组建团队？ ·促进团队互动交流？ ·支持学生进行项目管理和跟踪？	出门券、KWL、"原来我认为……，现在我认为……"、个人特色卡、团队协议、破冰游戏、思考—配对—分享、思考—书写—分享、画廊漫步、项目规划手册、项目跟踪反思卡

以"观察理解"这一场景需求为例，"观察理解"可能发生在项目化学习开展的各个阶段，如发生在项目化学习入项阶段，用于激发学生的学习兴趣，引发学生思考；或者发生在知识与能力建构阶段，用于引导学生自主探究，学习相应知识和概念。为了让学生能够更有效地通过观察和探究达到学习目标，教师可能会产生"我如何更好地促使学生仔细观察并提出可探究的问题？"的需求。结合这个需求，教师可以尝试使用"观察—思考—好奇"、"思考—困惑—探究"或者"AEIOU"等支持性工具。

案例 5.3

南宋官窑[①]

针对浙美版美术教材三年级下册"南宋官窑"一课，结合学习目标和学生兴趣，教师设计了"三年级小朋友要去南宋官窑进行春游活动，如何为他们设计一份探究深度适度又有趣的春游探究表，让三年级小朋友感受、认识南宋官窑的艺术魅力？"的驱动性问题。教师发布任务后，发现南宋官窑的知识体量非常大，所要解决的驱动性问题也较为复杂，若完全放手让学生解决问题，学生会出现不知道学习和运用哪些知识来完成任务的困难。为了更好地引导学生将驱动性问题拆解为子问题，明晰探究方向，教师设计运用了"KWS"和"观察—思考—好奇"两种支持性工具。

首先，教师在第一课时引出驱动性问题，并介绍"KWS"的使用方法（见表5-3），引导学生就驱动性问题思考关于南宋官窑已经知道了什么。通过学生的分享，教师在一定程度上能够掌握学生的学习起点。

表 5-3　KWS 表格

关于南宋官窑已经知道了什么？（Known）	为了解决驱动性问题，还需要了解什么？（Want）	经历前两栏的学习梳理，试着总结赏析陶瓷器的关键要素（Summary）

然后，教师鼓励学生思考为了解决驱动性问题，还需要哪些知识。在讨论如何解决驱动性问题中"让三年级小朋友感受、认识南宋官窑的艺术魅力"这个关键点的过程中，教师引导学生观察官窑瓷器以及南宋官窑博物馆相关照片，并利用"观察—思考—好奇"这一思维工具思考"我看到了什么？""我想到了什么？""我想知道什么？"。

最后，教师汇总学生的问题，筛选亟须解决的问题，并对问题根据逻辑进行排序，结果如下：

1. 南宋官窑窑址主要位于什么地方？

---

① 本案例由杭州市大禹路小学吴昕老师提供。

2. 南宋官窑产出的是什么样的艺术品？

3. 这些艺术品有什么特征和特点？

4. 这些艺术品是如何制作而成的？

5. 三年级学生会关心、好奇、想探究哪些方面？

6. 如何帮助三年级学生更好地鉴赏这些艺术品？

……

通过问题拆解，学生明晰了解决该驱动性问题的探究方向和思考内容，之后教师引导学生对赏析陶瓷器的关键要素进行探究和学习。

（四）基于任务类型的分类

还有一种常见分类思路是根据核心任务的类型，归纳总结出不同类型核心任务主要使用的支持性工具。核心任务可以分为探究型任务、设计型任务、制作型任务、展示型任务和评鉴型任务。教师可以应用不同类型的支持性工具辅助学生完成不同类型的核心任务（见表5-4）。

表5-4 针对不同类型核心任务的支持性工具

探究型任务	设计型任务	制作型任务	展示型任务	评鉴型任务
·思考—困惑—探究 ·观察—思考—好奇 ·AEIOU ·三个"为什么" ·用户旅行图 ·鱼骨图 ·KWL ·韦恩图	·"635"头脑风暴 ·角色脑暴 ·奔驰法	·工具（材料）任务单	·如何在PBL中吸引不情愿的演示者 ·为想脱颖而出的学生提供的17个"杀手级"演示技巧 ·画廊漫步 ·公开展示记录单 ·项目墙	·KWL ·结构化反馈模型PDQ ·象限图 ·我喜欢—我希望—我想知道 ·须知问题清单

例如，针对学生在完成设计图、产品、展示方案等后，借助评价指标或量规，对任务完成情况进行评价的评鉴型任务，教师可提供"KWL"、"结构化反馈模型PDQ"、"象限图"、"我喜欢—我希望—我想知道"以及"须知问题清单"等支持性工具，辅助学生更好地评价他人的作品或对自己在项目中的表现进行反思、复盘和自我评价。

案例 5.4

桌面玩具设计师①
——展示环节的观众反馈单

针对一年级学生在课间休息时常会在教室内外追逐打闹、大声喧哗的现象，教师让五年级的学生担任设计师，为一年级学生设计多款有趣且益智的桌面游戏。该项目的驱动性问题是："作为一名设计师，你如何为一年级小朋友设计一款适合课间使用的桌面玩具？"教师在前期多次的项目设计与实施中发现，原项目在产品发布过程中未向观众提供任务表单，使观众在听取团队汇报时存在理解困难，难以做出高质量的评价和反馈。于是，教师设计了"观众反馈单"（见表5-5），让每一位观众在倾听产品发布的过程中，发现产品设计的亮点（Star）、希望改进的地方（Wish）以及值得学习借鉴的地方（Inspiration）。

表5-5 "桌面玩具设计师"成果展示观众反馈单

团队名称		团队成员	
项目名称		时间	
A Star（亮点）		A Wish（改进）	Inspiration（点赞）

---

① 本案例由杭州绿城育华学校小学部王伟丽老师提供。

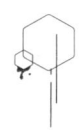

第二节 支持性工具的设计要点

一、打造自己专属的工具箱

教师需要打造专属于自己的工具箱，方便自己在教学过程中针对学生遇到的问题和困难给予及时的支持。很多教师会困惑于支持性工具的设计方法。其实，支持性工具并不全部需要从零开始创设，教师可以从目前国内外已开发的教学工具中选取，进行迁移实践。如果已有的支持性工具不能满足教师当下的教学需求，不能支持学生达到预定的学习目标，教师可以在已有工具的基础上进行修改迭代，设计新的支持性工具。教师可从以下路径打造适合自己的工具。

（一）从工具库中选用

在项目化学习备受关注的今天，网络上已出现许多支持性工具的相关资料。例如，浙江省教育厅教研室为深化项目化学习研究，推进项目化学习实践，搭建了"浙江省STEAM项目学习资源"平台，全省优秀案例通过"资源众筹"的方式汇聚到云端，便于全省的教师随时随地登录学习，发展个人的项目化学习专业能力。在该平台的工具库中，汇聚了杭州市西湖区教育发展研究院梳理的国内外支持性工具。工具库中的每个工具都从工具简介、使用时机、使用步骤、使用建议和实践案例等维度进行了介绍，可帮助教师深入了解并明晰如何使用该工具。

（二）从优秀案例中拆解

除了从工具库中直接选用适合的工具外，教师还可以在优秀案例中拆解学习工具。例如，"浙江省STEAM项目学习资源"平台还汇聚了全省各地的优秀项目案例资源，教师可以借助"任务链拆解支架"明晰和了解各支持性工具的类型与功能（见图5-4）。

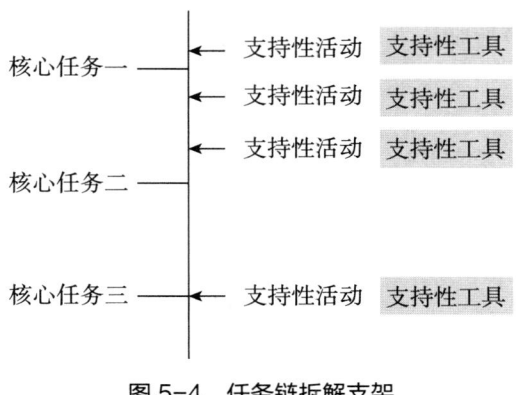

图5-4　任务链拆解支架

（三）从书籍中获取

目前，市面上有很多关于思维工具的图书，教师可以借鉴并整合其中适合多个领域的思维工具，使这些工具更好地服务于教育教学。例如，哈佛大学"零点项目"专注于思维路径的研究，致力于促进学生思维的深化与拓展[①]。斯坦福大学设计学院推出的设计思维工具，为学生提供了一套全新的、针对创新问题解决的方法论。同时，随着国内学者对学习工具研究的深入，不少研究者基于实践经验，对如何运用工具应对项目化学习中的难题进行了深入探讨，并将其总结为实用的案例。其中，夏雪梅博士等人的《项目化学习工具：66个工具的实践手册》和鲍雯雯博士的《智慧教师都在用的工具箱：16个支持性工具赋能学教变革》都为中小学教师学习和应用工具提供了参考与启示。

二、支持性工具的开发和运用原则

不论是直接选用现成工具，还是优化研发新工具，教师都要考虑适时性、引

---

① 理查德，丘奇，莫里森.哈佛大学教育学院思维训练课：让学生学会思考的20个方法[M].于璐，译.北京：中国青年出版社，2014.

导性、渐隐性等三大原则。

（一）适时性原则

适时性原则是指教师应在学生恰好需要帮助时提供合适的支架。教师切勿"预先加载"过多工具，而要等学生真实需要或提出要求时再提供，避免未研究学情便"加载"过多工具，或使用与学生认知发展水平不符的工具的情况。

案例 5.5

桌面玩具设计师

——调研工具

在项目起始阶段，学生需要完成"开展实地调研，了解用户真实需求"的核心任务。教师是否需要再额外提供或设计相应的支持性工具呢？案例中的教师首先对学情进行了分析。如果学生完全不了解如何开展高质量的调研，不了解调研的方法和流程，难以采集有关数据的话，教师就要设计相应的支持性活动和支持性工具；反之就不需要。

在深入剖析学情后，教师发现班上的学生不能很好地设计调研问题，也不知道如何开展调研。于是，提供调研问题的样例，帮助学生了解调研问题的特征以及采访时需要注意的技巧。在学生学习采访技巧的过程中，教师还特意录制了视频，通过生动形象的视频资源，帮助学生明确不同的提问方式可能导致信息获取差异。同时，教师还设计了采访单模板（见表5-6），帮助学生在采访时更有计划性和方向性。

表 5-6 "桌面玩具设计师"采访单模板

受访者姓名		班级		性别	
采访者姓名		班级		性别	

1. 如果你要给老师推荐一款放在教室内使用的玩具,你会推荐怎样的玩具?针对这个玩具你还想怎样改造?

推荐的玩具	吸引点在哪里	怎样改造

2. 如果为你设计一款玩具,你希望是怎样的玩具?

颜色	材质	单人or多人玩	手动or电动	拼装or即用	其他

3. 采访问题1:
(此处的采访问题由各团队自主拟定,拟定步骤为:①团队围绕"你喜欢的桌面玩具"进行头脑风暴,每一位成员将问题写在便笺纸上,一个问题一个便笺纸,形成"问题池";②团队阅读全部问题,将问题进行归类与排序;③将排名第一的问题填写在此处。)

4. 采访问题2:
(此处的采访问题由各团队自我拟定,将排名第二的问题填写在此处。)

(二)引导性原则

引导性原则是指教师设计、选择或运用支持性工具的目的应是引导学生自主探究和建构,而非替代学生完成学习任务。支持性工具应注重以学生为中心,支持学生自主探究达到学习目标。

案例 5.6

《孙权劝学》中的人物关系梳理工具[①]

在语文项目化学习中,教师以"如何创作《孙权劝学》课本剧?"这一真实任务情境为导入,引导学生在了解课文大意及重点字词的基础上,通过分析课本剧构成要素、编写扩充文言课本剧、排演课本剧等形式,在实践中巩固文言知识,达成学习目标,并加深学生对导演、编剧、演员等职业的理解。该项目的关键在于掌握相关角色的人物特征以及不同角色之间的关系,为后期的剧本创作奠定基础。在项目指导中,教师没有直接告诉学生这些角色人物之间的关系和各自的性格特征,而是以"关系图"作为支持性工具,支持学生自主探究人物关系和角色特征与性格特点(见图5-5)。

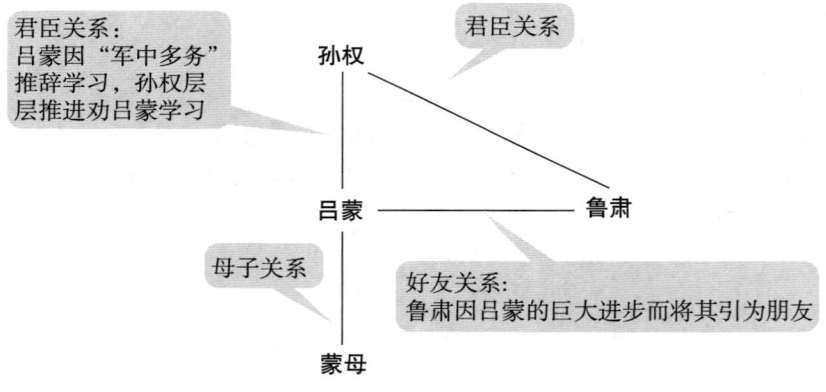

图 5-5 《孙权劝学》中的"关系图"

案例 5.7

我的"放松处方"[②]

该项目的背景是学生在运动后常会感到身体酸痛,在上下楼或起身坐下时尤为明显。学生好奇为什么自己的身体会有这样的变化。结合体育与健康学科的学

---

① 本案例由湖州市第五中学教育集团钱彦吉老师提供。
② 本案例由杭州市学军小学杨益老师提供。

习目标以及学生的好奇心和兴趣,教师提出"运动后我们往往感到酸痛、疲惫,如何制订一份'放松处方'予以化解?"的驱动性问题,带领学生开展调研,确定放松处方的类型,学习酸痛的相关知识及缓解方法。

教师希望学生通过该项目掌握基本的保健知识和方法,发展体育锻炼的意识与习惯。在学生学习如何处理运动后出现的酸痛的过程中,教师设计了"鱼骨图"作为支持性工具,引导学生在"鱼头"处写上"处理酸痛的方法",并分析导致酸痛的原因以及对应的处理方法。借助鱼骨图,教师让原本没有思路的学生有了支架,能够顺着"鱼骨图"进行归因分析、探索方法策略(见图5-6)。

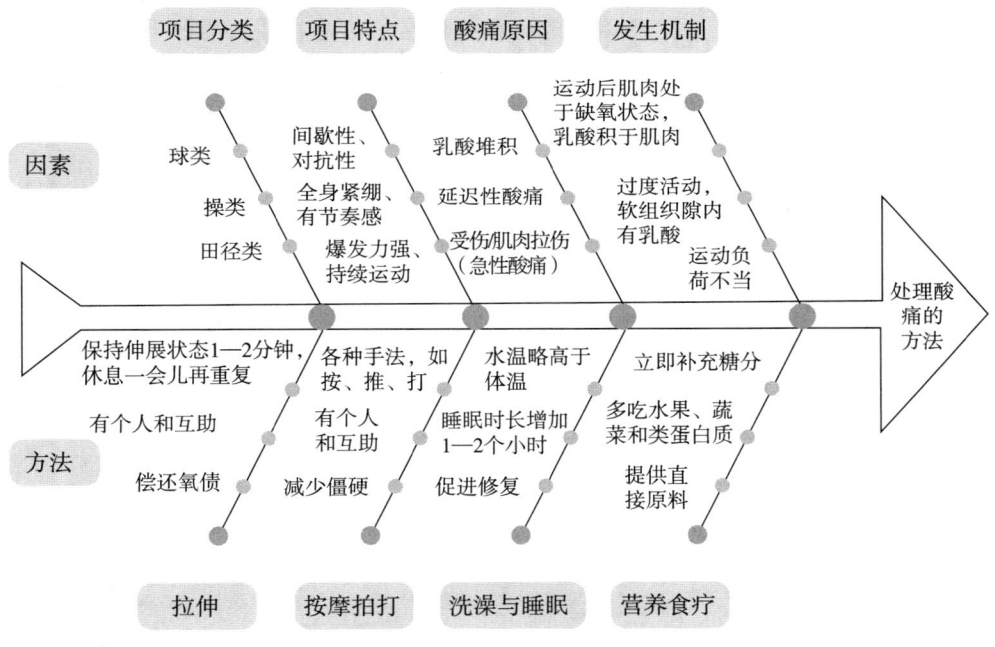

图5-6 "我的'放松处方'"项目中的"关系图"

(三)渐隐性原则

在设计和运用支持性工具的过程中,教师应充分考虑到学生的能力不是一成不变的,而是不断发展变化的。所以,教师要思考如何在最终抽离支持性工具的辅助时,学生也能完成任务。渐隐性原则意在促进将教师责任转为学生责任,使学生逐渐掌握学习的主动权。支架渐隐既可以体现在某一核心任务下的系列活动中的工具设计上,也可以体现在不同项目类似核心任务中的工具设计上。

案例 5.8

童 话 故 事[①]

该项目的核心任务之一是撰写英语剧本。教师为了让学生最终都能写出高质量的剧本,选择提供典型剧本让学生阅读和学习,以了解剧本须包含的关键要素。但教师发现学生在阅读典型剧本的过程中比较迷茫,难以有效提炼出关键要素。于是,设计"故事地图"作为支持性工具,让学生在阅读故事的过程中寻找剧本中的角色、情境、问题与解决思路,并梳理故事的开头、中间和结尾。在学生学习了解剧本须包含的关键要素后,教师还设计了"角色档案表",让学生根据该档案表创建自己的剧本主角,思考主角的相关信息。接着,学生借鉴典型剧本的故事结构,根据教师设计的"剧本提纲",带入自己创设的角色,构思剧本情节。最后借助"剧本核查单",学生独自完成剧本的撰写。教师在这一系列学习活动及支架的设计过程中,充分考虑了渐隐性原则,所设计的支持性工具从非常结构化,经过结构化、半结构化,逐渐过渡到辅助性评价提示(见图 5-7)。

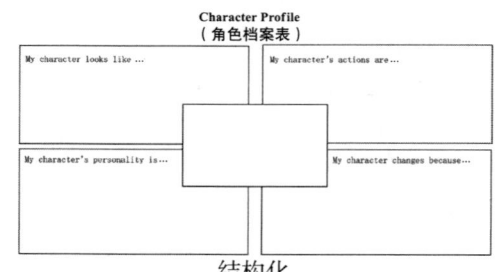

图 5-7 "童话故事"项目中的支持性工具

---

① 本案例由杭州狄邦文理学校 Jasmine 老师提供。

三、以微型研究视角优化和迭代支持性工具

在实际教育教学中,支持性工具的应用也不是一成不变的,需要教师基于学生的工具使用情况进行动态调整和优化。可借助流程式支架和表格式支架来优化和迭代支持性工具的有效设计与运用。

(一)流程式支架

借助流程式支架(见图5-8),教师可以通过自问自答的方式思考是否需要设计或优化支持性工具。

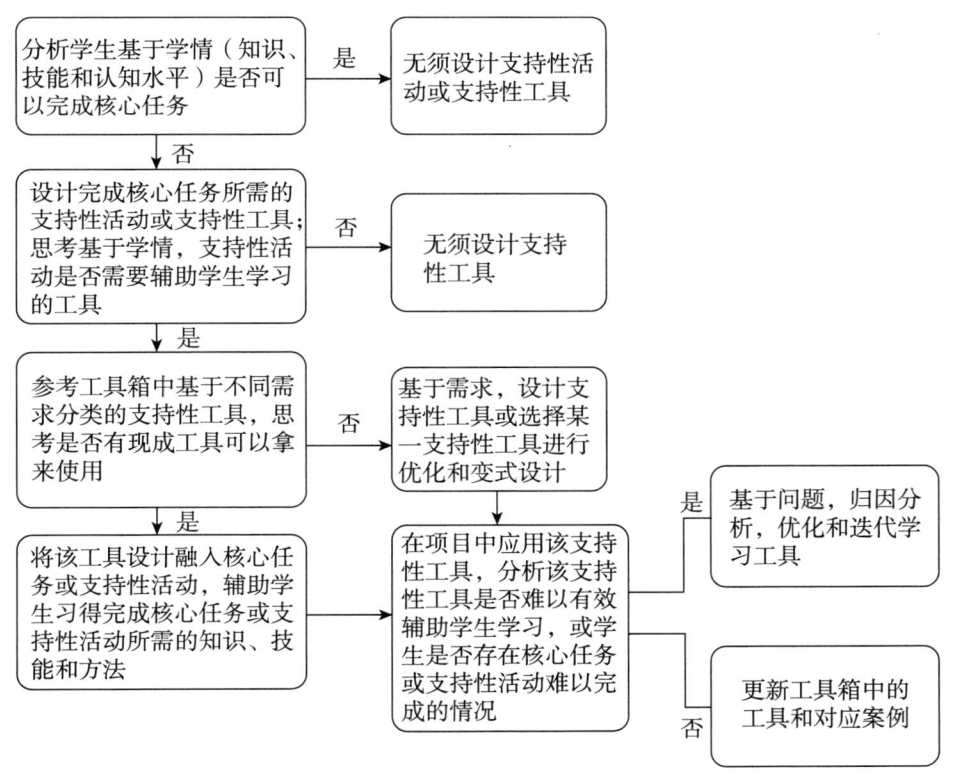

图 5-8 流程式支架

教师首先分析学情(知识、技能和认知水平),评估学生是否能完成核心任务。如果学生难以完成核心任务,那么教师就要考虑设计相应的支持性活动或支

持性工具；反之不必。

然后，教师进一步思考基于学情，在支持性活动中是否需要设计辅助学生学习的工具。如果需要，教师可先不急于创设一个新的支持性工具，而是思考是否有现成的工具可以拿来使用。如果没有，则教师要基于需求，设计支持性工具或对已有的工具进行优化和变式设计。如果有，可将该工具设计融入核心任务或支持性活动，辅助学生习得完成核心任务或支持性活动所需的知识、技能和方法。

在随后的使用过程中，教师还须分析该工具是否有效辅助了学生学习，或学生是否存在核心任务或支持性活动难以完成的情况。如果发现问题，教师还要基于问题进行归因分析，优化和迭代学习工具。如果未发现问题，教师可以在自己的工具箱中更新该工具和对应的案例。

（二）表格式支架

教师也可以借助表格式支架（见表 5-7），进一步分析和拆解自己的课堂，探究教学过程中所遇到的问题和困难的解决办法，思考是否需要额外的支持性活动或支持性工具来支持学生学习，以最终达到预期的学习目标。

表 5-7　表格式支架

项目流程	核心任务1		核心任务2		核心任务3		核心任务4
学习目标	目标1.1		目标1.2		目标2.1	目标2.2	
可能遇到的问题	问题1.1		问题1.2		问题2.1		
导致问题的可能原因	原因1.1		原因1.2		原因2.1	原因2.2	
可行的支持性活动	活动1.1		活动1.2		活动2.1		
可使用的支持性学习工具	问题清单	KWL			鱼骨图		

教师可以根据表格式支架将所实施项目的核心任务拆解罗列出来。然后，基于每个核心任务，标注希望通过该任务达到的学习目标，并结合教学经验和学情分析，梳理学生完成该核心任务或实现该学习目标可能会遇到的问题或困难。之后，

教师进一步分析导致该问题或困难的可能原因，创想能够解决该问题或困难的可行的支持性活动或支持性工具。

在使用表格式支架的过程中，教师需要对工具使用前、使用中和使用后各环节进行系统思考。工具使用前，教师需要思考"我预期该支持性工具可以解决什么问题或者我预期该支持性工具可以达到的目标是什么？"以及"我在使用该支持性工具时，须留意和观察什么才能证明我的工具使用是有效的？"；工具使用中，教师需要思考"学生在使用该支持性工具时的表情和表现是怎样的？"和"我提供的支持性工具是充分的吗？学生还有其他问题吗？"；工具使用后，教师需要思考"该支持性工具有没有需要优化和迭代的地方？"。

综上所述，无论是流程式支架还是表格式支架，都能支持和引导教师在教学设计与实施中以研究的视角持续地探索、运用和改进支持性工具。当面临实践中的各种挑战时，教师应积极反思与调整，实时优化策略与方法。对于那些经过验证并被证明为有效的工具使用策略，教师应当及时提炼和总结，不断提高自己的教学效果，丰富和完善自己的工具箱（见图5-9），为日后的教育实践奠定基础。

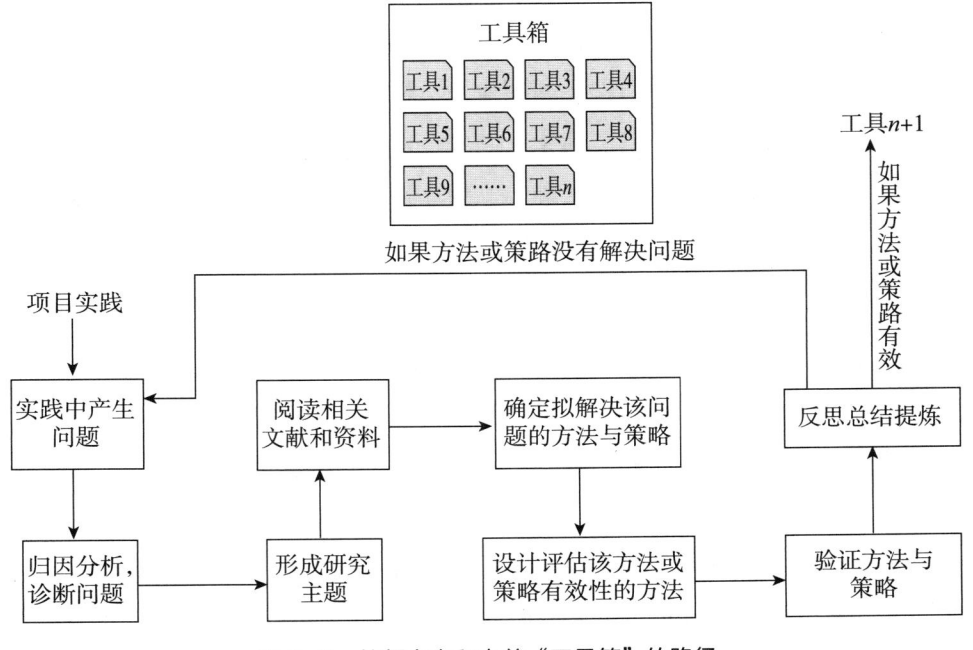

图 5-9　教师丰富和完善"工具箱"的路径

第三节　支持性工具的运用

打造专属于自己的工具箱固然重要,同时在项目化学习复杂的实施过程中合理、灵活运用这些工具也很重要。在设计和实施项目化学习的过程中,"如何帮助学生精准定义问题"、"如何支持学生进行产品设计和建模"、"如何支持学生高阶思维发展"以及"如何支持学生自主推进项目"等方面是支持性工具运用过程中的重点和难点。因此,本节将结合案例深入分析和阐述支持性工具的具体运用方法。

一、帮助学生精准定义问题

在项目化学习中,学生的学习是以真实问题为驱动的。教师需要帮助学生预先明确学习目标,然后支持学生运用所学的知识、技能或概念解决实际问题。在此过程中,如何准确且有效地定义问题成为关键。很多教师在实施项目化学习的过程中发现学生难以有效、精准地定义问题,这导致后续设计出来的方案并不能真正地解决问题。如何帮助学生精准定义问题成为教师的研究重点,支持性工具可以在这方面有所助力。

案例 5.9

校园滑滑梯[①]

该项目为跨学科项目,教师借助驱动性问题"如何有效地为学校添置或者改善硬件设备,让校园变得更加有趣?"引导学生通过调查分析、研析数据、绘制草图、搭建模型等环节,完成为校园设计合适的趣味硬件设施方案的任务,提高学生动手动脑、创造性解决问题等能力,深化学生的校园主人翁意识。

---

① 本案例由杭州市大禹路小学吴昕老师提供。

教师在项目实施中发现学生难以聚焦问题，难以发现学校中哪些硬件设备改造后可以让校园变得更有趣。面对学生的迷茫和无措，教师进行归因分析，发现自己提供给学生发现问题、调研设计以及数据分析的支架不够，导致学生难以聚焦和定义问题。于是，教师进行了支持性工具的优化。首先，采用"AEIOU"观察分析工具，引导学生对学校学习生活进行有目的的观察（见表5-8）。学生根据表单有意识地观察师生的行为，对学校可能存在的问题进行记录和分析，同时这一工具也便于后期汇总信息。教师表示："学生在使用该工具进行观察时，会发现哪些硬件设备存在问题。这些问题是观察挖掘出来的，不是被简单访谈出来的。"

表5-8　学生借助"AEIOU"观察分析工具进行观察记录

Activity（活动）	Environment（环境）	Interaction（互动）	Object（物品）	User（用户）
课间时，同学会奔跑玩耍	在拥挤的教室里	同学经常碰到桌角和椅子	桌子、椅子	同学

然后，教师让学生根据观察表收集的观察结果，利用"635"头脑风暴思维工具进行思维发散，在不进行小组交流的情况下罗列出存在的校园硬件问题；之后各小组再对这些问题进行归类整理，利用思维导图进行归纳，并将信息进行可视化整合。教师表示："借助'AEIOU'观察分析表记录分析后，学生对学校硬件存在的问题有了自己的看法；通过'635'头脑风暴法，小组成员可以在融洽且不受任何限制的气氛中以会议的形式进行讨论、座谈，打破常规，畅所欲言，把自己观察和想到的问题充分表达出来。"

在各小组完成校园问题整理归类后，为进一步聚焦要改善的硬件设施，教师设计了"问卷调查的设计与分析"支持性活动。在学生开展问卷设计的过程中，教师向学生介绍了"问卷星"、"番茄表单"等信息技术支架，并开展系列支持性活动帮助学生了解高质量问卷的设计方法。在问卷分析的过程中，教师还对"词云图"以及不同统计图表工具进行了介绍,帮助学生了解有效分析量性和质性数据的方法。最终,学生在系列支持性工具的辅助下成功聚焦所要解决的问题,达成增添"滑滑梯"游乐设施的共识。

在该案例中,教师通过"AEIOU"观察分析工具助力学生发现问题,通过"635"头脑风暴思维工具助力学生发散思维和归纳整理问题,然后运用调查问卷等信息技术工具助力学生采集数据,运用统计图表等工具助力学生分析和梳理数据,最终帮助学生精准解决问题。

二、支持学生进行产品设计和建模

学生在项目化学习的过程中经常会进行产品设计和建模,这些活动在学生解决问题的过程中起着重要的作用。然而,产品设计和建模对学生也存在一定的挑战。下面我们通过两个案例阐述教师就教学中遇到的问题,如何通过微型研究的方式提出解决方法和策略,助力学生更好地进行产品设计和建模。

案例 5.10

造 桥[①]

宁波市海曙区古林镇实验小学教师在项目"造桥"的实施过程中,发现学生在明确探究任务着手设计"桥"的工程图时,存在三方面的问题:一是设计图元素单一,具体表现为学生画图纸时往往只有一个"潦草的轮廓",部分学生绘制桥梁设计图时只有图画,缺乏必要的数据与文字说明;二是设计角度单一,具体表现为学生只画了一个整体的构造,没有从多个角度去思考和设计,这在一定程度上将导致学生在后期设计建造模型时无从下手,难以发挥设计图指导模型建构的作用;三是设计缺乏可行性和成本意识,具体表现为学生在进行工程设计时过分追求结构的精美与复杂,没有考虑桥梁建造的难度和材料的成本,这可能导致后期造桥任务无法在规定时间内完成。

---

① 本案例由宁波市海曙区古林镇实验小学提供。

为支持学生设计出高质量的图纸,并让工程图在后期产品建模中真正发挥作用,教师决定在产品设计这一核心任务中,增加系列支持性活动,并提供多样的支持性工具,帮助学生提升图纸设计的质量。

首先,教师增加了产品设计知识建构环节,帮助学生理解产品设计图扮演的角色,以及好的设计图应该包含的元素。教师在学生开始图纸设计前,先出示一段视频,以使学生了解工程师是如何作图的,以及工程师作图的目的所在。学生观看完视频后,教师又出示了两组设计图——真实的桥梁设计图和学生画的桥梁设计图,让学生通过视频以及对两组设计图的对比分析,学习工程师的经验,思考如何像工程师一样考虑和设计图纸,进一步理解产品设计图的重要性、建构好的设计图应包含的关键元素等核心概念,为后期产品设计奠定基础。

其次,教师优化了设计图表单,将原本单一的设计图分解成了三个大小不等的框(见表5-9),以引导学生多角度思考和设计。这一改变的好处主要有两点:一是直观引导学生从桥梁的整体、桥面、其他部位多个角度去设计,有效避免了设计图只有一个"简单轮廓"的窘境;二是分框能够引导学生多角度、更细致地思考,画出更多细节,使设计图对后期的模型建构更具有指导意义。

表5-9 优化后的设计图表单

整体设计	
桥面设计	其他部位设计

案例 5.11

教室学生午休床的改进[①]

江山市城南小学教师在项目"教室学生午休床的改进"的实施中,发现学生在方案设计过程中遇到了困难。虽然学生在入项活动和问题定义等环节都进展得非常顺利,但在基于问题进行方案创想的过程中,出现了设计随意、天马行空等现象。在方案优化阶段,虽然学生在教师的指导和干预下,使设计图看起来"有模有样",但是到了第一次产品模型制作时,出现了模型比例不协调以及模型不稳定等问题。为了优化教学设计,教师和项目设计团队尝试用问题链的形式探析学生行为背后的原因(见图5-10),发现导致这些现象的原因是学生缺乏足够的设计支架引导规范作图以及未能严格依循产品图纸建模。

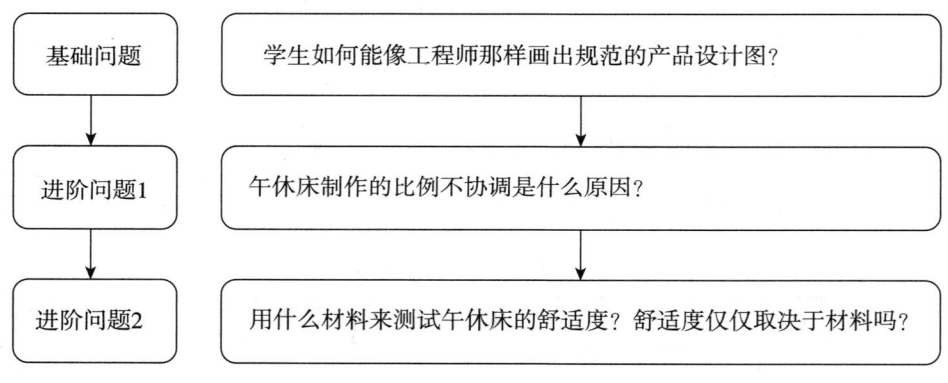

图 5-10 项目实施中的问题链

结合发现的问题,教师对教学设计进行了优化迭代,和学生一起经历了三轮方案迭代(见图5-11),终于发现:当教师提供的支持性工具不充分或不明确时,学生制作的产品就不能指向驱动性问题的解决;当教师基于学生的成果反馈不断调整支持性工具,使提供的支持性工具明确、到位和充分时,学生的制作结果就能顺利满足设计要求,指向驱动性问题的解决。

---

① 本案例由江山市城南小学提供。

第一次设计	第二次设计	第三次设计
提供的设计支架 ① 让学生自主收集资料 ② 让学生观察教师午休床的结构、生活中可折叠物体的结构	提供的设计支架 ① 请美术教师指导学生画三视图 ② 观察几份工程师的设计图稿 ③ 提供一个30厘米的娃娃模型 ④ 提供作画工具	提供的设计支架 ① 提供一个与人体比较接近的娃娃模型 ② 让学生测量娃娃模型尺寸，并给每组发放一份，明确数据 ③ 提供作画工具

图 5-11　方案的三次迭代

结合案例 5.10 与案例 5.11，我们可以发现学生在产品设计和模型建构过程中会遇到各种困难和挑战，主要表现为学生不了解产品设计的作用、如何像工程师一样作图、如何基于图纸进行产品建模。所以，教师在项目设计初期，要深入研究和分析学情，考虑设计两方面的支持性工具：一是准备视频资源帮助学生进行知识建构，让学生了解工程师的工程设计经验、工程设计图涉及的关键要素，并强调比例尺的概念；二是提供图纸设计表单，引导学生在作图的过程中考虑多视角构图，使设计图包含关键数据和细节内容，以支持后期的模型建构。

三、支持学生高阶思维发展

夏雪梅博士强调学习素养视角下的项目化学习是学生在一段时间内通过对真实而有意义的问题进行持续探究，创造性地解决问题，形成公开成果，达到对核心知识的再建构与思维迁移的过程。[1] 通过项目化学习，学生不仅要掌握学科知识和技能，更重要的是在项目开展的过程中发展高阶思维和解决问题的能力。根据布卢姆的认知目标分类理论[2]，认知领域的目标可分为记忆、理解、应用、分析、评价和创造六个维度。它们层层递进，由低到高呈阶梯状。项目化学习中非常强

---

[1] 夏雪梅.素养时代的项目化学习如何设计[J].江苏教育，2019（22）：7-11.
[2] 安德森，等.学习、教学和评估的分类学：布卢姆教育目标分类学修订版[M].皮连生，主译.上海：华东师范大学出版社，2008：27.

调高阶学习和低阶学习的整合，要让学生经历高质量的项目化学习，就要对项目化学习中的高阶认知策略进行设计。①

然而，在项目化学习实施过程中发现，学生的思维认知存在三个方面的问题：一是思维隐性化，具体表现为学生没有机会表述想法、分享观点，思维交流显得被动；二是思维碎片化，具体表现为学生在活动中不能从整体或系统上解决问题；三是过于关注物化成果，关注思维提升不够，具体表现为学习实践过程中过于强调做出物化成果，不够注重在学习过程中思维的进阶与提升。下面我们通过两个案例详细阐述教师如何基于上述问题，通过设计和运用支持性工具，助力学生高阶思维的发展。

案例 5.12

长度的秘密②

作为面向小学二年级学生的数学项目，"长度的秘密"关注学生如何利用测量工具准确、灵活地测量物体的长度。庄老师在该项目的实施中发现学生存在思维隐性化、思维碎片化和思维欠深刻等问题，并就这些问题进行归因分析，从项目整体出发，采用了四种策略，优化支持性活动和支持性工具的设计，使其与项目核心目标相匹配，化解项目化学习中的思维困境，以高阶思维带动低阶思维（见图5-12）。

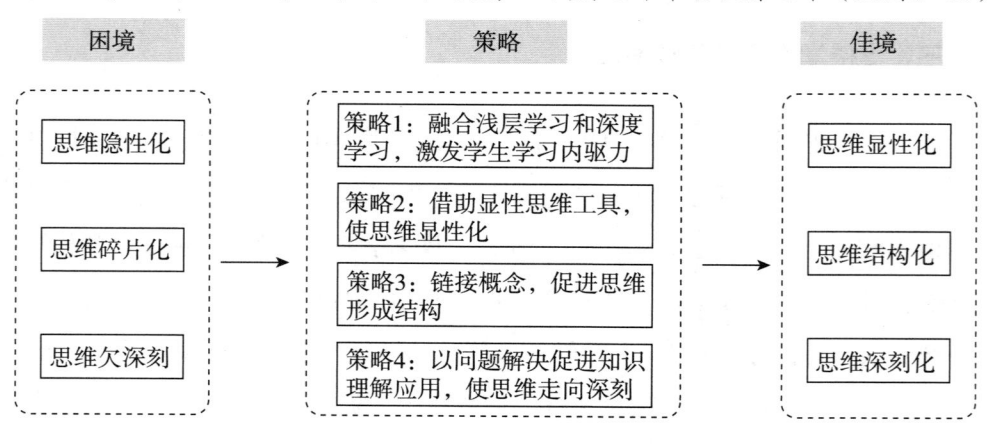

图 5-12　项目实施中的问题与对策

---

① 夏雪梅.项目化学习设计：学习素养视角下的国际与本土实践［M］.北京：教育科学出版社，2018：64，65.
② 原案例由湖州市安吉县第七小学王君老师提供，迭代案例由湖师附小教育集团庄晓彤老师提供。

庄老师基于学生思维隐性化的问题，尝试运用思维工具帮助学生思维显性化。例如，她根据支持性活动的类别使用不同类型的思维工具，让学生的阐述更具逻辑性且重点清晰（见表 5-10）。

表5-10 项目"长度的秘密"中的思维工具

核心任务	支持性活动	思维工具（支持性工具）
测量的秘密（探索型） 主要思维：应用、分析	以小组为单位，用信封里的材料测量 A4 纸的长度（实验法）	材料 + 任务记录单 任务一： 要求：1. 用信封里的材料测量 A4 纸的长度。 　　　2. 把测量的结果记录在记录单上。 用 ——— 测，A4 纸的长有（　　）个红色吸管这么长。 用 ⎯⎯ 测，A4 纸的长有（　　）个白色吸管这么长。 用 ⊂⊃ 测，A4 纸的长有（　　）个回形针这么长。
身体上的尺（探索型） 主要思维：记忆、理解、应用	身体上的尺有哪些？（收集资料）选择一个身体尺，小组分工，用这个身体尺测量教室的长	网络 + 微课 + 记录单 任务二： 要求：1. 选择一个身体尺，小组分工，用这个身体尺测量教室的长。 　　　2. 把测量的结果记录在记录单上。 教室的长有（　　）个一拃。 教室的长有（　　）个一庹。 教室的长有（　　）个一脚。 教室的长有（　　）个一步。
制作一把尺 主要思维：应用、分析、创造、评价	制作一把能够测量长度的尺	问题解决路径表 + 思维导图 + 循环问诊图 （　　　　　）问题解决路径表 要解决的问题｜ 要解决这个问题需要哪些知识｜ 我们是这样想的（思维导图标注所需的材料）｜ 测试产品可行性｜

针对思维碎片化的问题，庄老师对任务四的支持性活动和支持性工具进行了优化，让学生从对长度的思考拓展至对整个度量领域的思考（见表 5-11）。在活动中，学生在支持性工具的支持下强化了对"长度度量"的深刻体会，感悟到知识内容的整体性和原理的一致性，实现了思维的系统化、结构化。

表 5-11　项目"长度的秘密"任务四中的思维工具

核心任务	支持性活动	思维工具
任务四：探索世界上还有哪些东西是可以测量的	1. 以小组为单位，就"世界上还有哪些东西是可以测量的"进行头脑风暴 2. 把小组的意见贴在项目墙上 3. 全班同学去异求同地探讨"这些真的都可以测量吗？""怎么测量？" 4. 全班就"世界上有这么多可以测量的东西，如果让你造一把尺子去测量，这把尺子应该是什么样的"进行头脑风暴	问题清单、项目墙等

针对思维欠深刻的问题，庄老师以问题解决促进学生对知识的理解应用，提升学生思维的深刻性。她对任务三的支持性活动和支持性工具做了优化（见表5-12），使学生能够做、学、思结合，形成问题解决的心理机制路径（见图5-13），在与真实情境的持续交互中应用知识、建构知识、提升思维和能力，最终实现问题解决。

表 5-12　项目"长度的秘密"任务三中的思维工具

核心任务	支持性活动	主要思维工具
任务三：制作一把能够测量长度的尺子	1. 模型讨论会 以小组为单位进行问题定义，讨论"尺子模型"的设计过程，并完成图纸设计 2. 选择合适的材料制作尺子模型 3. 小组内利用尺子模型测量长度，测试模型的可行性 4. 循环问诊，优化迭代 5. 产品发布，集体讨论：尺子上这么多格子，能去掉一些吗？	"问题定义"——POV表格、设计方案、动手制作工具等

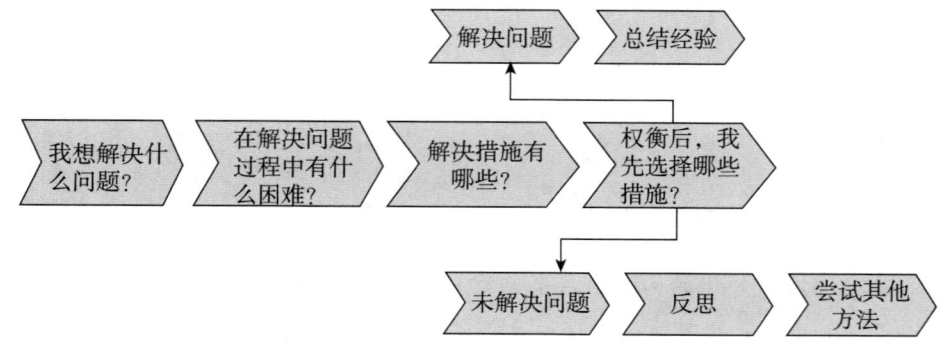

图 5-13　问题解决的心理机制路径

案例 5.13

我为茶叶做包装[①]

在项目"我为茶叶做包装"的实施过程中,教师发现,虽然有些学生最终茶叶制作成功了,但教师并不能清晰了解其思考过程,难以判断其是否真正掌握了核心概念;有些学生虽然制作失败了,但他们可能尝试了多种解决方法,只需教师增加一点支持或指点就能解决困惑,成功完成任务。但是,目前的评价方式更多关注结果,较少指向过程,难以使学生的思维显性化和可视化,导致教师在学生遇到困惑时不能及时提供支持。

因此,为了进一步促进学生思维素养的提升,教师对该项目进行了优化迭代,尝试运用思维工具实现思维评价。具体优化迭代体现在以下两个方面。

一是设计"学思案"驱动思维评价(见图 5-14)。学生通过"学思案",建立学习任务链,以任务驱动的形式开展单元整体学习。"学思案"作为一种支持性工具,不仅能够推动教师及时进行思维评价,让学生思维可视化,还能引导学生进行复盘和反思,通过教师和学生的共同使用,推动教学。

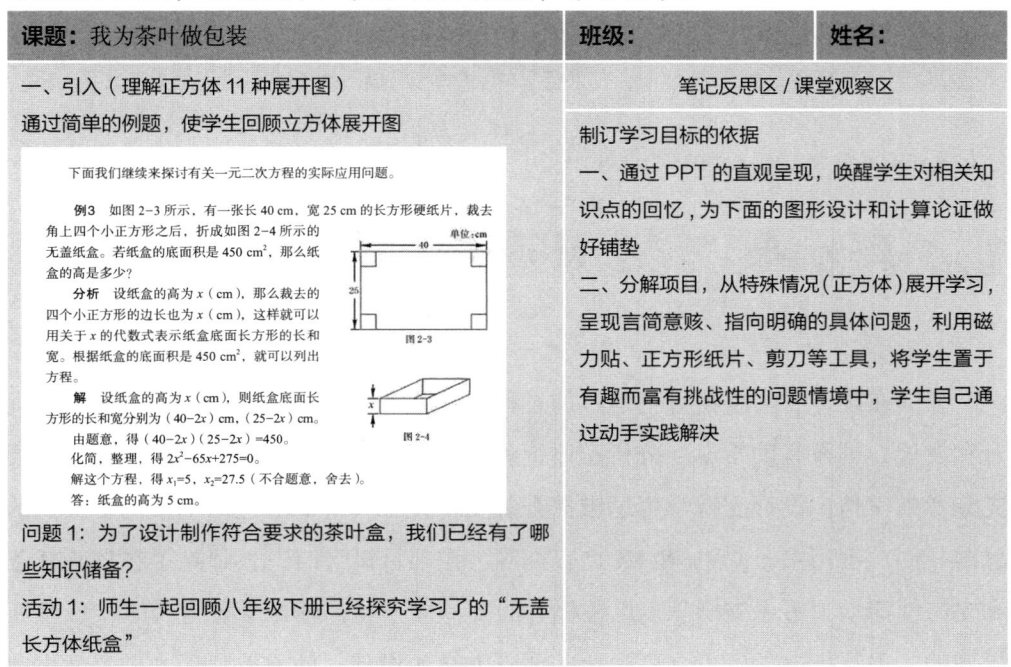

图 5-14　学思案

[①] 本案例由湖州市志和中学金孝婷老师提供。

二是借助 KWL、KUC 记录表将学生思维显性化（见表 5-13 和表 5-14）。在项目中，学生需要在如下所示的正方形方框中画出多种情况的立体展开图。首先教师鼓励学生写出尽可能多的解决方法，让学生的思维显性化；然后学生就自己的解决方法和同伴分享并相互点评；最后教师让学生运用 KWL 和 KUC 表对自己刚才所用的方法进行反思，梳理自己"已经知道了什么"、"还想知道什么"以及"学到了什么"。教师通过学生的自我反思和评价，能够深入了解学生已掌握的内容、尚存的困惑和不足以及学生的思维发展水平，这为后期的教学决策调整提供了依据。

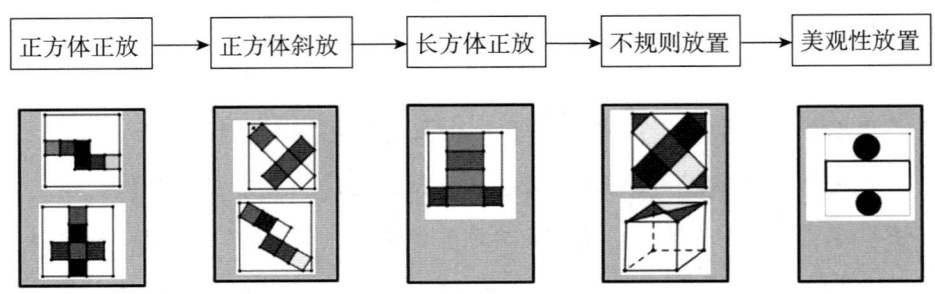

表 5-13　KWL 表

K (Known) 我已经知道了什么	W (Want) 我还想知道什么	L (Learned) 我学到了什么

表 5-14　KUC 表

K（我已经知道的）	U（我理解的）	C（我能做的）

教师在设计和实施项目化学习的过程中，要充分考虑如何促进学生的思维提升和发展，创设有助于学生分析、评价和创造等高阶思维发展的机会；同时也要充分考虑学情，设计支持学生思维提升的支持性工具，如上述两个案例中提到的思维导图、学历案、KWL 和 KUC 表格等。在项目设计时，教师除了在核心任务和支持性活动中考虑支持学生思维提升的支持性工具，还要像案例 5.13 中教师所提到的，关注指向学生思维可视化的评价方法的设计，助力教师深入了解学生的

思维过程,明晰学生是否真正达到了预期学习目标。在项目实施的过程中,教师要仔细观察学生的学习行为表现,结合这些表现动态地给予支架支持,并进行教学策略的调整,助力学生高阶思维的发展。

四、支持学生自主推进项目

项目化学习是一种以真实情境为背景的学习方式。在学习过程中,学生不是被动地接受知识,而是主动探索、合作和解决问题,从而获得所需的知识和能力。通过一系列的支持性活动,如研究、讨论、实验等,学生逐渐掌握并深化理解相关知识和技能。最终,他们将所学内容应用到具体的项目中,实践并验证自己的学习成果。在这个过程中,有效的项目管理和自主推进项目是项目化学习的关键点。

但是,有些教师发现学生在入项之初明晰驱动性问题后,便表现出对下一步任务的茫然无措,不知道该从何入手;一些长周期项目在实施中还存在项目片段化和学习碎片化的现象。下面我们通过两个案例来阐述如何基于这些问题,设计支持性工具支持学生自主有效推进项目。

案例 5.14

我是桌游设计师 2.0[①]

道尔顿小学教师根据之前的项目化学习实施经验,发现学生在了解项目流程和目的后,对每个核心任务具体要做什么仍然有些茫然。为了帮助学生更好地进行项目管理,支持学生自主推进项目,教师在设计"我是桌游设计师2.0"项目时,设计了项目规划反思单(见表5-15),以支持学生了解每个阶段要完成的子任务以及相应的时间节点。同时,为了进一步提升学生对任务实施过程、完成情况和合作情况的整体感知与管理能力,教师又借助该表单让学生记录"实际完成时间",并完成"小组合作满意度自评"(包括"工作反思")。使用该表单后,学生问"接

[①] 本案例由温州道尔顿小学提供。

下去要做什么"的情况少了，进入教室后就拿出表单确认本节课应完成什么任务的情况多了。教师根据学生的表单，也能了解不同小组的进度和表现情况，并给予相应的帮助和支持。

表 5-15 项目规划反思单

项目流程	项目进展	计划完成时间	实际完成时间	完成情况	小组合作满意度自评 非常满意 4 3 有待改善 2 1			工作反思（写出最需要反思改进或坚持的一点）
					分工协作	愉快沟通	责任担当	
知识与技能准备	科学工作坊	2020年12月28日						
	桌游工作坊	2020年12月31日						
分析	市场调研	2021年1月5日						
	分析学科内容	2021年1月5日						
	确定规划结构	2021年1月5日						

案例 5.15

项目化学习手册的设计和使用[①]

在项目化学习的实施过程中，教师发现学生在确定项目、拆解项目时有些无从下手。尤其是学习相对困难的学生，在项目推进过程中难以自主开展学习，对过程的记录和整理也相当吃力。为此，教师想以项目化学习手册作为工具来支持和辅助学生开展学习活动。

---

① 本案例由杭州市景成实验学校洪燕老师提供。

该工具能指导学生有顺序、有方向地推进项目并记录项目的开展过程。但是，在项目化学习手册编制初期，教师也遇到不少问题和困惑。一是内容编制方面的困惑。作为学生活动的辅助工具，项目化学习手册应包含哪些内容？如果包含内容太多，手册会存在承载过满的现象；如果包含内容太少，手册则难以起到引导和指导的作用。二是手册留空方面的困惑。基于项目化学习的特点，学习手册应留有学生设计或者记录的空白。教师设计手册时需要预留空白框供学生书写，但是留空的大小和位置难以把握。三是手册使用方面的困惑。项目化学习强调学习的实践性与体验性，教师要在学生需要的时候及时给予帮助。手册何时使用、如何使用，才能既不喧宾夺主，也不会丧失作用？

教师带着这些困惑，运用微型研究的方式，开展了如何有效设计和使用项目化学习手册的研究。

首先，教师对国内外已有的项目化学习手册进行了横向对比、分类和拆解，界定这些手册的共有模块和个性模块。研究发现，这些手册主要包含四大特点：一是手册的基本模块与问题解决流程基本吻合，主要分为问题定义、方案设计、制作、测试迭代以及反思与再设计等模块；二是手册以量规作为评价模块，让学生借助量规明晰任务目标，并对自己的任务开展情况进行自评；三是手册以小贴士作为团队合作模块，学生在小贴士的引导下思考团队合作须知，形成团队契约；四是手册以空白框和表格等作为学习支架，在不同模块和环节中都特意留置了空白框，便于学生思考和记录，同时也以表格的形式引导学生开展支持性学习活动。

然后，教师结合手册的这些特点，就项目"校园停车场"进行优化，形成了"1+X"结构的项目化学习手册（见图5-15）。

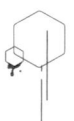

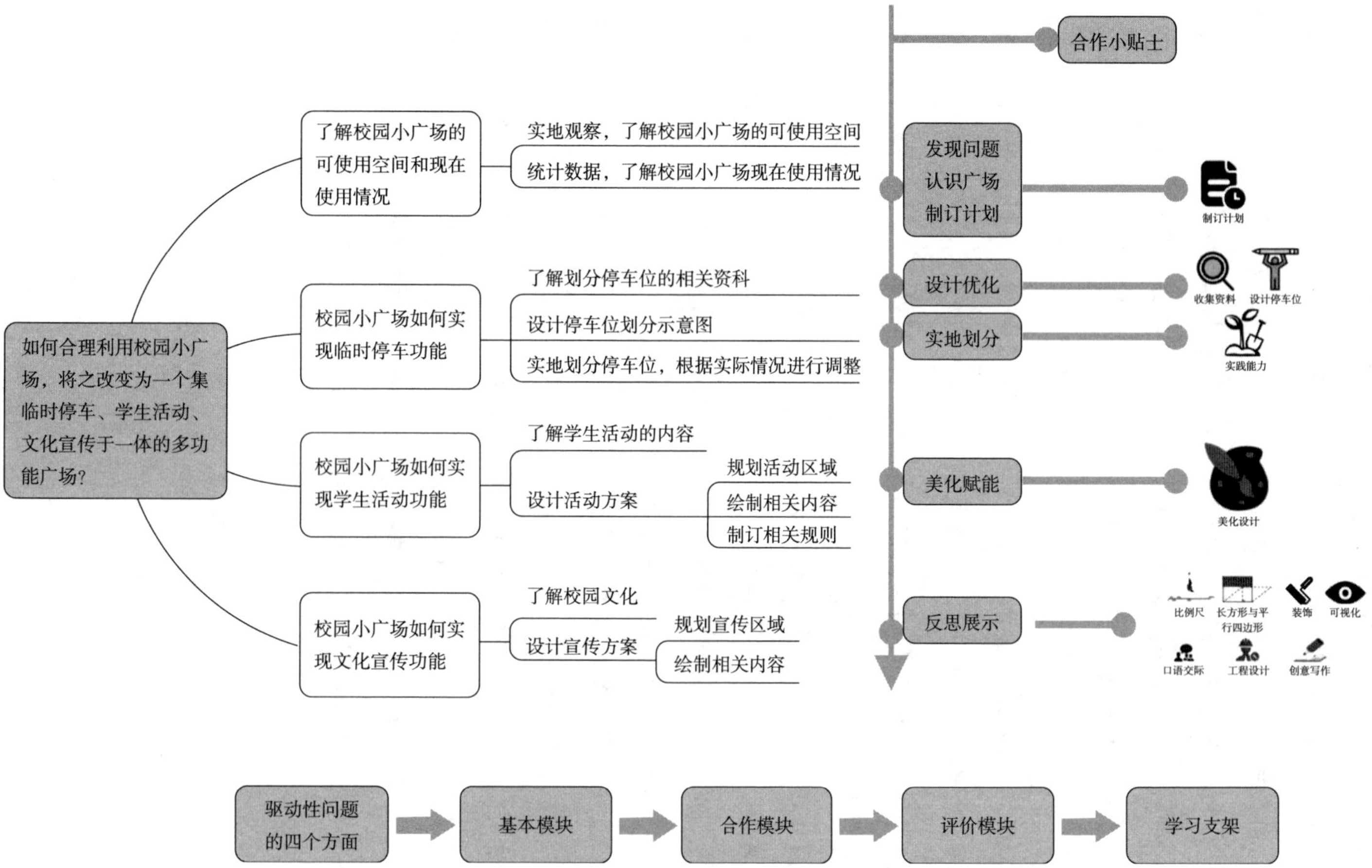

148 | 探寻学习机制的改变——项目化学习的设计与指导

图 5-15 项目化学习手册的 "1+X" 结构

"1"指的是基本模块、合作模块、评价模块和学习支架。基本模块是依据驱动性问题的四个方面来展开的,每个板块结束都配有一张评价表供学生自评使用。手册还包含了清单式、填空式和提示式等支持性工具表单(见图5-16)。

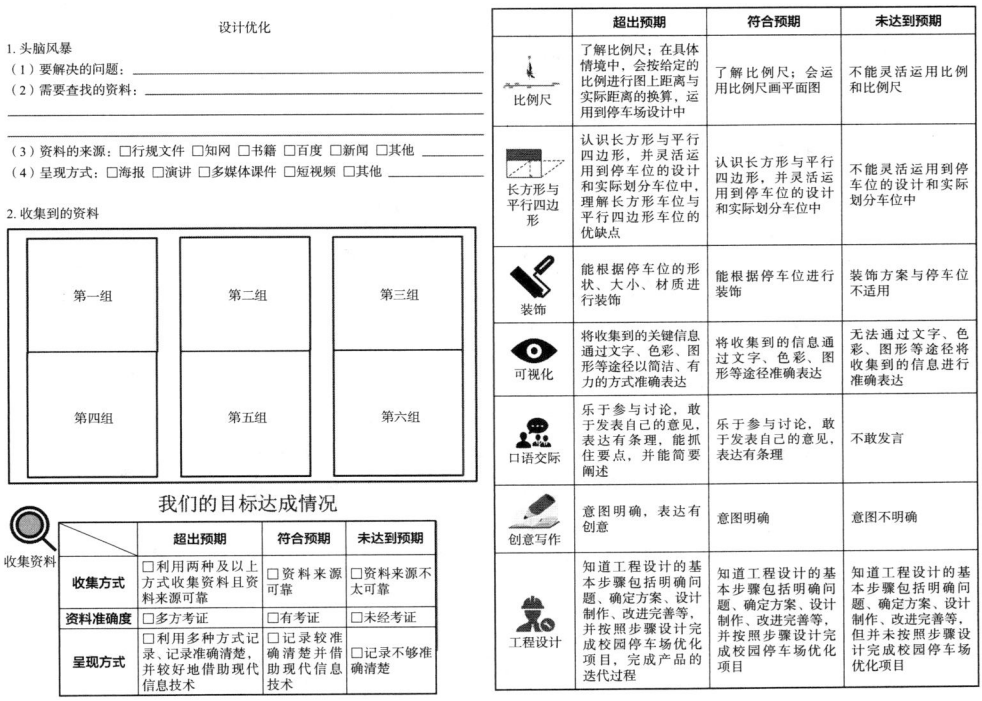

图5-16 项目化学习手册中的支持性工具

"X"指的是基于项目实施的特殊需要而设计的手册内容,如用于个性资源记录的个人成长卡(见图5-17)。成长卡分为正面和背面,正面由身份贴纸、个人照片和经验条构成,反面包括技能区和装备区。身份贴纸指的是个人擅长的领域,学生可在STEAM的五个领域中选择个人擅长的一项。学习能力经验条是根据深度学习的三个领域(动机情感领域、认知领域、人际领域)来编写的。技能区贴的是技能,是学生完成本次项目后获得的能力。装备区贴的是装备,是学生完成本次项目后获得的学科知识技能。

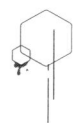

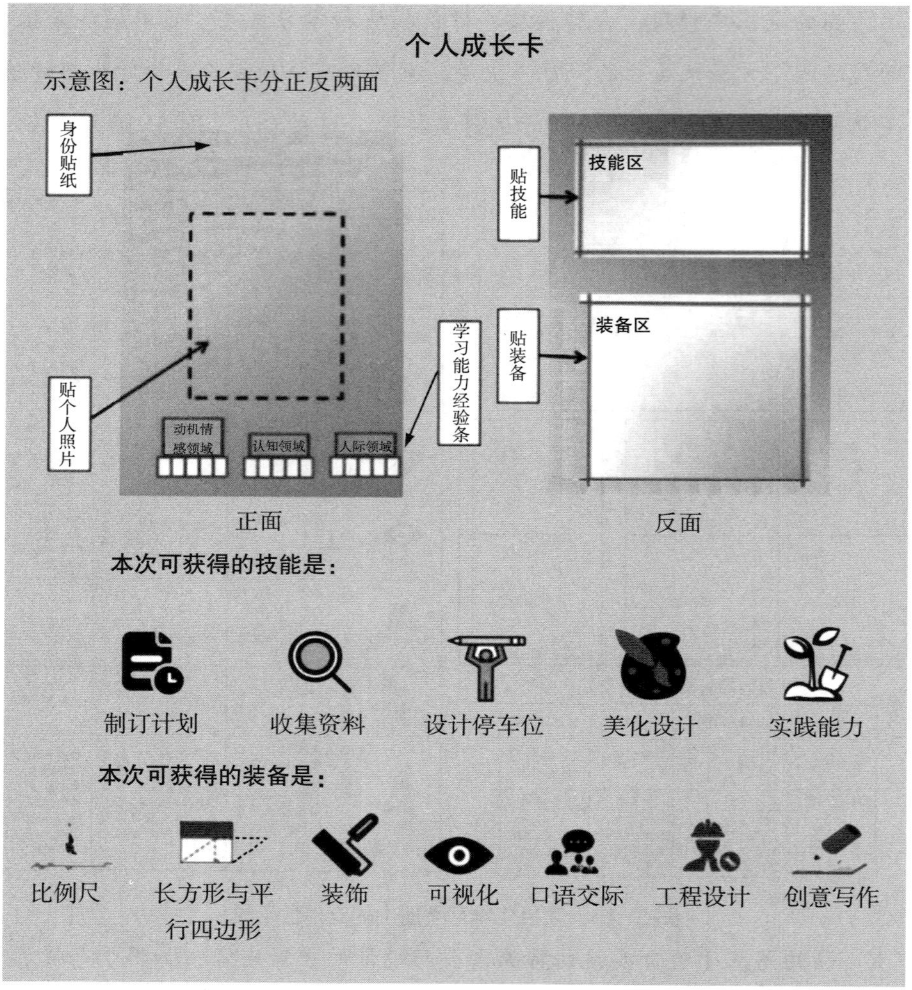

图 5-17 项目化学习手册中的个人成长卡

以上两个案例片段展示了教师在项目化学习实践中就学生遇到的问题进行归因分析和研究,进而探寻解决对策的过程。不论是支持性工具的设计还是系统性的项目化学习手册设计,都旨在帮助学生有效且有序地推进项目。教师作为项目的设计者,在项目设计的前期要充分考虑学生的已知,设计有助于学生自主推进项目以及进行项目规划等的支持性工具,助力学生顺利开展项目。例如,案例 5.15 中所阐述的项目化学习手册就是非常好的工具载体。教师在设计的过程中赋予学生有效推进项目的方法和方向,学生能够借助该工具载体明晰"我要去哪里"、"我在哪里了"以及"接下来怎么去"三大目标；同时学生还能在工具的支持下将所学内容内化为自身问题解决的方法论，迁移应用到今后其他项目的实践中。

本章所介绍的策略、资源、流程和图表都可以视为帮助教师促进学生更好学习的工具。当了解和学习的工具越来越多，教师慢慢地就能拥有专属于自己的工具箱。工具箱的建构能够帮助教师在项目设计前期有效挑选工具并加以迭代，更好地用于教学设计，促进学生深度学习。在项目实施过程中，教师如发现学生存在学习困难，就可以动态调整教学策略，在工具箱中寻找适切的工具进行"干预"。

不过，教师提供支持性工具不是最终的目标。如果教师撤掉支持性工具学生就不能完成任务的话，那么学生就没有学会，仅仅是能顺着工具的辅助完成任务而已。所以，支持性工具的使用一定要遵守"渐隐性"原则。设计与应用支持性工具是为了促进学生有意义的学习，帮助学生内化形成他们专属的学习工具箱。当学生拥有了自己专属的学习工具箱，就可以在遇到问题时自主选择、优化和运用工具箱里的工具解决问题。

本章小结

本章在厘清支持性工具的内涵及其与核心任务和支持性活动的关系的基础上，介绍了基于功能、基于项目进展、基于场景、基于任务类型的四种工具分类形式。教师要依据适时性、引导性和渐隐性三大原则，打造专属于自己的工具箱，并在项目实施中不断对其优化和迭代。本章在第三节围绕"如何帮助学生精准定义问题"、"如何支持学生进行产品设计和建模"、"如何支持学生高阶思维发展"以及"如何支持学生自主推进项目"等支持性工具运用过程中的重点和难点，进行理例结合的阐述。

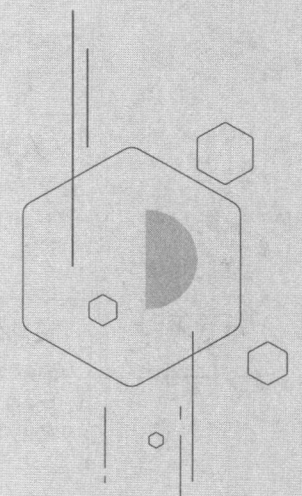

第六章
以多元策略指导学习

学习驱动机制——驱动性问题

学习承载机制——核心任务　　　学科实践
　　　　　　　　支持性活动　　跨学科实践

学习指导机制——支持性工具——教师指导策略

学习评价机制

第六章主要内容的逻辑关系

促进自主学习的指导策略 1—9

- **策略1** 引导学生体会学习的意义
- **策略4** 在已有经验中寻找借鉴
- **策略5** 引导学生体会问题解决与知识学习的联系
- **策略6** 应用思维工具
- **策略7** 启发性对话
- **策略2** 角色赋予（让学生成为学习的当事人）
- **策略3** 赋予选择权（提升学生责任感）
- **策略8** 借助管理日志引导项目进程
- **策略9** 通过阶段性反思发展元认知

价值 / 责任 —— 激发内在学习动机

促进合作学习的指导策略 10—20

- **策略10** 提升合作意识（内心的自觉）
- **策略11** 营建合作文化（无形的支持）
- **策略12** 内化合作规则（有形的遵循）
- **策略13** 任务分工与轮换（形成合作机制）

促进学生社会性成长

- **策略14** 开放性讨论
- **策略15** 建构性讨论
- **策略16、17** 决策性讨论（维度+工具）
- **策略18** 过程性展示（人人有机会）
- **策略19** 阐释性展示（展现高阶思维）
- **策略20** 借鉴性展示（弱化竞争比较）

学生认知学习的进展：聚焦 → 问题解决 → 展示

生成性指导策略 21—25

- **策略21** 捕捉学生学习行为表现
- **策略22** 基于学生行为表现评估学习进展
- **策略23** 激励意义的反馈（明示典型表现）——学习进展良好
- **策略24** 提示意义的反馈（引导追溯原因）——尚有不足有待改进
- **策略25** 矫正意义的反馈（干预、纠偏）

第六章主要内容的逻辑关系

在项目化学习中，教师对学生学习的指导机制相较于传统课堂有明显改变。教师由直接口耳相授的指导者向应用资源与工具的学习支持者转变，以促进学生在问题解决过程中主动求知、学以致用并学会学习。教师更多地表现为学习活动的组织者，促进学生开展自主学习与合作学习，并根据学生的学习进展及需要进行生成性的指导。本章将从促进自主学习的指导、促进合作学习的指导、生成性指导三个方面探讨教师组织学习活动时丰富与灵动的策略。

第一节 促进自主学习的指导策略

有效的学习必须是基于学生自主意愿的学习。当学习者对为什么学习、学习什么、如何学习等问题有自觉意识，并能对自身学习活动进行积极的监控和调节时，学习者就处于自主学习状态。这是较为理想的学习状态，也是最具问题解决突破力的学习状态。项目化学习期待更多的学生以这样的状态展开学习。

自主学习关注学生内在学习动机的水平，重在培养学生自主解决问题的能力，重视学生元认知的激发与作用发挥。作为学习活动的促进者与组织者，教师应注重学生的自我驱动、自我管理、自我监控；应通过激发学生内在的学习意愿，积极赋权并激励学生，创造可以让学生充分施展才能的学习机会；应关注学生学习能力的差异与成长空间，通过有效的启发、引导，帮助学生形成问题解决的思路；应鼓励学生在学习进程中开展深度反思，引导学生自我管理，进而提升自主学习能力。下面将围绕如图6-1所示的9种策略进行介绍。

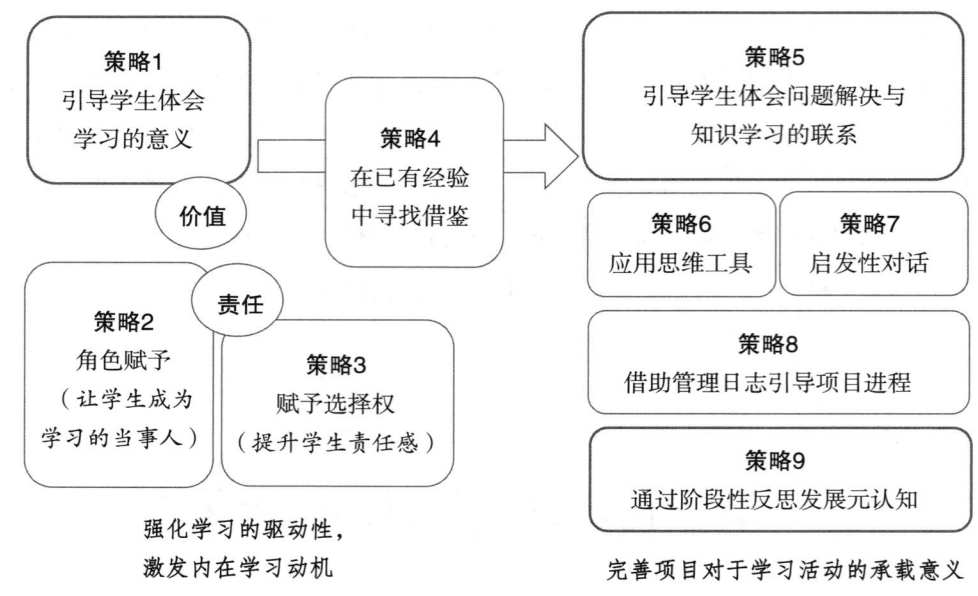

图6-1 促进自主学习的指导策略的逻辑关系

一、激发学习意愿

项目化学习强调以学生为主体,让学生成为学习活动的真正主持者,在教师的支持下自主探索解决问题。这要求教师在重视驱动性问题设计的同时,注重在组织学习活动时激发学生的主观学习意愿,培养学生积极主动的学习态度。激发学习意愿须抓住三个要点:首先,应注重引导学生体会学习的意义,让学生感到"值得学";其次,应通过角色设置实现赋权,让学生真正成为学习的当事人,通过深入地参与,形成持续的学习动力;最后,允许学生在学习进程中有多种选择,尊重其选择与决策,增强学生的学习责任感。

(一)引导学生体会学习的意义

引导学生体会学习的意义需要从明确学习的目的与价值入手。项目化学习是一种以真实问题解决为导向的学习方式,问题一般源自学生的实际生活、社会需求或未来发展设想,并具有紧迫性和挑战性。这些问题能激发学生的好奇心和求知欲,因为这会让学生感到学习知识与解决这些问题直接相关。项目化学习使学生从问题解决的任务中产生对完成任务的期待，激发挑战与表现的意愿，增强学习的效能感。此外，教师还可以引导学生感受学科的内在魅力，帮助学生认识到每门学科都有其独特之处和吸引力，从而激发更深层次的内驱力。

学习的意义不仅体现在学习内容对于学习者的价值，还包括学习者在学习过程中体会到的成就感。引导学生体会学习的意义既包括将学习与实际生活、职业目标和个人成长联系起来，还包括通过积极的学习体验来感知强化学习的重要性。教师可以通过提供正面反馈和适度降低学习难度来帮助学生体验学习的成就感，让他们感到学习是一项有趣且充实的活动，从而进一步投入学习并享受学习的过程。

（二）通过角色赋予让学生成为学习的当事人

驱动性问题伴随项目化学习的始终，引导学生"依情境而行"，学生自然地承担起"问题解决者"的角色。该角色意味着学生将以学习的"当事人"身份参与活动。

这种角色赋予强调学生在项目化学习中的主动性和参与性，有助于提升学生的责任感。项目化学习是激发学生学习动机的重要机制，教师在组织学习活动时，要有效利用这一机制，让学生以当事人的身份充分融入项目。

在第四章案例4.1"潜伏者计划"项目中，教师抛出驱动性问题："在危机四伏的情况下，到底哪两位人物最适合组成搭档并有能力承担起艰巨的'潜伏'任务呢？"教师将"整本书阅读及阅读过程中的人物性格分析"这个学习目标巧妙转化成"在两本小说中挑选适合的潜伏搭档"的学习任务。学生对于潜伏计划构建者的角色充满好奇和成就欲，他们也将作为学习的当事人，依托文本阅读，对潜伏计划提出自己的构想。学生需要从十位备选人物中确定合适人选，并陈述自己决策的理由。因为学生带入了"潜伏计划构建者"角色，学习过程非常生动，学生饶有兴趣。

值得注意的是，学生成为学习的当事人的意义在于有机会让自己成为问题解决的主人，教师应帮助学习者发展解决不同问题的能力。具体来说，其意义就是借"问题解决"之名，达成"学习目标"，在项目问题解决的驱动之下明确任务，唤起对学习内容与情境问题的关联，进而促进对学习目标的理解。

案例 6.1

教师组织开展角色扮演的圆桌会议[①]

在项目"生态小水池,智慧大未来"中,细心的学生发现校园水池存在许多问题,建议学校进行改造。学校将问题还给学生,请学生一起来筹划改造方案。

学生首先通过小组讨论,确定水池的利益相关方,如校长、学生、老师、访客、家长、换水师傅、后勤师傅、保安等;接着思考各相关方与水池之间的关系;然后采访利益相关方。随后,教师组织召开角色扮演的圆桌会议,会议包括以下几个阶段。

角色分析:教师引导学生进行问题分析,明确与问题相关的角色代表,如保安、后勤师傅、校长、科学老师、体育老师、家长等;组织学生尝试分析不同角色与问题的不同关联,设计采访提纲等,为调查访谈做准备。

多方调查:学生基于前期提炼的若干问题,对相应角色进行采访,记录各方提出的问题和需求(见表6-1)。

表6-1　不同角色对校园水池反馈的问题和需求

	保安	后勤师傅	学生	家长	环保专家	校长
水质	有臭气、影响心情				换水复杂,建议采用循环水	
安全	一年级学生玩耍不安全	学生好奇,太容易靠近水池	感觉危险			
能源		费时费力,希望智能化			换水浪费水,污水可以再利用	考虑成本
生态	学生活动会影响水中生物			生物不够多,生机不够	生物能够自行净水	
外观	太复杂会增加不安全因素			太旧,需要翻新		

圆桌讨论:学生根据调查采访收集到的信息及相关角色表达的诉求,在圆桌会议上扮演不同角色阐述观点,就存在争议的问题展开讨论。教师可通过下列问

[①] 本案例由杭州市学军小学提供。

题，帮助学生加深对人物和事件的分析与理解。

（1）这个角色观察或注意到了什么？

（2）这个角色理解或相信什么？

（3）这个角色真正关心的是什么？

（4）这个角色好奇或顾虑的是什么？

开展真实学习及解决真实问题都需要兼顾多方角色立场。在项目化学习中，教师引导学生解决问题，通过关联场景，分析不同角色在情境中的心态和表现以及解决问题的角度与方法，从而促使学习者转变成问题解决者。这一角色立场的有效融入与转换，是学生成为学习当事人的重要环节。

（三）允许学生有多种选择

给学生学习的自主权，是唤醒他们内驱力的最基本条件。在项目化学习中，教师允许且尊重学生的选择是激发学生学习意愿、提升学生责任感的重要组织策略。

在项目实施的整个过程中，教师应允许学生根据自己的兴趣、需求和条件，做出一些合理的选择与决定，而不是完全被动地接受教师或项目的安排。学生经历选择后，会自然地强化自己所担负的责任。

从选择的内容来看，教师可以允许学生选择项目的研究主题，包括与学科、生活相关的内容；选择项目的实践方式，包括调查研究、实验探究等；选择项目的可利用资源，包括图书、网络等；选择项目的成果形式，包括报告、提案、视频等；选择成果的展示方案，包括设计展示的形式、内容及流程等。

同时，教师也要关注学生在选择过程中是否能明确选择的依据和条件。如在明确问题环节，学生需要依据观察到的现象，对问题进行判断，进一步分析问题产生的原因。学生需要从大量的信息中选择最有意义、最值得研究或是最感兴趣的部分，从而实现对问题研究点的不断聚焦与突破；教师则需要帮助学生经历发现问题、识别问题、定义问题的过程。

案例 6.2

支持学生做出选择[①]

在项目"婴儿用品改进设计"中,七年级的学生想帮助爸爸妈妈解决在照顾"二宝"过程中遇到的困难,为照顾家里的弟弟妹妹出一份力。在明确问题环节,教师出示真实场景,要求学生观察身边的事情,察觉日常生活中长辈照顾婴儿遇到的各种问题,感知长辈和婴儿的真实需求。在教师的组织下,学生借助 AEIOU 观察记录表实施观察(见图 6-2),并提出不同的观察点。

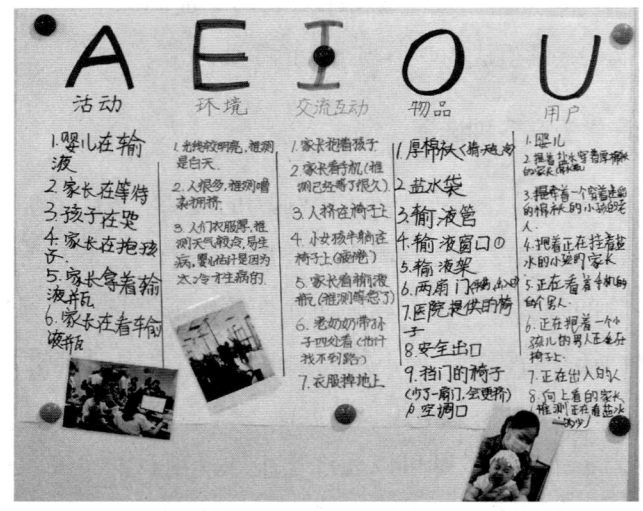

图 6-2　AEIOU 观察记录表——全面深入观察场景

在观察的基础上,学生需要进一步明确"目前最重要的问题是什么"。此时学生有多种选择,可以根据自己的兴趣、需求和能力,发现"具有意义且后续可形成有效解决方案的问题"。

场景分析会让学生在"主要解决什么问题上"产生较多的想法,此时教师还需要帮助学生进一步从中筛选出值得提取的、有价值的信息,整理出自己想要研究或解决的问题。教师借助 POV 工具(见图 6-3)帮助学生对大量的信息进行总结,找到问题真正的核心。

---

① 本案例由杭州绿城育华亲亲学校提供。

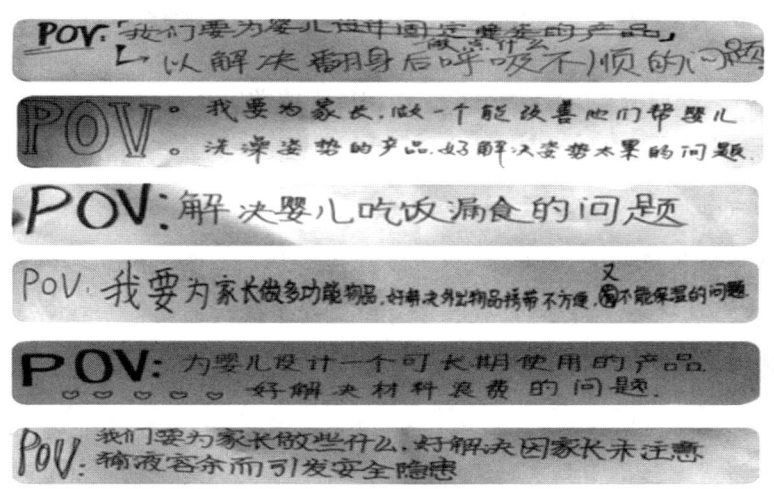

图 6-3　借助 POV 工具定义核心问题

二、突破问题解决

问题解决是项目化学习的"明线",也是学生学习进展的核心过程。教师要为学生创建一个支持性的学习环境,通过关键环节的方法指导,促进学生突破问题解决。项目化学习的"暗线"是学生理解知识并进行迁移应用的过程。为此,教师要重视引导学生体会问题解决与知识学习之间的联系,引导学生从已有经验中寻找借鉴,并运用思维工具与启发性对话,扶放有度地指导学生。

(一)在已有经验中寻找借鉴

项目化学习中的问题解决实际上是在一系列约束条件下寻找最佳解决方案的过程。学生从已有的经验中寻找借鉴,这有助于避免每一次问题解决都从头开始,还可以从他人的经验中汲取智慧。教师的任务是引导学生在已有的知识和经验中寻找线索和方法,以期更高效地解决问题。

1. 在自我经验中寻找借鉴

对学生而言,已有的经验一般来自自己在先前阶段中的学习体验,可能是成功的收获,也可能是失败的教训。

案例 6.3

项目"小小企业家"中的学生经验[①]

在项目"小小企业家"中,学生需要结合数学运算、调查统计、数据分析等知识,探索如何成为一名懂经营的企业家。很多学生在该项目中创业失败,并在总结时意识到失败的主要原因是促销手段不合理。例如,起初为吸引顾客而制订的"满 15 元减 2 元、满 20 元减 5 元"的促销手段有问题,而在售卖过程中安排的试吃试用也增加了许多成本。

学生在项目体验中深刻认识到成本核算、合理定价的重要性,认识到"促销手段不仅需要看起来力度大,更要保证商家的基本利益"等,并在此基础上对下一次选材、定价、确定营销手段等做出规划。

2. 在他人经验中寻找借鉴

已有的经验也可以来自和他人的互相学习与他人的分享,如项目中的组内交流、组间交流,从而为问题解决带来新观点。

3. 在学习资源中寻找借鉴

教师还可以引导学生通过网络搜索、图书馆查阅、专家访谈等方式,收集和整理与问题相关的信息和资料。然而,重要的不仅是收集信息,还包括评估信息的可信度和有效性。学生需要学习辨别权威来源、评价信息质量,以确保他们使用的信息对问题解决有帮助。此外,教师可以鼓励学生通过借鉴已有的研究成果或方法,为自己提出的假设和解决方案提供依据,并进行改进与创新。

(二)体会问题解决与知识学习的联系

项目化学习的本质是学习,是通过问题解决来促进学习。有时,学生看似完成了任务,产出了精致的学习作品,实则未能达成预设的学习目标,这就是常见的"有作品无学习"现象。在项目化学习中,学生需要在问题解决的过程中进行知识学习,完成概念的自我建构。因此,教师要适当引导并帮助学生体会问题解决与知识学习之间的关联,通过做项目习得结构化的知识,促进素养发展。为此,

---

① 本案例由杭州市青蓝青华实验小学提供。

要努力做好以下三点。

1. 帮助学生理解面临的驱动性问题

学习成果是项目化学习的关键要素之一。学生在识别驱动性问题时，容易关注成果本身，而忽略了对成果背后价值的思索。教师在帮助学生理解驱动性问题时，应注意加强对学生理解驱动性问题意义的引导，激发学生自主学习的动力。

2. 帮助学生理解情境中隐含的约束条件

项目中的情境既是动因，又是限制。在真实问题情境中，学生通常需要在特定的约束条件下提出解决方案，而厘清这些约束条件就需要他们深入了解相关领域的知识。通过了解和分析情境中的约束条件，学生能更清晰地认识到他们需要掌握哪些知识和概念，以便在有限的条件下制订解决方案。这有助于学生将知识学习与问题解决紧密联系起来，明白学习是为了更好地解决问题，而解决问题需要特定的知识支持。

3. 帮助学生理解指向的学习目标

在明确问题和任务后，许多学生往往会着急动手实践，他们对制作产品的兴趣超越了对制作背后的思考。同时，学生容易将驱动性问题中的"情境目标"误认为学习目标。此时教师可以追问"为什么让大家做这个项目？"，以启发学生进行意图追溯，引导学生适当弱化"做"，强化"学"。

案例 6.4

交通工具狂想曲[①]

在项目"交通工具狂想曲"中，学生最终会形成丰富多样的未来交通工具设计示意图和实物模型，如用橡皮筋驱动的小车、用气球的反作用力驱动的小车、用电池驱动的小车、用太阳能驱动的小车等。学生都以自己的方式理解"经济环保、低碳出行、减少拥堵"的情境要求，形成自己的问题解决方案。这些方案背后的学习知识点是能量及能量的转化。在这一单元复习项目中，教师置学生于"能量"的学科概念之中，让学生自然联结"能量的各种形式"，做到

---

① 本案例由杭州市卖鱼桥小学提供。

核心知识的融通。

(三) 扶放有度地应用思维工具

在项目化学习中,教师经常会应用一些思维工具,作为学生理解知识与探索问题解决路径的学习支架,在辅助学生完成项目任务的同时,帮助学生体会、习得解决问题的方法。思维工具有助于学生思维的可视化、直观化,并帮助学生进行分析和决策。然而,如何使用这些思维工具需要教师精心策划。教师应根据学生的学习进程和对问题解决策略的掌握情况来调整思维工具的支持强度,体现扶放有度的策略思想。

在"扶"的阶段,教师为学生提供必要的支持和引导,尤其是在项目的早期或对于那些需要额外帮助的学生。这包括向学生介绍基本的思维工具,解释工具的用途以及如何运用这些工具来解决问题。

在"放"的阶段,在学生逐渐掌握解决问题的方法后,教师应该为他们提供足够的自主探索空间。这意味着教师不应该过度干预,而应允许学生独立运用他们所学的知识和思维工具解决问题。在这个阶段,学生有机会发挥主观能动性,探索不同的解决途径,同时更全面地理解问题。

选择和使用思维工具时,教师应根据学生的学习水平、兴趣、需求以及项目的难度来斟酌,以确保学生得到必要的支持和引导,同时获得足够的自主探索空间,更主动地参与项目并发挥创造力。

总之,扶放有度策略要求教师在项目化学习中平衡教师支持和学生自主探索的关系,确保学生在学习过程中既有足够的指导,又能够逐步发展解决问题的自主性和创造性,以充分发挥潜力,同时又不至于迷失方向,实现有效学习。

(四) 学习指导中的启发性对话

师生对话是一种常见的学习指导方式,但在项目化学习中师生互动更强调启发性对话。如果说支持性的思维工具所体现的是教师"从扶到放"的发展,那启发性的师生对话则体现了"放中有扶"的策略。

启发性对话强调教师在学生存在疑惑时不直接告知学生答案,而是通过提示、点拨、追问或反问等方式，引导学生深入思考和探究，从而得出答案或形成方案。这种形式的启发引导降低了问题的部分难度，为学生提供了自己思考、自主解决问题的机会。开展启发性对话有以下两方面要点。

1. 体现逐层深化的问题解决思路

师生的启发性对话应讲究科学性和逻辑性，对话的设计要体现逐层深化的问题解决思路。从导向作用看，教师试图通过启发，引导学生逐渐深入问题的本质，分析与比较问题，或对问题做出判断与归纳。有些对话帮助学生发散思考，有些则引导学生聚焦问题。这些对话可能没有标准答案，但能启发学生有方向性地思考。当然，启发性对话须适应不同的学习内容，根据学习目标、学习环境和学习对象，灵活变化和创新。

案例 6.5

引导学生理解学习目标的四次追问[①]

在项目化学习中，学生在明确学习任务后往往会急于动手，因为他们对产品物化的兴趣大于对制作产品背后的思考。因此，教师要引导学生通过完成任务与制作预期产品，聚焦问题解决的关键以及知识与素养目标的达成。

在项目"设计电动自行车停车场"中，教师抛出驱动性问题"作为育才京杭小学首届毕业生，你们如何运用所学的知识为母校设计一个合理、便捷、安全的电动自行车停车场？"后，便问学生"我们将面临的挑战性任务是什么？"，学生快速做出回应，是"设计电动自行车停车场"。

随后，教师并没有立即引导学生拆解学习任务，而是开展了四次追问，以帮助学生理解学习目标。

第一次追问："为什么做这个项目？"教师试图启发学生展开对项目设计意图的关联与分析。

第二次追问："在项目中，我将像谁一样地工作？"教师引导学生化身"测绘师"，准确测量并规划学校的停车场。

---

① 本案例由杭州市育才京杭小学提供。

第三次追问:"测绘师应该如何测量?"教师引导学生充分了解旧停车场的相关信息,如充电插口数量、电动自行车数量、过道距离、学校预算经费、人员通行安全等因素,并考虑电动自行车的一般尺寸与最大尺寸,以及过道转弯所需空间等。

第四次追问:"测绘师如何运用数据?"教师引发学生思考如何通过分析数据、运用尺度和比例相关知识展开合理设计。

教师的四次追问,引导学生分析旧停车场存在的问题并探索解决方案。学生通过实地考察、问卷调查等方式收集信息,并运用测量、计算、比例等数学知识,尝试设计一个合理、便捷、安全的停车场。在设计停车场时,学生主动探求知识,并将所学的知识与实际相结合,强化了学科实践。

2. 引发学生的高质量回应

启发性对话还应关注是否有效引发了学生的高质量回应。高质量回应就是学习的增量。教师应用追问来引导学生对自己的发言有所反思和觉察,以此启发学生的高质量回应,如"我在讨论什么问题?我是如何思考的?我为什么会这样思考?我有理由支持这样的思考与观点吗?",并以是否清晰、准确、适切、具体、有理有据、复杂和原创性来评估学生回应的质量。[①]

以下四种追问类型容易引发学生的高质量思考与回应。

一是辨析澄清的问题。例如,教师追问"你提到的……是什么意思?你可以用其他不同的词语来表达吗?你如何定义……?",促使学生用更准确、恰当的语言来描述自己的观点。

二是理据追溯的问题。例如,教师追问"你是如何知道……的?对于……,你能举例说明吗?你是从哪儿获得这个信息的?",促使学生思考推敲自己观点的准确性,尝试有理有据地讨论问题。

三是促进聚焦的问题。例如,教师追问"你是如何思考的?",促使学生进行元认知监控,以帮助学生梳理思考的线索,达到一定的深度。

---

① 黄显华,霍秉坤,徐慧璇. 现代学习与教学论:性质、关系和研究:第一卷[M]. 北京:人民教育出版社,2014:172.

四是拓展思维的问题。例如，教师追问"对于……，我们还能从哪些角度去思考？"，引发学生从不同的角度来思考，增加思考回应的复杂性。

表面上看，启发性对话是一个告知与给予的过程，其实这种有启发性的指导更像是教师在学生的学习现场植入一些微任务，以此激发学生的学习热情。

三、引导自我管理

高质量的自主学习应以学生主动的学习意愿与良好的自我管理为基础。项目化学习中的自我管理，一方面反映为学生对学习进程的规划、对项目实施的管理，另一方面反映为学生基于反思和内化，提升自己元认知水平的过程。下面我们讨论教师如何借助管理日志引导项目进程，以及如何通过阶段性反思发展学生的元认知等策略。

（一）借助管理日志引导项目进程

项目化学习通常表现为长时的学习任务，具有线索聚焦、任务连贯、角色更替、开放有度等特点，因而需要进行有效的时间管理、目标管理、材料管理、任务管理及成果管理等。在这一过程中，教师的角色至关重要，教师可组织学生利用管理日志规划项目任务、引导项目进程、组织有效管理、提高学习效率。

案例 6.6

项目管理日志在使用过程中的三次迭代[①]

教师在前期组织长程项目时，常感觉学生的项目体验有虎头蛇尾之状，项目实施过程杂乱无序，最终成果及效果也不尽如人意。在项目"小小村支书"中，学生先后经历了了解脱贫攻坚战、分配主题及角色、农业种植脱贫、基建脱贫（沙盘制作、修路造桥）、文教脱贫、宣传脱贫、直播售卖农产品等任务。为了帮助学生有条理地完成项目探索，不断强化项目管理能力，教师以"任务管理"为主要引导，组织学生设计并使用项目管理日志。

---

① 本案例由杭州上海世外学校提供。

1.0版的项目管理日志仅包含项目名称、小组成员、任务、负责人、截止日期及完成情况六项内容。教师在学生使用该项目管理日志进行项目进程管理时发现，学生存在乱填负责人或将负责人均填写为小组长的情况，导致后期组员管理困难或各项任务都变成小组长的工作。同时，学生填写的子任务大多不够明晰，最终导致项目管理日志在整个项目进程中失去作用。

于是教师组织学生进行项目管理日志2.0版的设计，在内容设置上包含项目名称、小组成员（包含角色名称）、任务、负责人、截止日期、达成目标及完成情况。加入角色分配后，学生不再乱填负责人，而是根据任务内容及角色特征，设置1至2名负责人，统筹子任务的内容。每个子任务设有较为明晰的目标，学生可在达成目标后进行评价，发挥项目管理日志统筹项目及自我监管的作用。然而，该项目管理日志没有罗列出驱动性问题，学生无法对照问题检验自己的阶段性成果是否能解决驱动性问题。除此之外，在实际实施过程中任务安排会存在资源、时间调整等情况，但日志未设置反映学习调整的记录区域。

3.0版的项目管理日志（见表6-2）新增驱动性问题、后期任务调整及项目合约三个板块。实践发现，3.0版的项目管理日志更能在项目进程中发挥管理作用。

表6-2　项目管理日志3.0版模板

小组任务					
项目名称					
驱动性问题					
小组成员					
完成情况（全部完成可获得"★"，叠加在后期项目展示分数中）					
任务	负责人	截止日期	达成目标	后期任务调整	完成情况
入项活动 角色分配		月　　日			
		月　　日			
		月　　日			
		月　　日			

续表

项目合约：
1. 我们约定倾听并尊重双方的看法；
2. 我们约定尽我们所能完成指定工作；
3. 我们约定按时或者提前上交工作成果；
4. 我们约定在必要时寻求帮助；
5. 我们约定分享成功的喜悦和失败的心情；
……
如果小组中有人违反一条或者多条规则，小组有权召开会议并要求该成员遵守规则；如果该成员仍然违反一条或者多条规则，我们有权投票解雇该成员。
小组签名：
日期：

教师在组织过程中，不是简单地提供管理工具，而是不断强化管理支架的引导功能，培养学生自主管理的意识，这有助于学生逐渐形成自主管理项目的能力，最终实现去工具化管理。同时，项目中的管理日志并非一成不变，教师在指导学生使用项目管理日志时，可能会发现日志的设计存在不合理之处，这时教师就要对项目管理日志做出调整与优化，一方面体现教师的指导，另一方面也注重学生在这个过程中的自我检核与识别。

（二）通过阶段性反思发展元认知

学习的核心在于培养学习者的自我教育能力，而反思是形成自我教育能力的关键路径之一。在整个项目化学习过程中，教师应特别关注学生的反思能力，鼓励并引导学生进行阶段性反思。项目中的阶段性反思指学生根据项目的进程，对学习目标、学习过程、学习成果、遇到的问题、采用的策略等进行思考，然后以此为基础来规划、评估和管理自己学习的过程。

学生在项目中的阶段性反思是多样化的，反思的形式和内容可随着项目阶段和任务需求的变化而变化。教师的作用是激发学生的反思意识，并根据项目的特点引导他们选择合适的反思策略和方法。为了确保反思行为有结构，反思首先要建立在明确的目标之上。

在项目的起始阶段，学生需要对自己的学习状态进行全面认知，包括了解自身的优势和劣势、评估自己的起点、明确期望的学习内容，以便整个学习过程紧密围绕学习目标展开。

案例 6.7

粉笔灰清扫神器[①]

在项目"粉笔灰清扫神器"中，教师在课前发放 KWL 表，要求学生带着项目情境与本堂课任务认真完成每一张 KWL 表。学生在活动开始前先填写 K 栏和 W 栏，活动快结束时填写 L 栏作为反思。第一次填写 KWL 表时，教师给出具体示例和说明，让学生知道怎么填写，知道如何把反思写出来。尤其是对于每个阶段 K 栏的填写，教师十分注重引导与观察，并启发学生思考可以从哪些角度表达"我已经知道了什么"。每个环节结束后，教师收集学生的 KWL 表。

在较为聚焦的反思框架之下，学生自行展开对 KWL 表各栏目的比较分析，如对不同阶段 K 栏的比较，总结自己在项目中的学习增量，进一步反思还存在的问题，明确自己现阶段的关注点和问题点（见图 6-4）。

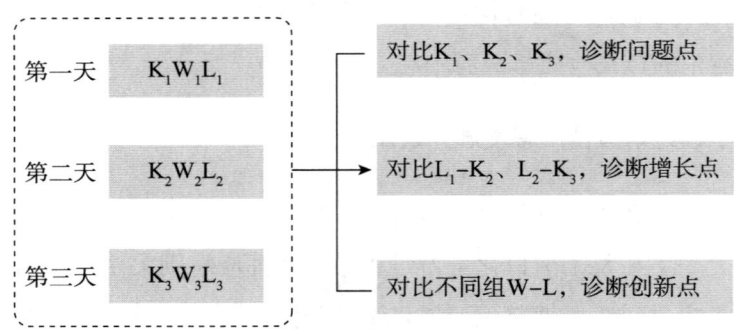

图 6-4　在比较、分析 KWL 表中激发自我认知

在项目的问题解决环节，解决方法通常有多种而非唯一的"正确答案"，学生的学习任务主要是在各种解决方案中寻求最佳方案。因此，教师的反思引导应侧重于帮助学生在"方案建模"和"测试迭代"中不断调整自己的学习策略、方法和计划，提高项目的完成质量和效率。

[①] 本案例由杭州市文澜实验学校提供。

教师通常可以这样启发学生：

- 我在这个阶段完成了什么任务？遇到了什么困难？是如何解决的？
- 我在这个阶段使用了什么学习资源？是如何获取、分析和呈现信息的？
- 我在这个阶段与其他人合作了吗？是如何与他们沟通、协调和互助的？
- 我在这个阶段学到了什么知识？是如何运用和拓展这些知识的？
- 我在这个阶段还有什么不明白或不满意的地方？应该如何改进或补充？

在项目的总结阶段，学生的反思应该超越纯粹的知识建构，涵盖对学习行为、学习成果以及情感状态的综合思考。教师可以借助更广泛的反思框架来促使学生回顾整个学习过程。

总的来说，教师对阶段性反思的引导，重点应该放在如何促使学生开展深入思考，以及如何持续进行有效的思考上，以促使学生对学习过程产生更深刻的认知与理解，从而进一步发展元认知能力，提高自主学习能力。在项目化学习中，培养元认知能力有助于学生更好地理解自己的学习需求和方法，不断提升自己的学习能力。这也符合自主学习的核心，因为学生需要能够自主地监控、评估和调整自己的学习过程，以形成更好的项目化学习成果。

第二节　促进合作学习的指导策略

在项目化学习中，合作学习是一种非常重要且常见的学习方式。从合作学习的角度来看，学生在项目化学习进程中的合作主要包含三个层次：一是感知与体验合作，建立合作意识，融于学习团队；二是形成良好的合作状态，协作解决问题；三是基于合作展现学习成果。每个项目团队都应逐步经历达成有序合作、流畅合作与主动合作的进步过程。

作为学习活动的组织者，教师应掌握团队建设策略，通过游戏、规则制订、激励等促进合作机制的形成，组建一个多元、互补、有凝聚力的团队；还应促进学生掌握讨论、协商、决策等合作方法，学会协作解决问题，并通过合作展示深化学习。下面将围绕图6-5所示的11种策略进行介绍。

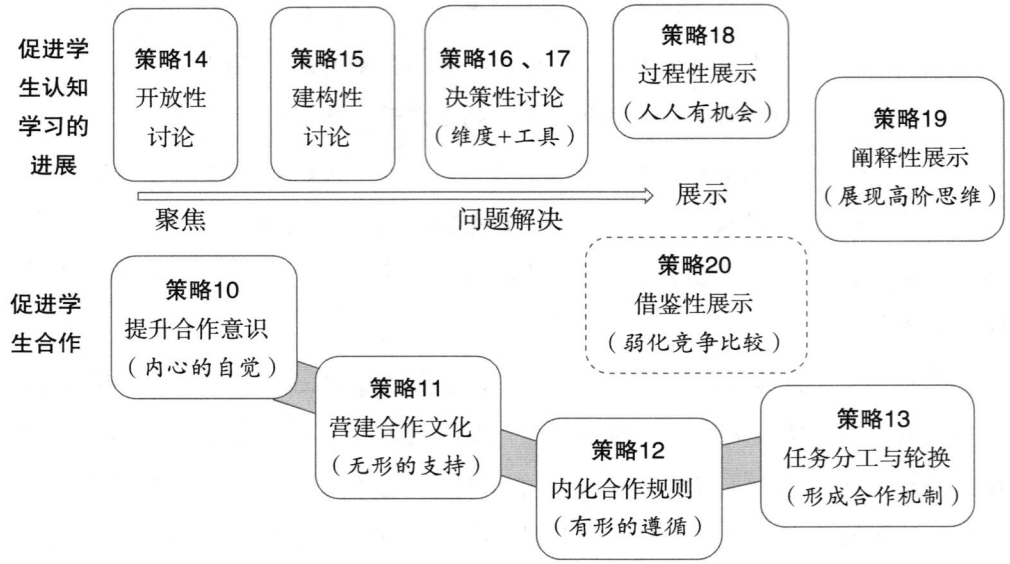

图6-5 促进合作学习的指导策略的逻辑关系

一、团队建设策略

美国学者乔恩·R.卡曾巴赫曾在《团队的智慧——创建绩优组织》一书中提出，团队是由少数技能互补且愿意为共同的目的、业绩目标和工作方法而相互承担责任的人组成的群体。这说明在群体学习中，并非每个人都可以简单地称为团队成员。要促进一个学习小组发展成为合作团队，教师必须重视团队建设。

团队建设往往需要经历两个阶段：一是团队初步组建，即在教师的有效组织下，不同的个体汇集成一个多元、互补的团队，初步体会合作的过程，感受合作的方法与技巧，提升合作意识；二是合作机制营建，即教师引导学生营建文化、制订规则，经历一个达成共识与实现共同愿景的过程，提升团队凝聚力。

（一）巧用游戏提升合作意识

在启动新学习项目、组建新学习团队之初，教师可通过一些游戏来活跃学习气氛，激发学生学习兴趣，提升团队的快乐能量，同时促进有效沟通，增进团队信任度及向心力，形成自由、平等、主动的团队氛围。促进合作的游戏很多，按照参与对象来分，可分成师生互动和生生互动两大类。其中生生互动的游戏又可按学生的参与度分成集体参与、部分随机参与、小组参与等形式。如果按功能与作用来分，游戏还可以分为增进分享沟通、提升参与能力、训练合作技能等类型。

1. 增进分享沟通的游戏

这类游戏促使每个成员在平等、愉悦的氛围下展开分享，促进观点交流，加深彼此了解，培养学生的交际和语言表达能力。

2. 提升参与能力的游戏

促进参与的游戏着眼于学生的注意力和协调力培养，在活跃气氛的同时吸引学生集中注意力。学生需要通过认真倾听、细致观察、亲身体验，使自己更加积极地参与到项目之中。

3. 训练合作技能的游戏

学生对合作技能的掌握需要一个过程。教师应将学生置于真实的合作场景中，让学生感受合作的迫切与必要，体会合作的过程，感知某种合作的方法，更快地进入合作学习的状态。

教师通常会基于学生合作学习的现状，创设情境，组织一些容易卷入、便于实施的游戏。需要说明的是，部分游戏需要重复体验才能更好地唤起学生的合作情感，让他们感受合作的重要性，领会合作方法。

案例 6.8

团建游戏"吹气球"[①]

在项目"水管喷喷"中，教师将学生进行异质分组。为快速促进学生合作，提升学生的参与度、配合度，教师借助团建游戏进行突破。在该项目中，学生要在立体空间中进行管道设计并完成铺设，因而需要认识水管接头（如二通、三通等），并掌握管道连接方法。为此，教师设计了"吹气球"游戏。

[①] 本案例由杭州市星澜小学提供。

在组织游戏时，教师让学生搭建管道，要求组员为共同吹大一个气球而努力。教师为每个小组提供相同数量的管道，每个学生负责一个吹气口，但不限制学生搭建管道的样式。

学生需要根据组内人数，设计、搭建拥有多个进气口但只有一个出气口的管道，并用尽全力吹大气球。当管道出现漏气或气体对冲时，教师不会立马出面解决问题，而是鼓励学生自行检查管道设计、搭建中的问题，并予以改进。在紧张的竞赛氛围中，学生全情投入，努力与同伴合作，排除万难，力争达成目标。

在有趣的游戏中，学生互相查找漏气的位置，发现不恰当的连接之处，最终合力将气球吹大。在这个体验过程中，学生感受到团队的力量，为获得成功而感到喜悦，提升了团队的凝聚力，在心理和行动上为后续的合作学习做好了准备，也为后续推进项目做好了准备。

（二）营建合作文化，凝聚团队精神

在初步组建起团队后，成员们开始彼此沟通，强化合作意识。但要进一步发展成为一个有凝聚力、战斗力的学习团队，成员们还需经历合作文化的营建环节，这是促进团队建设的关键策略。合作文化主要体现为小组成员共同的行为准则与价值理念，是促进组员们形成认同感、归属感、责任心和团队精神的有效力量。教师可通过多种形式（如增加仪式感、建立合作标识等方式）营建合作文化。

1. 建立共同的合作象征

在分组后的文化建设环节，教师通常会组织学生商讨小组的名称、口号、标识、歌曲等，并将最终方案绘制在标识牌上。标识牌可以放置于课桌的显眼位置，作为小组合作学习的态度，反映小组的特色和精神。

2. 创建有仪式感的激励行为

在项目化学习正式实施前，指导教师不要急于分配任务，可通过简短而有仪式感的互勉、互助行为，让团队成员表达互相鼓劲与帮扶的态度和决心。例如，教师让团队成员围圈而站，仿照体育赛事中运动员击掌、叠手、呐喊等方式，以增强信心、加强凝聚力。又如，在分组后，教师呈现各种"课堂问候语"，要求学生讨论选出一项独特的组内问好方式，并要求在问候时成员间须做出真诚回应。

3. 建立倾听与表达的关系

组内合作须以有效沟通为前提，但组员常常出现意见不统一、各持己见的情况。因此，要营造组内合作文化，引导学生学会倾听与表达就显得十分重要。教师可教给学生有效倾听与表达的一些方法，如鼓励他人先开口，减少对话中的竞争意识；又如不轻易打断他人的发言，想要表达时先有礼貌地举手示意；再如进行观点碰撞时，先肯定对方，将双方一致的观点抛出，再有理有据地说服他人。

（三）协商形成合作规则，内化规则意识

在合作学习中，规则的建立与内化需要一个过程。通常教师会让学生先协商制订合作规则，再在学习过程中体会规则的意义，形成规则意识，自觉遵守合作规则。

在合作初期，学生往往只就基本的"公约"、"行为准则"、"奖惩"等合作细则进行协商。教师可以提供一些素材启发学生思考，比如：

- 为了成功地合作完成项目，我们团队需要做些什么？
- 如果有人缺席或不准时上交工作成果，我们该怎么做？
- 如果有人没有履行职责，他/她将会受到怎样的惩罚？
- 当团队成员遇到困难时，我们要如何帮助他/她？
- 当团队成员发生意见上的冲突时，我们该如何解决？

在师生或生生协商形成基本规范、达成共识后，教师可让学生列出规则清单并张贴在墙上，进一步明确课堂合作文化。

为促进成员更好地遵守合作规则，教师还可以组织学生进行合作规范演练，促进习惯形成。例如，教师组织学生从"成功标准"中摘录三个合作要素，将"人人工作在一起"、"每个角色都很重要"、"每一个主意都是好主意"作为重要的行动规则，并在课堂上强化学生对这些规则的理解。当组内出现不和谐时，教师可通过组织学生宣读规则等正向激励方式，让学生时刻关注合作规则，积极发挥合作效能。

在项目实施过程中，教师还应帮助团队基于规则制订评价检核表（见表6-3），

适时提醒学生进行阶段性的自我评价。通过自我评价与组内评价的结合，教师给予学生恰当的反馈。

表6-3　小组合作检核表

合作关键词1：齐心协力	自评	组内评	组内意见
有序合作	▷▷▷	▷▷▷	
彼此信任	▷▷▷	▷▷▷	
及时沟通	▷▷▷	▷▷▷	
合作关键词2：按时上交工作成果	自评	组内评	组内意见
专注于工作	▷▷▷	▷▷▷	
自我管理和约束	▷▷▷	▷▷▷	
合作关键词3：必要时寻求彼此的帮助	自评	组内评	组内意见
积极地想办法	▷▷▷	▷▷▷	
寻求多方帮助	▷▷▷	▷▷▷	
使任务完成得更出色	▷▷▷	▷▷▷	

在合作规则的帮助下，学生的合作意识逐步增强，不断从"外部要求的合作"向"内部自然的合作"转化，"合作规则"也逐步内化为"规则意识"。同时，教师应遵从规则意识的应用原则，不将规则简单理解为制度，以条框式的要求约束学生，而应在自主、良好的学习氛围下，根据项目要求、任务类型及学生特点探寻适合的方法，积极发挥规则意识在合作学习中的重要作用。

（四）明确合作中的分工，争取多任务锻炼

有合作必然有分工。在项目实施中，教师常将大任务分解成难度相近、工作量接近的几个小任务，通过角色的设定，如设计员、记录员、汇报员等，由不同学生分工协作完成任务。实践中，教师应倡导人人有任务、人人尽其责，力求角色设置合理，并指导学生明确各自的职责与任务分工。

案例 6.9

项目"校园导览手册"中的任务分工[①]

在项目"校园导览手册"（案例 2.5）中，教师指导学生进行角色分工。教师先与学生商议本项目实施将有哪些角色、这些角色需要承担怎样的责任、各角色需要完成哪些任务，接着师生一起确定项目中的四个角色，分别是流程规划师、路线导航师、特色小向导、安全小顾问。

然后，学生进行角色的任务分工，教师鼓励团队成员根据兴趣与特长进行任务的个性化分配。在项目实施中，因存在任务模糊或交叉的现象，教师又分别与不同角色的学生展开讨论，明确该角色要承担的具体任务、预期的成果形式以及需要的学习支架（见表 6-4）。

表6-4　项目"校园导览手册"中的角色任务与分工要求

角色	任务分工	成果形式	学习支架
流程规划师	1. 学习常规流程图的制作方法 2. 用电脑或手绘的方式设计各类设施使用的流程图 3. 学习视频拍摄剪辑技能 4. 用文字概括和视频的方式介绍常规设施的使用方法 5. 动态完成小组项目墙	1. 各类流程图 2. 常规设施使用方法的介绍 3. 其他创意物化作品（中英双语） 4. 项目墙	1. 常规流程图的制作方法 2. 变式流程图模板 3. 介绍拍摄剪辑流程的小视频 4. 项目墙
路线导航师	1. 思考需要解决的关键问题和相关要素，形成一张思维导图 2. 深入学习比例尺的相关知识，测量关键数据 3. 借助平板电脑中的资源包，自主学习手绘地图、图例和注记相关案例 4. 完成校园立体折叠楼层图、各楼层平面导航示意图和温馨提示文本框、开放互动栏等 5. 动态完成小组项目墙	1. 校园立体折叠楼层图 2. 各楼层平面导航示意图（室号标注 + 色块划分） 3. 使用步骤温馨提示的文本框和开放互动栏 4. 项目墙	1. 关键问题分析思维导图 2. 楼层平面图 3. 比例尺相关知识的深入学习支架 4. 平板电脑资源包——手绘地图、图例和注记示例 5. 语言表述支架 6. 项目墙

[①] 原案例来自杭州长江实验小学，由杭州市卖鱼桥小学迁移迭代。

续表

角色	任务分工	成果形式	学习支架
特色 小向导	1. 参观走访学校的特色学习空间 2. 设计校园植物图鉴和植物名牌 3. 拍摄和剪辑特色学习空间导览介绍视频 4. 动态完成小组项目墙	1. 校园植物图鉴和植物名牌 2. 特色学习空间导览介绍视频 3. 项目墙	1. 对学校的特色学习空间的全方位参观 2. 学习使用平板电脑进行拍摄剪辑的支架 3. 项目墙
安全 小顾问	1. 创作校园安全漫画书 2. 撰写安全短剧脚本 3. 拍摄安全短剧并制作相应的二维码 4. 动态完成小组项目墙	1. 校园安全立体漫画书 2. 安全标语 3. 安全短剧 4. 项目墙	1. 漫画的艺术形式 2. 立体书的制作方法和示例 3. 短剧拍摄脚本 4. 产品展示的语言表述支架 5. 项目墙

为了帮助学生全面地参与和理解项目的各个方面，获得更多的学习机会，并在实践中不断提升自己的能力，教师还可以让学生扮演多种角色。在项目进展的不同阶段，通过设置"换岗"，可以让学生体验不同的任务角色。

案例 6.10

任务轮换[①]

在项目"雨天内涝：校门口道路大作战"中，教师采用了"角色轮换"的学生合作方式。首先，教师设计五个岗位，分别是引领者、记录者、材料管理者、发言人、计时员，并对每个岗位进行主要任务的分配。然后，教师让学生以小组为单位成立承包公司，鼓励学生每天讨论决定当天谁来担任引领者，并完成"角色轮换登记单"（见表6-5）。

表6-5 角色轮换登记单

任务轮换让每个学生都有机会承担某种特定的角色，经历不同的探究过程，深入了解不同领域的知识和技能，通过不同角色的体验，在多角色中锻炼组织协

---

① 本案例由杭州市北秀小学提供。

调能力，学会换位思考，增进双向沟通，增强责任意识。

二、协作解决问题的指导策略

在项目化学习中，虽然合作与协作都表达了学生间的互动关系，但它们的意义并不完全相同。合作涉及结构化的小组活动，每名成员有特定的角色和职责；而协作更强调学习者在为实现共同目标而努力的过程中组内更灵活的动态调整，包括有效分工协调、整合多人观点、积极反馈改进等。协作解决问题的本质是一个多人决策确定最优方案的过程。想要形成最优决策，大家就需要在开放性讨论中形成问题聚焦，通过建构性讨论形成整体认识，再经多人协商形成决策维度。在步步推进中，教师的组织策略具有重要的作用。

（一）在开放性讨论中聚焦问题解决

开放性讨论是项目化学习中常见且重要的学习行为，有助于将学生置于一个自由、发散的讨论场域，让学生有机会各陈想法。不过，开放性讨论并不是让学生随意发表个人观点或感受，而是要在开放的分享中逐步生成有价值的观点、方法。因此，发散是聚焦的前提，开放是为了更好地聚焦问题解决。在具体的教学组织中，教师可参考以下步骤。

1. 设定讨论话题和项目目标，组织开放性讨论

在项目化学习中，组织者可以提出启发性问题，激发学生的探究思维，并通过学生的回应，初步了解他们对问题解决和项目目标的认识。

2. 进行关键信息整理，引导讨论主题

在开放性讨论中，学生可能因为信息混乱或不清楚项目要求而偏离主题。教师可以帮助学生整理关键信息，引导他们明确讨论的主题，并始终围绕该主题展开讨论。

3. 促进思想碰撞，聚焦问题解决

合作学习视角下的开放性讨论鼓励小组内部展开交流。教师可以引导学生在小组之间分享他们整理的关键信息，聚焦问题解决，相互交流新的想法或观点，最终形成共识。

案例 6.11

教师在"光的秘密"项目中组织学生讨论[①]

项目"光的秘密"的任务一是学生结合日常对光的观察,思考并梳理已有的光学经验,为后续探究打下基础。为此,教师抛出开放性问题(话题):"你知道光的哪些知识?"随后各组在组内自由开展头脑风暴,以关键词的形式将关键信息记录在便利贴上。每张便利贴只写一个关键词,每组至少写五个关键词。

然后,教师让各组学生对关键词进行分类,分类依据由组内成员讨论决定,分完后将关键词按类别粘贴在大白纸上。此环节通常会出现容易分类和不易分类两种情况。对于认识不一的关键词,教师让学生讨论至认识基本一致为止;若仍无法达成共识,则将其贴在大白纸右下角并打上问号标注;如遇关键词偏离讨论主题的情况,则可将其舍去或粘贴在另一角落。

等到各组的分类图传遍其他组并被点评后,教师组织全班学生对光的认识展开讨论,尤其关注疑惑点。教师发现,学生的困惑主要集中在"月亮是不是光源?彩虹的形成是光的折射还是反射?小孔到底能不能成像及如何成像?"等问题上,而这些恰是本项目后续学习、突破的重点。

当某个话题拥有多个思考角度,或者试图让学生提出更多发散性想法时,教师可以运用"发散—聚焦"的往复讨论过程,帮助学生明确讨论的基本流程与角度,以实现观点的充分碰撞。学生不仅可以与组内成员、教师等产生积极的互动,还可以从学习的环境、丰富的信息、多元的观点中逐步获得启发和新知,从而实现问题的聚焦与突破。

(二)组织渐进的建构性讨论

建构性讨论是项目化学习中另一种常用的学习方式。与开放性讨论不同的是,建构性讨论更加注重学生在教师的组织下,通过交流、讨论,产生互相促进的新认识、新观点,逐步形成对概念、知识、问题、现象等的完整理解,不断丰富对方法、技能的思考。

[①] 本案例由杭州市星澜小学提供。

该讨论需要经历逐步建构的过程。这一方面要求讨论议题涉及整体且多维的视角；另一方面反映学生形成与完善论点是循序渐进的过程，意味着启迪新思维和新方法不能一蹴而就。

案例 6.12

教师借用"六顶思考帽"组织学生讨论[①]

在学生完成小船的设计稿后，教师组织学生围绕方案的可行性展开组间交流。以往组间交流时小组会派代表进行介绍，其他同学各提意见。但是，这种做法存在学生思考角度单一、人云亦云，甚至部分学生无所事事的情况。为了在短时间内对各组的设计稿有一个全面的问题诊断，并聚焦最重要的设计问题，教师借用"六顶思考帽"组织讨论。

1. 引入主题，自由诉说

教师先让学生在民主、宽松、和谐的情境下各抒己见，说出设计稿中的问题及缘由。此时学生参与度高，互相启发，讨论的结果具有一定的创新性。

2. 教师引导，扩展讨论

随后，教师启发学生思考设计稿改进的关键点；同时根据项目需求，选取黄色思考帽、黑色思考帽和绿色思考帽，讲解各顶帽子的含义以及使用方法，并制订规则：小组代表在介绍时，教师会随机发放三种颜色的卡纸（代表三种颜色的帽子）给学生，戴上某种颜色帽子的学生需要站在相应的角度对设计稿进行评价（观点尽量不重复），没有发到卡纸的学生也可进行补充。

3. 合作分享，建构讨论

面对新的讨论形式，学生表现出浓厚的兴趣，人人都关注"设计稿是否可行"这一问题，并且从不同角度提出解决方法。比如，有的学生戴上黑色批判帽，提出电动小船的马达和电池很容易被水浸湿；戴上绿色创新帽的学生就提出可以在马达和电池的外面裹上一层气球，以免被打湿而损坏。

"六顶思考帽"的使用能够让无端的争论变得更有依据，也让开放的思考变

[①] 本案例由杭州市北秀小学提供。

得清晰有方向。教师在使用时需要注意的是，为了帮助学生更好地聚焦问题解决，最好让一个学生在同一环节只戴一顶帽子，或者是让多个学生戴同色帽子，但不同环节帽子的使用顺序与数量可以不固定。

这种讨论具有渐进性，教师要做的就是引导学生在持续探究与反馈中逐步完善观点和明确方向。

（三）协商形成决策维度

项目化学习注重由学生提出问题解决的方法，意味着学生需要对驱动性问题进行识别，对可能产生的劣构问题做出判断，就初步的解决方案形成构思，对产品存在的不足提出改进建议。在这个过程中，对各种问题的判断与决策都需要通过协商来决定。协商解决问题不是个人决策，而是团队集体商议，因此须先就决策依据的具体维度达成共识。如何协商形成决策维度是教师组织教学的重点与难点，教师通常要把握以下关键点。

1. 明确决策的目标与价值

教师要引导团队成员形成共同定义和理解的目标，就决策的价值达成共识。

2. 识别问题，拆解影响因素

教师要引导学生通过对决策问题的识别，确定决策要点，并分析影响该要点的各种因素、各个方面或各个维度。

3. 有依据地进行优先级排序

影响决策的要点通常有多个，它们之间可能是并列关系，也可能是主次关系，教师要引导学生对各要点进行有依据的优先级排序。

案例 6.13

婴儿用品改进设计方案[①]

——决策维度的形成

在项目"婴儿用品改进设计"中，学生被允许在确定研究点及问题解决方

---

① 本案例由杭州绿城育华亲亲学校提供。

案时有多种选择。小组成员对婴儿用品提出了多个改进方法且各有利弊，小组讨论出现了僵持和难以抉择的情况。为此，他们迫切需要确定判断最佳改进方案的依据。

确定最佳改进方案的重要依据就是婴儿用品的改进价值，因此学生将"改进价值"作为决策要点。教师展开追问："判断婴儿用品设计是否有价值，可从哪些要素进行考虑？"小组成员以自己构想的改进方案为原型依据，将自己想到的要素及对要素的理解写下来。比如，有学生提出"改进方案应具有可行性"，并对"可行性"做出解释，以避免跟其他要素混淆。

接着，组长组织小组成员对所有观点进行归类、整理，将相似的要素归为一类。在归整时，最难的是抽取出具有概括意义且边界清晰的词语。比如，某小组曾提出"合理性"这个因素，一开始组员都觉得这个因素不错，可在与其他因素区别时，问题就产生了，因为"合理性"与"有效性"、"可行性"等存在包含关系，一个"合理性"仿佛把其他因素全包含其中了，小组没有办法有效解释和区别"合理性"与其他因素的关系，最后放弃了这个因素。

通常一份决策方案以4至5个决策维度为佳，有些偶有提及但有参考意义的要素可暂作保留，作为后期决策的附加项。最终，小组确定了"可行性"、"有效性"、"应用性"、"安全性"、"创新性"五个因素作为决策维度。

学生的协商过程不应是学生简单罗列心中最重要的维度的过程，教师要引导学生抽取出一些标准，并对标准的合理性和重要程度做出判断，引导学生建立"在某种具体的情境中，哪种解决方案最佳"以及"在某种解决方案下，哪个维度应最优先考虑"的分析逻辑。

（四）借助决策工具形成最优方案

项目化学习中的问题解决实则是在约束条件下寻求最优解决方案的过程。学生在前期的开放性讨论中会提出多种解决方案，教师需要引导和组织学生对这些解决方案进行筛选与完善，形成并确定最优方案。通常教师可借用象限图、决策矩阵等工具，引导学生分析各方案的利弊，获得理解与阐述决策的有力论据。

案例 6.14

婴儿用品改进设计方案[①]
——决策矩阵

在项目"婴儿用品改进设计"中,学生形成决策维度后,还须对其进行优先级排序。教师组织学生阐述理由,并允许小组商议决定各维度的重要程度,最终形成决策矩阵(见表6-6)。

表6-6 项目"婴儿用品改进设计"解决方案决策矩阵

维度	方案1	方案2	方案3	方案4	方案5	备注
有效性						产品能有效解决问题的可能性
可行性						团队是否具备必要的知识储备、能力支撑等
安全性						产品使用是否安全,不会对婴儿造成伤害
应用性						产品操作是否简单易懂,符合用户特点
创新性						市场中是否少有同类产品
合计						

在学生使用决策工具时,教师须在工具的选择、使用等方面加以引导和说明,以帮助学生更好地经历决策的过程。值得注意的是,通过决策矩阵,学生还能发现原设计方案中存在的问题与不足,反向促进方案的再优化,直至最优方案的形成。

三、合作展示的组织策略

公开展示是项目化学习的重要环节。学生通过小组合作的方式,将团队在问题解决中最有价值的内容,以令人印象深刻的方式展示给公众,展现集体的智慧

---

① 本案例由杭州绿城育华亲亲学校提供。

与成果，同时促进自己更深入的学习与思考。展示环节的核心是策划并组织一场体现促进意义的学习分享会。对策划展示者而言，展示活动是整个项目化学习的评估环节，合作展示既是个人在整个项目进程中的成长体现，也是团队协作、创造力发挥、问题解决等能力的"试金石"。

（一）注重过程性展示，让学生人人都有机会

在项目实践中，教师发现仅在结项时组织展示会存在一些弊端。一些学生可能埋头苦干，但缺少表达机会；另一些学生可能在过程中没有展示或表达，缺少参与感；还有一些学生可能未充分参与项目任务，无法达到期望的展示效果。因此，教师应思考如何利用项目中的学习支架，让每个学生在项目进展过程中都有机会展示和表达，以逐步培养学生的表现与表达能力。合作展示的规模可大可小，其意义和价值也有所不同。

在项目方案设计阶段，学生往往以小组为单位完成方案设计稿。随后，教师可组织学生进行方案设计图的解说展示。这一环节主要让学生表达自己的设计意图，与他人分享构思。同时，组间的交流与诊断可以促进学生相互借鉴，对设计的可行性和科学性进行评判，发现设计中存在的不足，优化方案设计图。

在进行正式的公开展示之前，教师可组织学生进行预演展示。在预演展示中，学生可能会遇到设备故障、演示失败或被追问却不知如何应答等问题。这时，组内同学可以进行临时调整和及时补救，包括临场顶替、修正观点、补充说明和互相提供帮助，以应对可能的突发情况。预演展示不仅让每个学生在相应的任务角色上都有公开展示的机会，包括问题解决的历程和有意义的学习思考，还有助于检验展示的流程和效果，帮助学生对潜在问题做出预判，并为下次展示做好更充分的准备。

（二）阐释问题解决的过程与体验，展现高阶思维

项目化学习强调学习过程的重要性。它关注学生在亲身经历问题解决过程中的体验和收获，不仅注重特定领域知识的获取和思维的发展，还强调学生社会认知、人际协调、自我管理和责任决策等能力的培养。

因此，在学生展示成果的过程中，教师应努力让学生充分展现宝贵的学习体验，包括获得感和成就感等。在具体展示环节，学生不仅要呈现最终成果，还要展示问题解决中的学习过程，介绍他们的观点和理由，同时关注个人和团队的实践成长。他们应展示在研究过程中不断改进、迭代的复杂历程，并呈现最有价值的发现和最有感触的体会。通过深入而有意义的阐释过程，展现和激发学生的高阶思维。

案例 6.15

CER 思维模型下的项目展示[①]

很多展示活动侧重作品的成功演示，注重作品的美观度，这使得项目中学生最重要的问题解决思维得不到体现。在项目"制作一个小乐器"的合作展示中，教师采用 CER 思维模型，通过"声明观点（Claim）、列出证据（Evidence）、进行推理（Reasoning）"的表达框架，帮助学生展示解决问题的过程，展现高阶思维。

1. 情境设疑，提出观点

项目要求学生自主探究声音的强弱与哪些因素有关。为了逐步解决这个问题，教师提供 CER 思维模型作为学习支架。学生在任务 1 中通过观察钢尺振动并结合前概念，提出关于"影响声音强弱的因素"的不同观点。接下来学生为了证明自己的观点就需要不断地寻找证据，验证任务 1 中提到的影响因素是否正确。

2. 实验探秘，寻找证据

在任务 2 中学生设计对比实验，通过观察橡皮筋、鼓发出的声音强弱，验证影响声音强弱的因素。由于各组在任务 1 中的观点不同，所以任务 2 是一个个性化的探究过程。学生需要设计多个对比实验来寻找证据，进一步验证或推翻原先的假设。随后，学生需要将初步成立的假设应用于不同场景的音叉中，进一步验证观点是否具有普适性。

3. 科学推理，撰写成文

学生展现假设、验证、推理的过程是一个动态且复杂的过程。学生最初由生

---

① 本案例由杭州市北秀小学提供。

活经验和首次对现象的观察得出观点，随后在论证过程中不断观察、实验、交流和反思，找到多个强有力的证据，最终对问题做出科学解释。学生的逻辑思维能力和语言表达能力在一次次论证过程中得以"螺旋上升"。

在这个案例中，教师采用了 CER 思维模型辅助项目展示，体现了高阶思维的元素。在任务 1 中，学生借助观察和前概念，提出关于"影响声音强弱因素"的不同观点，这需要学生展示他们是如何进行推理思考的。在任务 2 中学生设计对比实验，验证影响声音强弱的因素，这需要学生进行实验设计和数据分析，展现他们的科学探究和推理能力。在撰写成文环节，学生对问题进行科学解释，这需要学生展示逻辑思维能力和语言表达能力。通过 CER 思维模型的应用，学生不再过分注重作品的美观程度，而是将重点放在问题解决的思维过程上，展现高阶思维的训练，包括提出观点、寻找证据和进行科学推理。这样的展示方式有助于培养学生的批判性思维、创造性思维和问题解决能力。

（三）弱化竞争比较，引导相互借鉴

以量化成绩来衡量学习表现的传统教学评价方式，不可避免地会在学习者群体中激起非良性的竞争意识。着眼于分数的横向对比，学习者容易陷入结果至上的片面评价思维中，忽视对真实成果的辩证评价与学习借鉴。因此，在项目化学习的合作展示环节，教师要改变评价方式，弱化横向比较，通过对成果的交流与评析，引导学生相互借鉴，避免形成"崇尚竞争，合作不够"的学习氛围。

学生间的互评互鉴应以质性评价为主。教师应创设开放的、交互式的空间，鼓励学生充分交流，引导学生有效利用评价量规，采用描述性语言评价同伴作品，促进思辨思维的碰撞；同时引导学生关注成果内容及成果中隐含的有特色的思维方式。

案例 6.16

合作展示环节中的评鉴活动[①]

项目"潜伏者计划"旨在创设趣味情境，驱动学生阅读名著，掌握人物性格

---

① 本案例由杭州观成实验学校提供。

研究的核心知识。在项目中，学生需要完成"推荐潜伏者名单并说明推荐理由"的任务，这就要求学生基于对文本的阅读与分析得出结论。显然"潜伏者是谁"是一个开放议题，本项目的主旨不在于确定谁来做潜伏者，而在于如何有理有据地展开人物分析。因此，教师将各组第一环节"潜伏情境分析"的成果展现了出来，并鼓励学生进行评价（见表6-7）。

表6-7 项目"潜伏者计划"中的学生互评

学生作业	学生互评
Q3：潜伏者的品质有哪些？ 1. 语言能力强：对于一件事，能够自己概括并有条理地传递消息。 2. 灵活变通：遇到突发情况，能够及时抉择并解决问题。 3. 拥有很强的反侦察能力：当别人有意探测自己时，十分敏感，知道自己的处境，并解决问题。 4. 最重要的是有坚定的意志：绝不背叛同伙、背叛组织，应坚决不说出潜伏的秘密。	[生B评价]这个成果的主人关注到潜伏者的语言表达能力。完成任务既需要具备一定的行动力、理解力，也需要良好的沟通能力和交际能力。他在指出语言表达能力的同时，还使用了认知行为动词"概括"，并为消息传递的行动加上了"有条理"这一重要的限定词。

《朝花夕拾》人物分析

	长妈妈	寿镜吾	范爱农	衍太太	藤野先生	重要性
适应能力	1	0	0	0	1	高
学习能力	0	1	1	1	1	高
智慧	0	1	1	1	1	高
意志	0	0	1	-1	1	高
阵营	0	2	2	0	-2	极高
语言表达	1	1	1	1	1	低
记忆力	0	0	0	1	1	低
脾气	0	1	0	-1	1	低
总分	2	6	6	2	5	

[生D评价]这个成果的主人对潜伏者所需的各项品质有重要程度的高低排序，可见他对项目情境有清晰的认知，明白在特定情境下，不同品质所占的权重各异。

在学生相互的评价中，教师需要引导学生不仅关注同伴读出了什么，还要关注他们是如何读出的，这样才能促进组内与组间阅读经验的交流，促使学生关注自我与他人的阅读思维差异，并在此基础上修订自己的阅读策略，这样思维的交互能促进学生个性化阅读策略的形成。

第三节 生成性指导策略

在项目化学习中,课堂不断动态变化,生成性信息或境况时常有之,如出乎意料的学生回答、意外出现的值得研究的问题,以及可能有积极促进作用的失败。"生成"是相对于"预成""既定"而言的一个概念,生成性指导策略指的是教师基于学生学习表现与生发的问题,对学生学习进展进行及时评估与恰当反馈,并对教学做出即时调整的指导方法与思路。下面围绕图 6-6 介绍 5 种生成性指导策略。

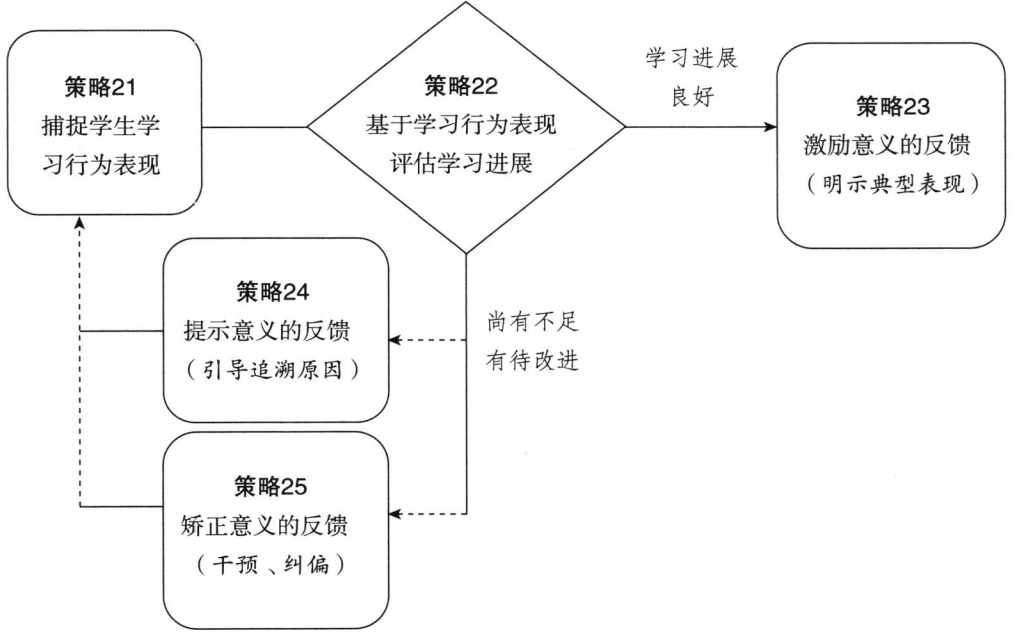

图 6-6 生成性指导策略的逻辑关系

一、教师的现场观察

在组织项目化学习活动时,教师的现场观察很重要。教师应时刻观察学生的学习行为，发现并捕捉学生所遇到的问题，并对行为、问题等进行评估，以确定是否进行干预以及如何实施指导。

（一）以多种方法捕捉学生的学习行为表现

教师在学习活动组织中对学生学习行为的捕捉是一种非系统性观察，是非计划性的、随机的、非正式的。然而，这种观察非常有助于教师了解学生在课堂中富有创造性、深刻性、差异性的真实而灵动的学习历程。通过这种观察，教师能够更好地理解学生的学习需求，更有针对性地调整教学策略，从而促成更富有活力和多样性的学习体验的发生。

教师既可以通过文字记录、设计图、解决方案、表单、思维导图、项目成果等有形的载体捕捉反映学生学习表现的证据，也可以通过学生言语中重要的信息判断学生对于某知识、某问题的理解或掌握情况，如通过师生互动、听取学生汇报、观察学生间交流等途径。教师还可以通过伴随式观察，关注学生的动作、眼神、表情等，识别学生的学习状况。

这些观察方法既可以帮助教师看到学生个体的表现，也可以捕捉整个合作小组的情况。教师应当留意意外出现的场景、问题、现象和事件，作为捕捉学生学习行为的关键点。对教师而言，最具挑战的是如何抓住稍纵即逝的时机，敏锐地发现问题，并加以利用。

案例 6.17

教师捕捉学生的合作状况[①]

项目"我来带你游西湖"以"如何制作出美观环保、生动形象的沙盘并配套一本旅行指南，让自己成为往来游客游览西湖的小导游？"为驱动性问题。教师将班里的学生随机分成三组，每组12人，以小组为单位完成设计、制作以及展示任务。

项目开始时，三组学生采用了不同的分工方式，A1组没有采用组长制，人人平等，各抒己见；A2组和A3组采用了组长制，A2组靠猜拳选出组长，A3组靠

---

① 本案例由杭州市风帆中学提供。

举荐选出组长。

在明确任务、确定沙盘范围环节，教师注意到 A1 组合作氛围比较轻松，进度也比较快，由较为活泼、外向的学生主动引导询问，带动流程；A2 组和 A3 组因为组长与组员的意见有分歧，整体进度较慢。教师观察到这一差别后，产生疑惑：是否是不同的合作关系对学习产生了影响？

接着，教师从学生个人的语言、行为、表情及小组的互动、任务推进等角度实施课堂捕捉。以制作阶段的两课时为例，教师对不同组的典型行为做了现场记录（见表6-8）。

表6-8 教师对学生学习情况的综合记录（片段）

课时	组别	学生活动	教师观察
课时六、课时七	A1	①在教师提出山体制作是否能够用其他材料代替不好切割的密度板后，学生开始进行尝试，如将报纸打湿后用胶黏合形成丘陵地形。但经过实验，学生发现湿报纸虽然原料便宜、具有易塑性，但也容易变形，而且用白乳胶、液体胶不容易干，用透明胶则不好上色，因此他们仍然保留以密度板为主要原料的方案。不过，由于该组沙盘中的丘陵地形较多，他们在最后还是补充使用了湿报纸。②在大结构基本完成后，一部分擅长画画、写字的同学主动组织暂时没有任务的同学开始讨论旅游指南的分工以及制作。	①在制作期间，学生发现如果用502强力胶去黏合高密度泡沫板，泡沫板就会被溶解，出现孔洞，并且有刺鼻的气味。一名男生主动寻求科学老师的帮助，科学老师随即就这一现象做出讲解，使学生们在亲手实验、亲眼观察、亲身经历的过程中学到相关的科学知识。②有一名女生思路清晰，动手能力和执行能力都比较强，组内的其他同学实际上也以她为中心，以她的建议为执行标准完成大结构制作。
	A2	……	……
	A3	……	……

捕捉结束后，教师结合分工情况、合作情况、组内氛围、组员参与度以及作品完成度五个方面进行整理，汇总成表，为分析不同分组方式带来的学习效果差异做好准备。

（二）基于学习行为表现评估学生学习进展

捕捉学生的学习表现，是为了更好地了解学情，并提供针对性指导。教师通过对学生学习过程中表现出来的行动、互动和参与度的关注，进一步观察学生在课堂上的活动、讨论、提问等行为，以评估学生的学习进展。

通常教师可以从三个层次把握学生的学习进展：第一层次，学生是否能够依据项目进程有序地完成项目任务，如学生是否积极参与课堂；第二层次，学生是否主动地参与并融入项目，主要表现为内在学习动力的激发，如学生是否可以提出更高层次的问题；第三层次，学生是否创造性地解决项目中遇到的问题，如学生是否提出各种可能的解决方案。

教师对学习进展的评估并不只是简单地做出"好"与"不好"的判断，而是对学生学习能力、学习情绪、参与度、完成度等方面展开判断。这些都将有助于教师了解和抓住学生的学习需求，帮助教师调整教学策略，使其更符合学生的实际需求。此外，教师的评估除了关注个体，也可以对集体行为表现做出判断。

教师基于学习行为表现评估学生学习进展，不仅要判断学生处于何种状态，还需进一步分析存在的问题，剖析问题产生的原因，并思考未来可能改进或突破的方法。

二、教师的指导性反馈

面对学生学习进展中的行为表现与多样生成，教师应及时做出反馈，并进行必要的干预。这是教师介入指导的常见方式。反馈通常有激励意义的反馈、提示意义的反馈和矫正意义的反馈。

在学生学习进展出现不同程度的问题时，教师应根据对学生能否自主克服困难的预判，在反馈中适当调节指导建议的支持度。有时，教师可能只需提醒学生而不给出具体建议，以激发学生自主思考和解决问题的能力；有时，教师会给出提示，但保留一定的余地，以鼓励学生独立探索和验证解决方案；在某些情况下，教师可能会给出明确的干预建议，以帮助学生纠正错误或为学生提供正确的指导。这种反馈的差异化也体现了教师"扶放有度"的指导原则，确保学生获得适度的支持和帮助。

（一）明示学生典型表现并激励强化

在学习过程中，当学生有良好的表现时，教师应给予富有激励意义的反馈。最常见的有激励意义的反馈方式是教师的表扬。教师可以"你真棒！"、"你的主意真不错！"、"听到这样的分享我很惊喜！"等语言表示肯定，向学生传递正向的学习信号；也可以将学生的设计或其他作品进行公开展示，让学生感受到被认可，获得学习的成就感；也可以采用贴星、积分等方式，用虚拟物品兑换相应的实体奖品，以奖励的稀缺性增加学生的动力和兴趣；还可以设计进阶性的奖励，激发学生的挑战欲。

同时，教师在给予激励性反馈时，也要重视发挥激励的指导作用。通过明示学生的典型表现，让学生明白被表扬的原因，以便今后继续保持，并让其他学生感受到榜样的力量。教师可以采用以下方法向学生明示典型的、优秀的、精彩的行为表现。

1. 基于标准的参考：教师明确告知学生项目中的具体要求以及要达成的目标，让学生清楚地知道参照标准。例如，教师提供小车模型，要求学生按照设计图或小车模型制作一辆相同的车模。

2. 直接反馈：教师对学生的优秀表现和为了让自己表现得更优秀而做出努力的行为做出反馈，给予鼓励。

3. 尝试分享：教师鼓励学生将自己的想法、构思等与他人做口头分享，为其他同学提供思路参考。

4. 示范演示：教师鼓励学生向他人展示自己的做法、作品等，为其他同学掌握操作要领提供借鉴或指导。

5. 引导辨析：教师引导学生开展自评或互评，帮助学生在联系与比较中明确典型表现的要点，建立对优秀行为的正确认知，主动形成对优良表现的理解。

（二）允许失败，适时反馈，引导学生追溯原因

在学习过程中，教师应该允许学生经历失败，并将其视为成长的机会。过程中的失败并不代表最终的失败，有效失败是成功之母，可以提供宝贵的经验和教

训。[①] 为发挥失败的作用，教师可以采取以下做法。

1. 允许试错：教师允许学生试错，可以向学生说明出现错误具有一定的好处，并为学生提供试错的情感支持。鼓励学生大胆试错，是为了让学生注意学习过程中可能会出现的不可控因素，学会从失败中思考和获得经验，确保下次经历时更加充分地考虑这些因素。

2. 支持探究：教师鼓励学生开展持续探究，并在探究中获得新知与进步。例如，学生在初步制作后，还须对作品进行优化，在一次次迭代中总结失败的经验、修改作品，让成果更加完善。

3. 鼓励质疑：教师引导学生不盲从权威，通过有效设疑，引发学生的质疑和批判性思考，鼓励学生联系已有知识，结合有逻辑的推断，进行客观而理性的分析。

在学习的组织和指导中，教师应该以包容的态度面对学生的失败，并通过提供具有提示意义的反馈，引导学生自主探索失败的原因并从中获得启示和对策。教师的反馈可以包括以下三个方面。

首先，客观描述观察到的情况：教师可以清晰、直观地描述学生在项目中遇到的问题或错误，帮助学生识别问题并引导他们进行自我反思。

其次，通过询问引发学生思考：教师可以提出一些引导性问题，引领学生思考问题产生的原因。例如，教师可以询问学生为什么会在项目中遇到该问题，是否存在导致问题产生的其他因素，以及他们是否能采取不一样的方法来避免类似问题。这些询问有助于学生深入挖掘问题产生的根本原因。

最后，提供建议和解决方案：教师可以提供一些建议和解决方案，帮助学生改进做法和解决问题。例如，教师可以建议学生在项目计划中增加时间管理的内容，或为学生提供一些数据分析的技巧和方法。

通过允许失败并适时反馈，引导学生追溯原因，教师可以更有效地帮助学生培养积极的学习态度和解决问题的能力。这种组织方法不仅能帮助学生从失败中学习和成长，还能培养他们的自信心和适应能力，以应对未来的挑战。

[①] 刘徽，杨佳欣，徐玲玲，等. 什么样的失败才是成功之母？：有效失败视角下的 STEM 教学设计研究 [J]. 华东师范大学学报（教育科学版），2020，38（6）：43-69.

（三）及时干预，实施纠偏指导

在项目化学习中，学生有时会陷入失败并无法"自救"，此时需要采取强干预的措施，通过具有矫正意义的反馈，给予纠偏指导。以下是一些重要的干预时机和方法。

1. 项目的方向偏离原计划时：有时学生在项目执行过程中可能会偏离最初设定的目标或方向。例如，学生未能真正理解驱动性问题，导致整个项目的开展无价值或无效。此时教师应帮助学生调整项目的方向，确保学生的问题解决与学习目标保持一致。

2. 项目进展缓慢甚至停滞时：不同的小组在项目推进过程中可能存在进展速度差异。有些小组会出现因分工不明确而导致合作不理想、不良情绪爆发等状况。如果一段时间后组内成员仍无法克服障碍并加快进度，教师就需要进行干预。

3. 学习困难无法解决时：项目化学习的复杂性对学生来说既是动力，又是挑战。当教师预设的支持性活动无法有效支持学生，则教师需要额外的辅助措施来帮助学生克服困难。

教师通常在学生完成特定阶段的任务时实施具有指导作用的反馈。矫正指导可以通过直接反馈或间接反馈来实施。直接反馈可以是教师口头指出学生任务中的错误或不足，并给予建议和指导；间接反馈可以是教师以书面形式在学生提交的任务报告或作品后提供详细的批注和评论，指出学习中的错误和不足。此外，教师还可以借助他人反馈，通过组间循环问诊等方式给出建议。

通过及时干预和实施纠偏指导，可以帮助学生克服困难，调整学习方向，加快实施进度并提高项目完成质量，最终确保项目顺利进行。

本章小结

本章从促进自主学习的指导策略、促进合作学习的指导策略、生成性指导策略三个方面总结了教师组织学习活动的 25 条策略。将这 25 条策略划分为三部分：

促进自主学习的指导策略
- 策略1：引导学生体会学习的意义
- 策略2：通过角色赋予让学生成为学习的当事人
- 策略3：允许学生有多种选择
- 策略4：在已有经验中寻找借鉴
- 策略5：体会问题解决与知识学习的联系
- 策略6：扶放有度地应用思维工具
- 策略7：学习指导中的启发性对话
- 策略8：借助管理日志引导项目进程
- 策略9：通过阶段性反思发展元认知

促进合作学习的指导策略
- 策略10：巧用游戏提升合作意识
- 策略11：营建合作文化，凝聚团队精神
- 策略12：协商形成合作规则，内化规则意识
- 策略13：明确合作中的分工，争取多任务锻炼
- 策略14：在开放性讨论中聚焦问题解决
- 策略15：组织渐进的建构性讨论
- 策略16：协商形成决策维度
- 策略17：借助决策工具形成最优方案
- 策略18：注重过程性展示，让学生人人都有机会
- 策略19：阐释问题解决的过程与体验，展现高阶思维
- 策略20：弱化竞争比较，引导相互借鉴

生成性指导策略
- 策略21：以多种方法捕捉学生的学习行为表现
- 策略22：基于学习行为表现评估学习进展
- 策略23：明示学生典型表现并激励强化
- 策略24：允许失败，适时反馈，引导学生追溯原因
- 策略25：及时干预，实施纠偏指导

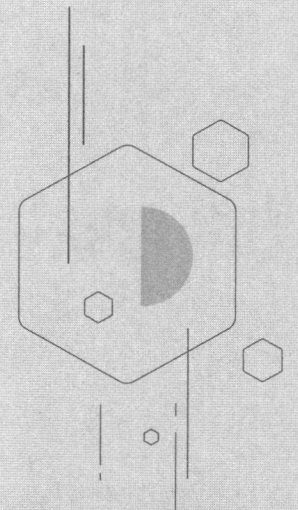

第七章
以表现性评价引导学习

学习驱动机制——驱动性问题

学习承载机制——核心任务　　学科实践
　　　　　　　　支持性活动　　跨学科实践

学习指导机制——支持性工具——教师指导策略

学习评价机制——表现性评价

```
                    ┌─────────────┐      在尽量合乎真实的情境中，运用评
                    │  表现性评价  │      分规则（评价量规）对学生完成复
                    └─────────────┘      杂任务的过程表现/结果做出判断
```

要　素	功　能	应用分类
目标 表现性任务 评价量规	反映学习收获 引导学习进展 启发反思学习	关于项目过程 关于项目成果 关于个人学习 关于团队学习

明示学习目标　引领项目推进

表现性评价的设计要点　　　　**表现性评价的运用策略**

设计可评的目标　　　　　　　　　项目启动阶段的运用
设计真实的表现性任务　⟷　　　项目推进阶段的运用
研制变式的评价量规　　　　　　　项目总结阶段的运用

表现性评价的迭代优化

第七章主要内容的逻辑关系

《义务教育课程方案（2022年版）》明确提出："创新评价方式方法。……注重动手操作、作品展示、口头报告等多种方式的综合运用，关注典型行为表现，推进表现性评价。"表现性评价有别于传统的纸笔测验，是一种标准参照式评价。它更多地用于学习过程中对学生学习情况的反馈和指导，旨在帮助学生理解概念、迁移应用，同时也有助于教师及时了解学生学习的进展情况，调整教学策略和方法。因此，在核心素养视域下，当学习范式发生转变之后，评价理念和操作方式都应随之转变，让评价不再局限于"甄别"、"选拔"，而是转向"诊断"与"促进"。评价因学习的需要而产生，同时反过来促进学习。两者紧密结合，是学习机制中不可或缺的要素。在项目化学习中，表现性评价具有重要的促进学习的作用。

第一节 项目化学习中的表现性评价

表现性评价是20世纪90年代在美国兴起的一种旨在弥补纸笔测试缺陷的新型评价方式，也被称为"真实性评价"，用于在真实的情境中测评学生解决问题的能力。国内外很多学者都对表现性评价下过定义，本文采用一个比较经典的定义，即"表现性评价是在尽量合乎真实的情境中，运用评分规则对学生完成复杂任务的过程表现/结果做出判断。它通过'任务'引发学生相应的表现，由于这样的任务不存在唯一正确的答案，因而需要基于评分规则对学生的表现做出判断"[1]。完整的表现性评价应包括三个核心要素：一是目标，即希望学生达成什么样的学习结果；二是表现性任务，即学生需要完成的任务或作业，用于引发学生的相关表现，为目标是否达成提供直接证据；三是评价量规，即判断和解释学生目标达成程度的标准，呈现对不同水平的描述性期望，为学生的学习提供参照，而非仅有二元对错的评分。

---

[1] 周文叶，毛玮洁. 表现性评价：促进素养养成[J]. 全球教育展望，2022，51（5）：95-96.

随着表现性评价在中国的传播和普及，大家不约而同地发现其对考试改革的意义。崔允漷在《试论新课标对学习评价目标与路径的建构》一文中提到三种评价改革路径：合力变革纸笔考试，着力推进表现性评价，探索技术支持的过程评价，并将表现性评价放在特别核心的位置。① 近年来，表现性评价在单元设计、项目化学习中被广泛提及与使用。从评价量规被引进到被老师们接受，再到被创造性地开发与使用，大家对表现性评价的认识越来越深刻。表现性评价立足对学习过程的有效记录和引导，以更综合、全面的视角考查学生的真正所学、真实发展；通过评价动态地监控学生的学习过程和学习结果，实现教学评的一致性。

一、表现性评价为何适用于项目化学习

项目化学习作为一种满足核心素养时代需求的学习方式，在世界范围内焕发生机。一种好的学习方式受到推广不仅源于其对学生兴趣与好奇的激发，更在于其导致的学生身上的学习增量与质变。那么，我们如何知道学生在项目化学习中获得了成长？我们可以用什么方式支持和促进学生在项目化学习中更好地成长？在近几年的项目化学习推广中，我们提炼了项目化学习的六大关键要素：基于标准、素养导向、问题驱动、真实性实践、高阶思维、表现性评价。② 表现性评价作为关键要素之一，同时又是基于标准、素养导向、高阶思维等要素可视化的载体，是驱动项目化学习的重要引擎。

表现性评价为何适用于项目化学习？首先我们要理解项目化学习的本质内涵，项目化学习是指"学生在一段时间内对与学科或跨学科有关的驱动性问题进行深入持续的探索，在调动所有知识、能力、品质等创造性地解决新问题、形成公开成果中，形成对核心知识和学习历程的深刻理解，能够在新情境中进行迁移"③，倡导高阶思维包裹低阶学习。传统的纸笔测验"只能测定、评价以同记忆、理解有关部分为中心的极其狭隘的领域"，"表现性评价关注的就是学生知道什么和能做

---

① 崔允漷.试论新课标对学习评价目标与路径的建构［J］.中国教育学刊，2022（7）：65-70，78.
② 管光海.高质量项目化学习的设计与实施：问题与建议［J］.教学月刊·中学版（教学管理），2022（4）：52-57.
③ 夏雪梅.项目化学习设计：学习素养视角下的国际与本土实践［M］.北京：教育科学出版社，2018：10.

什么，通过客观测验以外的行动、作品、表演、展示、操作、写作等更真实的表现来展示学生口头表达能力、文字表达能力、思维能力、创造能力、实践能力及学习成果与过程的测验"[1]。夏雪梅提出项目化学习中的评价与一般教学评价的区别在于：项目化学习强调更加深层次的概念理解和问题解决，项目化学习中的评价要比传统的课堂评价考查的范围更加宽广，学习实践和最终成果都要用量规设计的方法来进行评价。[2] 大量的证据表明，表现性评价更适合检测高水平的、复杂的思维能力，且更有可能促进这些能力的获得；同时能支持更具诊断性的教学实践，促进课程与教学的改进。

可见，表现性评价能够检测 21 世纪所需的素养——基于真实情境解决问题——"做事"的能力，这恰恰是项目化学习的终极追求。项目化学习中的表现性评价不仅能关注到学生在项目实践过程中的"收获"，促进整个项目的有序开展，提升项目质量，还能从整个项目层面考查学生核心概念、关键能力和高阶思维的发展情况。

二、项目化学习中表现性评价的功能定位

在项目化学习中，表现性评价不仅作为支持学生解决问题的工具，也是促进学生社会性成长的重要载体。其作用主要体现在以下三个方面。

一是通过实证数据的收集来反映学生的学习收获，即"对学习的评价"，可以作为学生综合素质评价的重要来源和根据。

二是通过过程性的反馈和指导，有效引领项目推进，即"为了学习的评价"。我们认为这是表现性评价在项目化学习中最为关键的作用，它不仅是评价工具，更是一种学习支架，是驱动项目化学习的关键引擎。

三是促进学生学会评价，在反思中发展高阶思维，即"作为学习的评价"。表现性评价的高度参与性能够让学生成为学习的主人，发展元认知能力。

---

[1] 周文叶.促进深度学习的表现性评价研究与实践[J].全球教育展望，2019，48（10）：86.
[2] 夏雪梅.项目化学习设计：学习素养视角下的国际与本土实践[M].北京：教育科学出版社，2018：115-116.

因此，我们认为：表现性评价应该贯穿项目化学习的全过程，以有效引领项目学习进程。

三、项目化学习中表现性评价的应用分类

根据项目化学习中表现性评价的功能定位，在实际应用中，我们可以聚焦两个方面，即项目本身和学习者：对项目本身关注"项目过程"和"项目成果"，对学习者关注"个人学习"和"团队学习"。例如，教师可以在项目实施过程中通过"问题提出评价"、"方案设计评价"、"模型制作评价"让项目化学习有序推进；再如，针对学习者个人和团队，教师可以聚焦创造性思维、审辨式思维、沟通能力、合作能力、设计能力等开展评价，让学习者通过参与评价提升高阶思维。（见表7-1）

表7-1 项目化学习中表现性评价的应用分类

聚焦	维度	评价时机/评价点	表现性评价举例	建议
项目本身	项目过程	依据项目的进展情况，在关键环节设置	入项活动评价 问题提出评价 方案设计评价 模型制作评价 产品发布评价	可依据项目化学习一般流程开展；或依据工程、设计、计算思维等流程开展
	项目成果	在项目化学习出项环节或之后	项目成果评价 核心素养评价 学生综合表现评价	根据项目的性质设计综合或分项评价量规
学习者	个人学习	学生个人知识技能发展、高阶思维发展、元认知发展等	创造性思维评价 审辨式思维评价 沟通能力评价 合作能力评价 设计能力评价 规划能力评价 个人反思	针对项目目标侧重的高阶思维、关键能力或者元认知发展进行设计
	团队学习	团队文化 团队合作情况 团队学习态度	团队合作评价 团队展示评价 团队文化评价	在团队集体反思基础上进行自评和他评

在具体的使用过程中，我们可以将表现性评价分为"通用型"和"个性化"

两类。"通用型"评价适用于不同的项目，比如对个人创造性思维的评价，针对同一年级在不同项目中都可以使用。"个性化"评价即针对学生现有水平、项目本身特点和培养目标进行有所区别的评价设计，在评价维度、评价指标上都是因需而设。我们倡导学校先积极借鉴、使用一些已经研发比较成熟的通用型表现性评价，在实践的基础上深入理解表现性评价的价值和使用方法，然后基于自身实际开发更多体现项目和学校特色的个性化表现性评价。

第二节 基于核心任务设计表现性评价

表现性评价应遵循"评估先行"的理念，即评价设计前置原则，先明确目标达成的表现，再逆向设计评价方法与标准。在项目化学习中设计表现性评价，可以按照撰写项目目标、设计表现性任务、研制评价量规三个彼此高度关联的步骤进行整体设计，其中设计表现性任务是关键。

一、撰写"可评"的项目目标

表现性目标往往是指基于课程核心的、需要持久理解的目标，是指向复杂的核心素养目标，而非简单知识获取的低阶目标。项目化学习设计也要遵循"逆向设计"思路，即在设计项目前就考虑"评价"，且项目化学习的目标应该是"可评、可测"的，依据评价的可实现性确定表现目标。一般而言，项目化学习的目标来源可以考虑以下三个方面。

一是课程核心素养目标，强调"会做"的方面，如"运用所学的人民币知识，设计一张校园流通纸币"。

二是高阶思维，如布卢姆目标分类法中的分析、评价、创造，以及在问题解决中体现出来的审辨思维、创造思维等。

三是关键能力,如学生的沟通能力、合作能力、规划能力、设计能力、实践能力等。

在具体制定目标时,教师可以参照以下流程。

首先,参考该项目涉及的课程标准。如果是学科项目化学习,教师可以直接参考学科课程标准中的学业质量要求;如果是跨学科项目化学习,则要认真研读并选择相关学科相关年段的课程标准进行参考。

其次,提取学科核心知识与关键技能。一个项目无须涉及太多学科关键技能,既可以以某一学科为主,由其他学科提供相关知识与技能支持;也可以关联4Cs能力或者学校特别重视的某项关键能力,如有的学校将提升学生的创造力作为学校重要的培养方向和育人目标,那么该校在项目中可以关联这一能力,在不同年段培养创造力的不同侧面。

最后,叙写具体的目标。教师可以采用素养目标的表达形式,将知识、技能与态度融为一体,注重学生的"表现",也可以采用KUD的目标撰写形式,从"知道"(Know)、"理解"(Understand)、"会做"(Do)三方面阐述目标。

案例 7.1

书包减重大作战[①]

——目标确定过程

项目"书包减重大作战"体现了2022年版义务教育课程方案和数学学科课程标准的思想。教师研读数学课程标准,提炼核心大概念,明确学业要求与核心素养,设计"可评"的项目目标:①会用条形统计图呈现书包重量的相关数据,并直观感知全班书包的重量分布情况;②会收集书包减重前和减重后的重量数据,进行前后对比分析,研判书包减重方案的合理性;③能根据已知信息,通过小数四则运算,判断书包是否超重;④能对书包是否超重有初步的估计,结合真实生活情境培养量感。(见表7-2)

---

① 本案例由杭州市保俶塔实验学校提供。

表7-2 项目学习目标来源与确定

主要学科	核心大概念[①]	学业要求[②]	学习目标	核心素养	跨学科素养
数学	数据的呈现	会用条形统计图呈现相关数据，解释所表达的意义	会用条形统计图呈现书包重量的相关数据，并直观感知全班书包的重量分布情况	数据意识 推理意识	合作意识 创新精神 应用意识 批判性思维
	数据的收集	根据实际问题需要，经历数据收集、整理和分析的过程，能合理述说数据分析的结论	会收集书包减重前和减重后的重量数据，进行前后对比分析，研判书包减重方案的合理性		
	运算的意义与关系	能进行简单的小数四则运算和混合运算，感悟运算的一致性，发展运算能力和推理意识	能根据已知信息，通过小数四则运算，判断书包是否超重	运算能力 几何直观 量感	
	估算	在解决实际问题的过程中，会选择合适的方法进行估算	能对书包是否超重有初步的估计，结合真实生活情境培养量感		

表中注释：①引自查尔斯的21个数学学科大概念；②引自《义务教育数学课程标准（2022年版）》。

该项目从数学核心大概念出发，列出课程标准中的学业要求，然后根据项目具体内容，结合学业要求撰写了四条可评的项目目标，聚焦数学核心素养，以实现素养导向、基于标准的学科项目化学习实践，并在一定程度上培养了跨学科素养。

有些教师在撰写目标时容易脱离标准，或者撰写看上去"高大上"但实际上远远超越学生已有认知水平的目标，导致目标无用。要判断具体的项目目标是否指向素养、是否基于课程标准，教师在撰写完目标后可以从四个方面检查自己叙写的目标陈述：

第一，目标陈述在多大程度上与学科课程标准中的核心素养内涵一致；

第二，目标陈述在多大程度上反映了持久性概念（包括原理、概念间的关系以及可迁移到现实生活情境中的技能）；

第三，目标陈述在多大程度上促进了知识的深度运用；

第四，目标陈述在多大程度上给了学生展示学习证据的机会。

二、设计"真实"的表现性任务

目标叙写完成后，如何规划学生的"表现"来落实目标呢？项目化学习通常以核心任务为主线贯穿整个学习流程，学生通过完成若干个循序推进的核心任务来完成整个项目化学习。因此，核心任务设计可以看成项目化学习的"主干支架"，是项目落地的关键。支持性活动是为问题解决提供支持的辅助性活动，在项目实施中也起到重要的作用。根据评价需要，核心任务与支持性活动都可以作为表现性任务。为更好地设计紧扣目标的表现性任务，教师可以运用 GRASPS 模型。

GRASPS 模型是一个协助创建表现性任务的思维工具，涵盖了目标、角色、对象、情境、表现/成果、标准六个元素，分别代表着：表现性任务的目标是什么？你在任务中扮演的身份是什么？服务对象是谁？任务发生的情境是怎样的？所需要展示的成果/表现是什么？对任务表现的评估标准是什么？（见图 7-1）这个工具可以帮助教师基于项目目标设计表现性任务，让学生明确自己"该做什么"以及"要做得怎么样"。

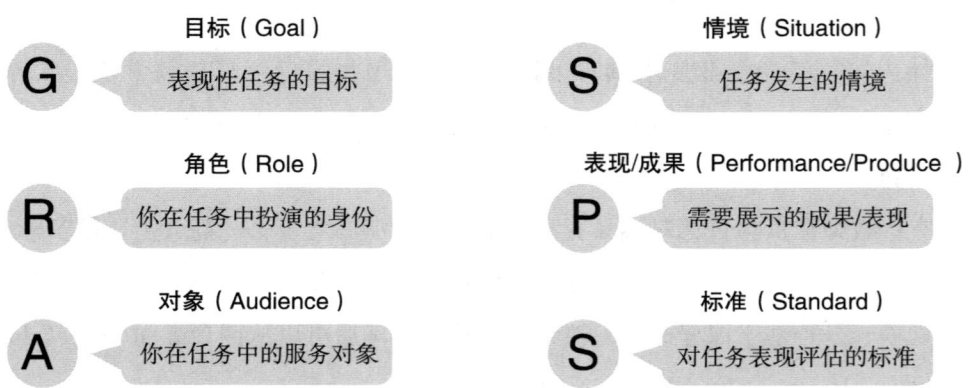

图 7-1　GRASPS 模型组成元素

案例 7.2

搭配一份合理的营养午餐[①]

学校开展"美食日光族"光盘行动。第一阶段进行了各班午餐浪费量的统计，并选出了校园美食红榜（见表7-3）；第二阶段进行了一周午餐的自由搭配，发现存在搭配的午餐菜品重复、荤素搭配不合理、营养不均衡等情况。

表7-3 校园美食红榜

排序 按喜爱程度逐降	最受欢迎的菜品	热量/千焦	脂肪/克
TOP1	红烧排骨	1234	20
TOP2	炸鳕鱼排	1008	15.6
TOP3	番茄牛腩	615	2.2
TOP4	香菇鸡块	351	5.35
TOP5	茭白毛豆	276	6.9
TOP6	炒青菜	170	3.31

提示：根据营养学相关知识，人体的能量须由食物提供，10岁左右的儿童从每顿午餐中获取的热量应不低于2926千焦，脂肪应不超过50克，符合这个标准的午餐就是营养午餐；热量如果过多，则会转化成脂肪导致肥胖，不符合营养午餐的要求。

基于这样的真实情境和问题，项目组运用GRASPS工具进行表现性任务的设计。

目标：根据美食红榜前六名的菜品，搭配出一份合理的营养午餐。

角色：营养搭配师。

对象：学校学生。

情境：为学生食堂搭配合理的营养午餐并说服食堂采用。

成果：合理的营养午餐搭配与说明。

标准：（1）根据学校食堂配菜要求，一份午餐有三个菜，分别是一荤、一素、一半荤半素，并且需要有不同的搭配方法，做到不重复、不遗漏；（2）根据热量不低于2926千焦、脂肪不超过50克的营养标准，判断以上搭配是否符合标准，

[①] 本案例由宁波市海曙区教育局教研室提供。

并筛选出三种以上的优质搭配。

值得注意的是，GRASPS 工具是支持表现性任务设计的众多工具中的一种，教师需要灵活运用。如果在开展评价前，核心任务与支持性活动尚未设计好，那么教师可以采用 GRASPS 工具或其他工具进行设计；如果已经设计好，那么教师可以直接拿来作为表现性任务，也可以采用 GRASPS 工具或其他工具进行检验。当然，在项目中，教师也可以设计专门的表现性任务用于评价。

三、研制"变式"的评价量规

评价量规的开发就是依据具体的项目"任务"，通过制订具体的表现标准来判断某个项目目标是否达成，或者引导学生更好地达成目标。一般来说，评价量规包括表现维度、表现等级等要素。表现维度呈现了该任务最关键的组成要素，也称为"要素""指标"。等级也称评分点，就是不同维度所对应的各级表现水平，可以用数字表示，如"1、2、3、4、5"；也可以用文字来表达，如"优秀、良好、合格、不合格"；还可以二者结合使用，如"水平1、水平2、水平3、水平4"。（见表 7-4）要让评价量规更好地发挥作用，教师应该基于项目需要与学生实际情况，研制不同类型的"变式"评价量规。

表 7-4 评价量规的基本结构

任务：				
表现维度	表现等级			
	等级 1	等级 2	等级 3	……
维度 1				
维度 2				
维度 3				
维度 4				
……				

量规能够对学生的"表现"进行评价。一类表现是在学生完成任务的过程中可以观察到的，比如学生辩论时的过程表现、情感态度；另一类表现则包含在学生完成任务的具体成果当中，如一份报告、一个产品等。（见表 7-5）我们可以根据要测评的"目标"、"表现"研制相应的量规。

表 7-5　可以用量规评价的表现类型①

表现类型	实例
过程： 　身体技能 　器具使用 　口头沟通 　学习习惯	弹奏乐器 演讲 朗读 做一个前翻滚 实验操作
结果： 　随笔、报告、学期论文等写作 　项目产品	木制书架 动物栖息地设计 水彩画 实验报告 学期论文

评价量规并不是固定样式一成不变的，教师完全可以基于现实需要设计不同使用形式的量规。

（一）检核表

检核表是表现性评价常用的一种形式，可以看成"简明版"量规，一般用简要的语言描述相关维度，仅对学习表现中的某些特质或行为实施"是/否"的判断。若教学与评价的目标是辨别特质是否出现、行为是否发生，则教师用检核表即可。有时检核表也可用 A/B/C 简单表示等级（见表 7-6），教师或学生只需根据描述勾选相应等级即可。这样的检核表操作简单，读取方便，既可用于自评，也可用于他评。

---

① 布鲁克哈特.如何编制和使用量规：面向形成性评估与评分［M］.杭秀，陈晓曦，译.宁波：宁波出版社，2020.

表 7-6　小组合作检核表

合作维度	合作要求	等级 A	等级 B	等级 C	备注
小组成员参与情况	1. 全员参与				
	2. 任务分工明确				
	3. 任务分工符合成员个性和特长				
小组参与活动的态度	1. 参与活动积极主动				A：完全符合 B：基本符合 C：不符合
	2. 能按目标导向实施活动				
	3. 小组成员都能体验到实践和成功的愉悦				
小组成员间的协作状态	1. 了解同伴的工作进度				
	2. 成员的发言都能得到鼓励				
	3. 能够倾听、合作、分享				
小组完成任务情况	1. 能够整合本组成员的智慧				
	2. 能够完成表现性任务				
	3. 能够提出新的见解				

（二）基于 SOLO 理论的评价量规

SOLO 理论是描述学生思维和理解复杂程度的模型，由五个思维水平构成：构成浅层理解的前结构水平、单点结构水平与多点结构水平，构成深度理解的关联结构水平、抽象扩展结构水平。其对思维水平的划分刚好可以应用到量规设计中，衡量学生在 SOLO 层次上的表现。比如，要分析六年级学生在解题过程中的思维水平层次，教师可结合 SOLO 分类理论，制订如下页所示评价量规（见表 7-7）。

表 7-7 基于 SOLO 理论的评价量规[1]

SOLO 层次	能力		具体表现
前结构水平	最低		没有做或做错（包括计算错误、计算过程不够严谨，不能正确解题）
单点结构水平	低		能根据提示用一种方程思路正确解题
多点结构水平	中	低	能根据提示想出两种方程思路，计算过程不严谨，不能正确解题
		中	能根据提示想出两种方程思路，但因计算错误不能正确解题
		高	能根据提示分别用两种方程思路正确解题
关联结构水平	高	低	能用包括比例方法在内的两种方法正确解题
		中	能根据提示用三种方法正确解题
		高	能根据提示用四种方法正确解题
抽象扩展结构水平	最高		能够对解题过程进行概括，发现不同方法间的本质关联（如方程方法中以"路程"为等量，本质即利用反比例的意义；而比例方法解题利用的是"反比例"的性质。以"总时间"为等量的方程与工程问题中分数应用题本质相同）

（三）使用"副词+动词+内容"研制评价量规

威金斯等认为应使用"副词+动词+内容"的形式设计评价量规，强调在设计评价量规时使用副词区分质量等级和理解程度，如"非常清晰地/清晰地/较为清晰地/无法清晰地表达文中主人公的观点"。如果要设计一个评价小学生实验技能的评价量规，教师可以先确定表现维度，包括实验记录能力、实验观察能力、实验设计能力、实验操作能力和实验分析能力等；针对每个维度，再使用副词区分质量等级，如实验设计能力可以描述为"完全能够/通过教师的帮助能够/不太能够/完全不能制订明确的实验目的和假设，并设计适当的实验步骤和控制变量的方法"。

---

[1] 田秋月，谢琰翡. 基于 SOLO 分类理论的一题之思：以一道题窥"去方程化"的教学[J]. 教学月刊·小学版（数学），2022（Z5）：100-103.

第三节 运用表现性评价引领项目推进

在项目化学习中,学生是学习的主体,教师从传统课堂中"教授者"的角色转变成"支持者"的角色,借助贯穿于全过程的表现性评价引领项目学习进程,并对学生的学习进行过程性的监控与反馈。在学生完成每个进阶任务的过程中,教师通过评价量规,给予学生完成任务的目标与方向的指引,从而及时改进、优化任务,以使学生更好地完成。也可借助评价量规反馈每个团队成员的表现,适时调整项目的进度,让作品朝更好的方向发展,提升整个项目的质量。量规的运用贯穿项目化学习的始终,推动整个项目化学习进程。

一、项目启动阶段的运用

项目化学习在启动阶段有很多工作要做,如引导学生进入情境、发现问题,组织学生讨论明确方向,让学生组建团队、完成项目规划等。运用表现性评价,教师可以提升该阶段的实施质量,并让项目化学习朝着正确的方向前进。

(一)引领团队建设

大部分项目化学习以小组合作的形式开展,需要组建团队。好的团队是项目成功的关键。在组建团队之前,教师可以利用"个人专长自评表"等工具让每位成员清楚自己的特长或技能,方便组内分工。团队成立之后,教师可以启发学生思考"一个好的团队是怎样的?"、"什么是有效的合作?"等问题,让学生在头脑风暴的基础上逐渐凝聚共识,一起商议"团队合作评价量规",从而让团队每个成员都明白什么样的合作是好的合作,以及如何倾听、如何分享、如何解决争议等,通过量规引导团队建设。

案例 7.3

小小设计师：少年的共享单车 show[①]
——团队建设评价量规

在这个项目中，教师围绕驱动性问题"如何设计一款专门适用于少年出行的共享单车？"设计了六个循序推进的任务：实景演示，搭建组装一辆自行车；要素洞察，完成专家组培训；圆桌讨论，设计产品方案；整体修改，实现设计迭代；美化成果，做好招商准备；反思复盘，小结整个项目。这里的每个任务都是高度真实和情境化的。

在项目启动阶段，教师从"团队科学建设"与"组长责任担当"两个维度制订评价量规："团队科学建设"重视分工过程与结果；"组长责任担当"重视责任意识与领导力，要求组长有效引领团队建设、规范团队运作、形成团队合力（见表 7-8）。

表 7-8 "小小设计师：少年的共享单车 show"团队建设评价量规

评价维度		水平 3	水平 2	水平 1	组长互评	教师评
团队科学建设	分工结果	在 10 分钟内完成分工且组员角色非常明确	在 15 分钟内完成分工，组员角色比较明确	在 20 分钟内完成分工，但组员对角色不够明确		
	分工过程	组员认真填写"个人专长自评表"，并对心仪的职位进行竞选，过程中没有矛盾和争执	组员认真填写"个人专长自评表"，并对心仪的职位进行竞选，但有一些矛盾和争执	组员没有认真填写"个人专长自评表"，分工方式随意，或出现不可调和的矛盾		
组长责任担当	责任意识	组长有较强的全局观念，在安排组员分工时为组员详细解读各角色的责任要求；能仔细分析组员的"个人专长自评表"并分配角色	组长有一定的全局观念，在安排组员分工时为组员讲解角色，但没有明确要求；分配角色较随意，没有发挥组员的特长	组长全局观念不强，在安排组员分工时没有对角色和任务进行详细的解释；胡乱随机分配角色或不知如何分配角色		

[①] 本案例由杭州市行知第二小学提供。

续表

评价维度		水平3	水平2	水平1	组长互评	教师评
组长责任担当	领导力	组长受到组员的充分信任,有很强的组织能力,和组员沟通时耐心、高效;出现矛盾时能够进行有效协调并给出可行建议	组长有一定的组织能力,和组员沟通时比较耐心,但不够高效;出现矛盾时能够进行协调,但较难给出可行性建议	组长缺少组织能力和意识,不太和组员沟通;出现矛盾时不能进行调节,或者不管不顾,致使小组纪律涣散		

（二）引领项目进展的方向

在项目启动阶段，学生对项目的方向可能还不够明确，需要从真实情境中发现问题，确定项目的主题或方向，进而考虑不同的解决办法。这时候教师可以通过表现性评价引导学生聚焦需要解决的问题。

案例 7.4

校园荒地改造设计[①]

基于学校荒地改造的真实情境，教师带领学生现场测量荒地，明确荒地大小，确定改造方向。学生要拟定调研问题，对在校师生、后勤员工等不同身份的人进行走访调研，发掘大家对荒地的真实需求，最终明确荒地改造设计的方向。

为了引领学生更好地确定改造主题，教师公布并解释了"主题聚焦评价量规"（见表7-9）。该量规分为三个等级，赋予了每个等级对应的分值，并详细描述了不同等级的具体表现。各组通过内部权衡，加上教师的综合评定，最终确定本组荒地改造的主题方向。

---

① 本案例由杭州绿城育华亲亲学校王琴老师提供。

表 7-9　主题聚焦评价量规

8—10 分	5—7 分	4 分及以下	小组评定	教师评定
能多次走访在校师生和后勤人员，了解校园荒地现有的资源条件，并明确师生对荒地使用功能的真实需求	能多次走访在校老师和学生，了解荒地区域的资源，并明确荒地改造方向	能走访同班同学，了解荒地区域的资源，大致判断荒地改造的方向		
能基于实际校园生活提出三个及以上的真实需求	能基于实际生活提出两个真实需求	能基于实际生活提出一个真实需求		
在多个问题中聚焦小组感兴趣的一个主题	在两个问题中聚焦小组感兴趣的一个主题	根据一个问题，聚焦一个主题		

（三）引导明确成果类型

在项目化学习中，针对不同的问题，学生可以得到不同类型的项目成果，如研究报告、建议书、产品模型等。表现性评价可以在学生确定项目成果形式时引导其进一步明确成果的类型、方向与标准。教师可以设计指导作用更为明显的评价量规作为学生的学习支架，引导学生更好地完成学习任务。这类量规一般具有任务描述具体化、评价尺度积极化、具体描述开放化的特点。

案例 7.5

太阳能热水器[①]

——产品评价量规 1.0

在项目启动阶段，学生明确需要根据真实问题设计一款太阳能热水器。在了解太阳能热水器的相关知识之后，学生需要绘制一张设计图。这时候，教师引导学生制订一个具有指导作用的评价量规，从科学性、美观性、工程性三个方面拟定初步的产品标准，给予学生方向性的指引（见表 7-10）。

---

① 本案例由杭州市青蓝小学王雯雯、李慧敏、李香老师提供。

表 7-10 "太阳能热水器"产品评价量规 1.0

维度	标准指引	学生评价	教师评价
科学性	保温设计：尽可能考虑多种保温措施 升温设计：尽可能考虑多种升温措施		
美观性	设计图色彩能够真实反映产品的整体颜色，且搭配和谐 热水器各部分布局合理，与建筑物和谐统一		
工程性	热水器各部分结构完整，尺寸标注合理，文字说明清晰		

二、项目推进阶段的运用

项目推进阶段是项目化学习的核心部分，学生知识技能的建构、创新与创造都出现在这个阶段。该阶段含有大量学习的成分，每进展一步都很重要。因此，运用表现性评价引领学生有序推进项目显得特别重要，如运用"问题提出评价量规"来评价学生提出问题的质量与价值，运用"方案设计评价量规"来引导学生制订一个好的实践方案，运用"模型制作评价量规"来评估模型制作是否符合产品要求等。下面是项目推进过程中三个量规的应用场景。

（一）引领方案设计

在项目化学习进程中，学生在清楚问题解决的方向之后，需要设计方案，将想法落地。在这个环节，教师要鼓励学生自由畅想、思维碰撞、相互启发、互补改善，引导学生提出尽可能多的创意和解决方案，而量规可以很好地引导学生制订一个尽可能完善的方案。

案例 7.6

小小设计师：少年的共享单车 show[①]

——产品方案评价量规

该项目进展到"任务三：设计产品方案并进行小组汇报"时，教师带领学生

---

① 本案例由杭州市行知第二小学提供。

一起开发"产品方案评价量规"(见表7-11),从品牌推广、性能设计、外形美化三个方面设计评价维度,引导学生明确"什么样的产品方案是好的"。在小组汇报时,教师引导其他小组使用该评价量规进行评价,让汇报小组清楚"自己做到了什么程度",促进产品方案的优化。

表7-11 "小小设计师:少年的共享单车show"产品方案评价量规

	水平3	水平2	水平1
品牌推广	有自己的商标设计、品牌推广理念,想出至少三种品牌宣传方案;能认真完成商业计划书	能对已有的商标和品牌推广案例进行借鉴,想出至少两种品牌宣传方案;能完成商业计划书	难以进行商标设计和品牌推广设想,只能想出一种品牌宣传方案;不能完成商业计划书
性能设计	对自行车结构和共享单车性能十分了解,有自己独到的性能设计想法且切实可行;能认真完成性能设计思维导图	对自行车结构和性能比较了解,但是没有自己独特的设计和切实可行的附加功能;能完成性能设计思维导图	对自行车结构和性能不够了解,无法完成任何附加的可行性能设计;不能完成或胡乱完成性能设计思维导图
外形美化	有很强的绘图能力;在共享单车的外形美化上有独到的想法,能设计符合消费者和市场审美的自行车外观;能认真完成外形设计思维导图	有一定的绘图能力;在共享单车的外形美化上有自己的想法,但不大符合消费者和市场审美;能完成外形设计思维导图	绘图能力较弱;在共享单车的外形美化上没有自己的想法,或想法不符合消费者和市场审美;不能完成外形设计思维导图

(二)引领成果形成

项目化学习的成果有多种类型,产品、模型、报告、方案等最为常见。不管是哪一种类型的成果,评价量规的引导作用都不可缺少,同时,它还可以用来评估项目成果是否符合方案的要求。

案例 7.7

太阳能热水器[①]

——产品评价量规 2.0

在项目启动阶段,教师引导学生从科学性、美观性、工程性三个方面初步拟定成功的标准,给予学生方向性的指引。当所有小组完成产品模型之后,教师带

---

① 本案例由杭州市青蓝小学王雯雯、李慧敏、李香老师提供。

领学生细化量规,从七个二级维度、三个表现等级制订更为详细的产品模型评价量规(见表7-12),通过量规的使用和反馈引导学生找出模型的优点和缺陷,从而进行试错、改进和功能升级。

表7-12 "太阳能热水器"产品评价量规2.0

组号:

一级维度	二级维度	3分	2分	1分	教师评价	组间他评		
科学性	保温设计	能从热的不良导体、保温材料厚度、保温箱内胆材料三个因素设计保温措施	能从热的不良导体、保温材料厚度、保温箱内胆材料中的两个因素设计保温措施	能从热的不良导体、保温材料厚度、保温箱内胆材料中的一个因素设计保温措施				
	升温设计	能从颜色、集热器摆放角度、热的良导体三个因素设计升温措施	能从颜色、集热器摆放角度、热的良导体中的两个因素设计升温措施	能从颜色、集热器摆放角度、热的良导体中的一个因素设计升温措施				
美观性	色彩	设计图色彩能够真实反映产品的整体颜色,搭配和谐	设计图色彩与产品颜色有一定的出入,搭配不太和谐	设计图色彩与产品颜色不符,搭配不和谐				
	布局	太阳能热水器各部分布局合理,与建筑物和谐统一	太阳能热水器各部分布局较合理,与建筑物较为和谐	太阳能热水器各部分布局不合理,破坏了建筑物整体的美观				
工程性	结构	有集热管、保温水箱、连接管道、支架和控制系统中的四部分	有集热管、保温水箱、连接管道、支架和控制系统中的三部分	有集热管、保温水箱、连接管道、支架和控制系统中的两部分				
	尺寸	所有部件都标注尺寸且大小合理	部分部件标注尺寸且大小合理	所有部件都没有标注尺寸				
	标注	所有部件都有文字说明且标注清晰	部分部件有文字说明但标注不清晰	所有部件都无文字说明及标注				

（三）引领成果迭代

在项目成果完成之后，师生需要对该成果是否解决问题、是否符合产品设想、是否符合用户需求等进行评估和反馈。这时学生可以运用评价量规，收集了解仍存在的问题与需要优化的地方，促进成果的进一步迭代。

案例 7.8

失物招领箱[①]

教师根据校园里经常有学生遗失物品的现象，引导学生基于真实需求，设计一个实用而有吸引力的"失物招领箱"。因为成果要真正投入使用，所以学生在制作好模型之后需要进行用户测试，以进一步优化产品。项目小组设计了方便易懂的测试量规（见表 7-13），邀请失物招领相关的用户、学科专家、行业专家测试评价模型，收集意见。之后，小组汇总整理意见，并根据反馈建议制订优化计划，改进模型与产品。接着，小组在校园内试运营，记录在试运营过程中遇到的问题，再由成员共商细化改进方案，优化失物招领流程。

表 7-13 用户测试评价量规

	评价内容	用户测试评价	用户建议
入库设计	失物归总分类合理	☆☆☆☆☆	
	登记内容清楚明确	☆☆☆☆☆	
	登记方式简洁明了	☆☆☆☆☆	
	登记信息调取便捷	☆☆☆☆☆	
招领设计	失物招领处设计美观、实用	☆☆☆☆☆	
	失物保存方式安全、妥当	☆☆☆☆☆	
	失物招领信息公示清楚、明确	☆☆☆☆☆	
宣传设计	宣传内容清晰明确	☆☆☆☆☆	
	宣传方式便捷易操作	☆☆☆☆☆	
	宣传信息易获取	☆☆☆☆☆	

---

① 本案例由杭州市笕正小学张丽娜老师提供。

续表

评价内容		用户测试评价	用户建议
出库设计	登记内容清楚明确	☆☆☆☆☆	
	登记方式简洁明了	☆☆☆☆☆	
	登记信息调取便捷	☆☆☆☆☆	

三、项目总结阶段的运用

在项目总结阶段，教师可以运用表现性评价对整个项目的实施过程、作品质量、学生思维发展、核心技能提升等方面进行整体复盘与反思。通过设计评价功能多于指导功能的评价量规，为后续项目的开展积累经验，并为期末的总结性评价提供依据。这一阶段的表现性评价量规具有评价维度全面、评价尺度梯度化、具体描述规范化等特点。

（一）指向项目过程的整体回顾

当学生完成一个长周期的项目化学习时，适时的复盘与反思是非常必要的。一来可以让学生对自己的学习经历进行整体回顾，二来可以引导学生反思学习过程中的不足，有时还会激发学生更多的想法，产生意想不到的效果。

案例 7.9

我是校园调音师[①]

在项目结束时，教师将整个项目的关键阶段设计为评价维度，用"优秀"、"良好"、"合格"三个等级进行描述，通过自评与组评引导学生复盘自己在整个项目过程中的表现（见表 7-14）。

---

① 本案例由杭州市景成实验学校提供。

表 7-14 "我是校园调音师"整体表现评价量规

评价维度	优秀 （3 颗☆）	良好 （2 颗☆）	合格 （1 颗☆）	自评	组评	综合等级
入项活动	发现的问题全面，提取的要素指向核心问题	能发现问题，提取有意义的要素	发现的问题或提取的要素没有实际价值或研究意义	☆☆☆	☆☆☆	
小组合作	积极合作，主动承担任务并认真完成	能参与部分活动，完成分配的任务	较少参与活动，几乎完不成任务	☆☆☆	☆☆☆	
实践探究	有强烈的探究欲望，不断提出与项目有关的问题，努力寻找方法	能提出与项目有关的问题，能够讨论寻求解决方法	提出的问题偏离主题，对问题不进一步思考	☆☆☆	☆☆☆	
方案设计	积极主动参与整个设计过程，态度认真	能参与部分设计活动，态度较认真	参与活动很少，态度不够认真	☆☆☆	☆☆☆	
迭代优化	"亮点—建议—问题"汇报全面、科学，语言清晰、准确	"亮点—建议—问题"汇报较全面，表达较清楚	"亮点—建议—问题"汇报表达不清，阐述观点模糊	☆☆☆	☆☆☆	
反思迁移	认真思考，积极对项目过程进行反思，交流内容全面、完整	能认真思考和交流，但交流内容不够全面、完整	思考不全面或不积极进行交流反思	☆☆☆	☆☆☆	

（二）指向项目成果的整体评价

项目化学习一般都伴有成果产生。不管是物化的项目成果还是非物化的项目成果，表现性评价的使用都可以帮助检验其质量。

案例 7.10

小小设计师：少年的共享单车 show[①]
——项目成果评价量规

在项目小结阶段，教师从设计书制作、产品设计、模型成果、现场展示四个方面开发评价量规，引导学生对整个项目的成果进行复盘反思。注重团队成果，引入自评、师评、第三方（投资商、校外专家）评等多元主体评价（见表 7-15）。

表 7-15 "小小设计师：少年的共享单车 show"项目成果评价量规

评价维度		🚲🚲🚲	🚲🚲	🚲	自评	师评	第三方评
设计书制作	完整性	设计书页面完整，没有缺页或缺少板块；有明确重点，亮点突出	设计书页面不够完整，有1—2处缺页或缺少板块；重点、亮点不够突出	设计书页面不完整，有3处及以上缺页或缺少板块，缺少重点、亮点			
	美观度	美观度好，封面和封底设计有品牌特色；有连续性和协调性，比如有统一的页眉或者商标贯穿设计等	美观度较好，封面和封底设计美观且能体现出品牌；但缺少连续性和协调性	美观度弱，只是老师给的版面的堆叠，封面和封底缺少设计或不美观；缺少连续性和协调性			
	品牌调性	品牌符合本组自行车整体调性，商标美观、名称响亮、宣传方式合理，利于产品推广	品牌基本符合本组自行车整体调性，商标较美观，名称较响亮，宣传方式较合理，基本利于产品推广	品牌不符合本组自行车整体调性，商标不美观、名称不够响亮、宣传方式缺乏合理性，不利于产品推广			
产品设计	消费者契合度	自行车设计在审美、性能上符合目标消费者特征，和本组的市场调研报告完美对应；能满足少年出行需求，完美回应驱动性问题，体现"共享"理念	自行车设计在审美、性能上基本符合目标消费者特征，和本组的市场调研报告基本对应；但未能完全满足少年出行需求，"共享"理念体现不够到位	自行车设计在审美、性能上不符合目标消费者特征，和本组的市场调研报告对应性弱；不能满足少年出行需求，未能体现"共享"理念			

---

① 本案例由杭州市行知第二小学提供。

续表

评价维度		🚲🚲	🚲🚲	🚲	自评	师评	第三方评
产品设计	实用性	自行车设计实用价值高，性能和外形设计可行性强	自行车设计实用价值较高，性能和外形设计可行性较强	自行车设计实用价值低，性能和外形设计可行性差			
	性能创新性	在外形、租车方式、特殊性能等方面有自己独特的创新，有现有共享单车环境下的独有功能，且切合实际	在外形、租车方式、特殊性能等方面创新点较少，有现有共享单车环境下的独有功能，但不能完全实现	在外形、租车方式、特殊性能等方面无创新和独有功能			
模型成果	图纸契合度	模型和设计图完美对应，且显示了自行车大小的合理缩放	模型和设计图略有出入，基本显示了自行车大小的合理缩放	模型和设计图不对应，且未能显示自行车大小的合理缩放			
	功能性	模型的结构合理，能实现自行车所有基本功能，创新设计性能较多	模型的结构基本合理，能实现自行车大部分基本功能，创新设计性能较少	模型的结构不够合理，未能实现自行车基本功能，设计性能没有创新			
	模型创新性	模型的材料选择和制作方法有创新性且完成度较好，如环保材料、3D打印技术或其他	模型的材料选择和制作方法有创新性但完成度较差	模型的材料选择和制作方法没有创新性			
现场展示	展示清晰性	现场展示清晰明确，能凸显设计重点和亮点	现场展示基本清晰明确，能在一定程度上凸显设计重点和亮点	现场展示不清晰不明确，未能凸显设计重点和亮点			
	展示创新性	在展示方式、演讲方式等方面有创新性，能够吸引投资人的眼光	在展示方式、演讲方式等方面有一定创新性，但不够吸引投资人的眼光	在展示方式、演讲方式等方面没有创新性，不能吸引投资人的眼光			
总计							

（三）指向展示过程的表现

项目化学习中的成果展示不仅指向产品，且其展示形式、展示过程本身也充分体现了学生的综合能力。对项目成果进行展示规划、形式设计、内容安排、任务分工等实际上也相当于一个"微项目"。对如何展示进行指导是项目化学习中不可缺少的部分。比如，表7-16所示的"展示技巧评价量规"[①]就从7个维度进行了规范化引导，让学生明确自己在展示过程中应该有的表现，从而更有目的地去规划、展示自己小组的成果。

表 7-16　展示技巧评价量规（适用于3—5年级）

评价维度	未达标	有待改进	达标	优秀
观点与信息的解释	• 我使用了不恰当的事实和不相关的细节来支持主要观点	• 我能选择一些支持主要观点的事实和细节，但不够充分或相关	• 我能选择恰当的事实和相关的细节描述来支持主要的观点和主题	
组织	• 展示没有包括所有要求的内容 • 我在展示时陈述想法或创意的逻辑不清晰 • 我没有计划好展示时间，整体时间太短或太长	• 展示几乎包括所有要求的内容 • 我尝试了按逻辑顺序展示想法或创意，但逻辑并不总是很清晰 • 整体展示的时间长短刚好合适，但陈述里的有些部分太短或太长	• 展示包括所有要求的内容 • 我在展示时陈述想法或创意的逻辑清晰 • 我的展示时间安排得很好，展示的每个部分都不会太短或太长	
眼神与肢体动作	• 我在展示时眼睛不看观众，只是看着笔记 • 我在展示时显得非常焦躁或是无精打采	• 我在展示时会和听众进行眼神交流，但大部分时间都在阅读笔记或幻灯片 • 我在展示时显得有点焦躁或是无精打采	• 我在展示时大部分时间能与观众保持眼神接触和交流，只是偶尔看一下笔记或幻灯片 • 我在展示时有一个自信的状态	

---

① BUCK INSTITUTE FOR EDUCATION.Presentation rubrics［EB/OL］.［2023-11-29］. https：//my.pblworks.org/node/11330.

续表

评价维度	未达标	有待改进	达标	优秀
声音	• 我在展示时说话声音太轻或不清楚 • 我在展示时没有根据场合使用合适的语言	• 我在展示的大部分时间声音大而清晰 • 我在大多数情况下能根据场合使用合适的语言	• 我在展示时能大声而清晰地演讲 • 我能根据场合使用合适的语言，在需要的时候使用正式用语	
展示辅助工具	• 我在展示时没有使用音像辅助设备资源或多媒体设备资源 • 我在展示时使用了不适当的或使听众分散注意力的音像辅助设备资源或多媒体设备资源	• 我在展示时使用了音像辅助设备资源或多媒体设备资源，它们有时会分散听众对展示陈述的注意力，或没有起到加强主要观点和主题表达的作用	• 我在展示时能使用制作精良的音像辅助设备资源或多媒体设备资源来加强主要观点和主题表达	
对听众问题的回答	• 我没有回答听众的问题	• 我回答了听众的一些问题，但回答的内容不清楚或不够完整	• 我能清晰、完整地回答听众的问题	
团队展示参与度	• 展示时并不是所有的团队成员都参加了，只有一到两个人发言	• 所有团队成员都参与了展示，但参与程度不一	• 所有团队成员参与展示的时间大致相同，并且能够回答相关问题	

项目化学习中的展示过程往往也是开展集体评价的过程。此时，评价量规就是很好的"他评"工具。如在展示过程中，教师设计供"他评"的评价量规，重点关注学生现场展示与评鉴过程中的反思精神（见表 7-17）。在这两个维度指导下，学生既是展示者又是评鉴者。

表 7-17 关注反思精神的展示环节评价量规设计[①]

评价维度	☆☆☆	☆☆	☆
现场展示	多人合作展示，可采用多种形式讲演；展示过程自信、有条不紊，清楚地讲述问题解决过程，体现组内合作	基本能讲述清楚问题解决过程，但组员展示时配合不佳，未体现组内分工	仅 1 人上台展示；讲演过程较为混乱，不能讲述清楚问题解决过程，组内合作不佳

---

① 表 7-17 内容由杭州长江实验小学寿冠聪老师提供。

续表

评价维度	☆☆☆	☆☆	☆
评鉴过程	重点分析1—2个遇到的问题及解决方案，能想到该问题对后续设计的指导意义	提到1—2个遇到的问题，但未提及解决过程，有涉及后续设计的设想	没有提及遇到的问题或对后续设计的设想

（四）指向基于反思的实践改进

反思改进既可以针对项目作品，也可以针对个人或者团队的学习情况。设计不同的表现性评价，能够引导学生完成更有针对性的反思改进。

在项目化学习中，每个团队成员都要承担相应的任务，都应该从项目化学习中收获相应的素养。因此，对个人学习的评价应能够促进学生参与项目化学习的有效性。如在项目"小小设计师：少年的共享单车show"中，每个团队成员都有自己的角色，每个角色对整个项目的成功都起着关键的作用。因此，设计指向个人反思改进的评价量规，能够让团队成员更明晰自身角色在项目化学习中的作用，如针对"性能设计师"这一角色，就可以从"结构认知"、"共享理念"、"性能创新"三个维度进行表现性评价（见表7-18）。

表7-18 "小小设计师：少年的共享单车show"性能设计师评价量规

评价维度	水平3	水平2	水平1	组员自评	教师评	第三方评
结构认知	从科学知识角度，结合市场调研，综合考虑少年的需求，手把、刹车、轮胎、脚踏板、坐垫等结构设计合理	从科学知识角度，结合市场调研，手把、刹车、轮胎、脚踏板、坐垫等结构设计较为合理	从科学知识角度，手把、刹车、轮胎、脚踏板、坐垫等结构设计不够合理			
共享理念	设计能体现"共享"的便捷性、人性化等，性能设计中合理考虑租借方式	设计基本能体现"共享"的便捷性、人性化等，性能设计中能初步考虑到租借方式	设计不能体现"共享"的便捷性、人性化等，性能设计中没有考虑到租借方式			

续表

评价维度	水平 3	水平 2	水平 1	组员自评	教师评	第三方评
性能创新	能体现未来科技创想，通过文字和绘画的形式将"少年共享单车"各结构的性能清晰呈现出来	基本能体现未来科技创想，通过文字和绘画的形式将"少年共享单车"各结构的性能基本呈现出来	不能体现未来科技创想，"少年共享单车"各结构的性能呈现比较粗糙			
总计	备注：水平3折换为3颗星，水平2折换为2颗星，水平1折换为1颗星					

同时，针对学生在项目化学习中情感态度、高阶思维、关键能力等的达成情况，教师可使用"创造性思维评价量规"、"审辨式思维评价量规"、"沟通能力评价量规"、"领导力评价量规"等开展针对个人或小组的评价，引导学生进行自我反思与改进。比如，表 7-19 所示的李克特量表是针对个人研究技能的反思工具。

表 7-19　李克特量表

你在完成这个项目的过程中是否进行了仔细的研究？是否对数据进行了分析和解释？请给你自己的表现在下列维度上打分，5 分表示最高分，1 分表示在这个问题上还有待努力。

1. 在规定的时间里，我充分地研究了这个主题。
2. 我的研究步骤是很清晰的。
3. 我和我的伙伴共同探讨制订了研究的方案。
4. 我能运用多种检索方式查找信息。
5. 我现在的研究成果是基于多种信息来源的。
6. 我通过采访相关人员获得了一手信息。
7. 我对我所收集的信息的可靠性进行了筛选。
8. 我觉得我所收集的信息是可以作为证据支撑我的观点的。
9. 我对我所收集的信息进行了合理的组织和总结。
10. 我用适合的图表将我收集到的信息进行了整理和呈现。
11. 总体来说，我给自己的成果打分是（　　　）。

学生签名：　　　　　　　　　　　　　　　　　　　教师签名：

一旦你签名了，这表明你对自己的评价是公正而客观的，是诚实而准确的。教师在和你交流谈话后也会签上他/她的名字。

反思阶段组织学生参与互评，能够提升学生的评价能力。例如，评价者可以使用如表 7-20 所示的"沟通能力评价量规"，根据沟通能力的表现描述，对组内每个成员逐条进行赋分。

表 7-20 沟通能力评价量规

评价维度	成员1	成员2	成员3	成员4
大部分时间里他（她）说得都很有道理				
他（她）的意见总是对我很有帮助				
他（她）经常鼓励/督促小组其他成员积极参与协作				
他（她）总是能够提出解决问题的方案				
他（她）的建议很有说服力				
他（她）能让小组其他成员平复激动的心情				
他（她）总是能从一大堆想法中找到最本质的问题				
合计				

备注：从表现优秀到一般，用4到1分给出分数

第四节　表现性评价应用的迭代优化

随着对表现性评价的认识深化和实践反思，教师也会遇到一些困惑和问题，如开发评价量规耗时费力、使用起来比较随意、对信度和效度缺乏追求，这可能会导致表现性评价变成学习中的"鸡肋"。虽然大家都觉得表现性评价好，但是如何"用得好"，才是表现性评价成为学习机制不可或缺的一部分的关键所在。展望项目化学习中表现性评价的应用，有三个值得持续研究的方向。

一、基于目标统领表现性评价的架构

表现性评价的前提是目标清晰并且可测、可评。因此，项目化学习中的目标定位要十分明确，不能过于笼统，也不能面面俱到。目标可以核心素养为导向，

结合项目涉及的学科课程标准、质量标准或者要着重培养的关键技能和高阶思维，撰写3—6条可测、可评的目标。此外，考虑到表现性评价使用时的经济性和实用性，教师在进行项目设计或学习设计时可将评价前置，提前搭建整个项目的评价架构。可以根据项目的推进过程和关键任务，匹配项目目标，配套设计相应的评价任务，统领表现性评价的实施。教师要让学生清楚主要的评价点，基于项目目标来完成任务。如在项目"校园荒地改造设计"中，教师将项目分为五个主要的实践环节：入项阶段、设计阶段、制作阶段、分享阶段、总结阶段，每个环节都设置了不同的任务达成目标，并设计了相对应的评价量规（见图7-2）。

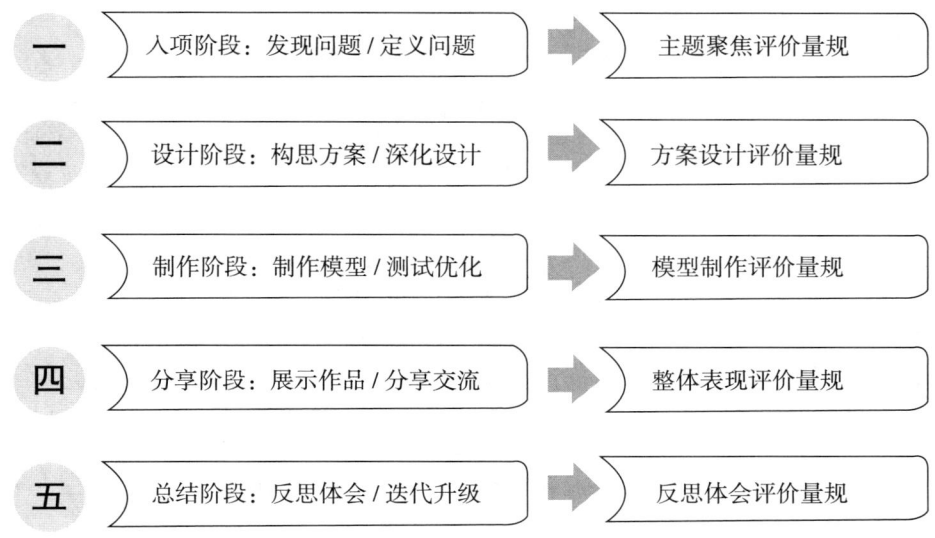

图7-2 "校园荒地改造设计"表现性评价整体架构

二、提升项目化学习中表现性评价的质量

对于表现性评价，教师从最初的接触到模仿，再到反思与改进，认知是逐渐深化的。新课程倡导的各类综合性学习方式为表现性评价的运用提供了重要前提。在这样的背景下，我们应当更加关注项目化学习中表现性评价的质量。国外一些研究者从不同的角度出发制订了项目化学习中表现性评价的质量标准，如罗伯特·M.卡普拉罗（Robert M. Capraro）等强调表现性评价要与项目化学习紧密整

合，教学与评价要交织在一起，注重评价过程中学生的参与，并为此制订了项目化学习中表现性评价的 8 条质量标准（见本书 231 页内容）。国内学者如郭晶晶也基于对表现性评价指标标准的综述研究，采用德菲尔法制订了项目化学习中表现性评价的质量标准（见表 7-21）。这个标准可以给我们提供参照，提升项目化学习中表现性评价设计与使用的质量。

表 7-21　表现性评价的质量标准[①]

维度	准则	描述
表现目标	聚焦重要的深度学习结果	聚焦对大概念、学科或跨学科的关键概念与能力以及批判性思维等深度学习能力的掌握与运用
	具有一致性	与学习目标一致，体现课程标准的内容与理念
评价任务	具有真实性	通过以下一种或几种方式体现真实性：呈现现实的挑战，包含现实的情境、问题与条件等；使用现实世界的流程、工具和标准；能够对他人产生影响；涉及学生的个人关注点、兴趣、问题和经历等
	具有挑战性	具有一定的认知复杂性，处于韦伯知识深度模型中的策略性思维或拓展性思维水平，且与学生发展相适切；需要学生围绕驱动性问题展开持续、严谨的探究，进行合作，建构意义并解决问题
	为学生提供选择和决策的机会	给学生提供在重要方面做选择的机会，如确定并获得所需资源、决定合作对象、确定项目产品等；允许学生自主规划、管理信息与想法
	是清晰且一致的	提供清晰的任务指导，与表现目标相一致
	是公平的	任务适用于所有学生，不包含偏见或刻板印象
	是合理嵌入的	采用一定方式（如根据问题链或探索历程等）合理地分解表现任务，使子任务序列连贯且有逻辑；决定项目节点并构成形成性检查点，指向最终的项目产品或表现
评分规则	聚焦任务的本质特征	评价标准包含与成功表现相关的所有特征，专注于产品或表现的本质
	清晰且具体	评分规则或打分指南清晰且具体地传达了表现期望和评价标准
	具有一致性	与表现目标相一致

---

① 郭晶晶. 项目式学习中的表现性评价设计案例研究［D］. 上海：华东师范大学，2022.

维度	准则	描述
反馈、反思与修订	为学生提供通过自评、互评、教师和/或其他相关人员评价获得反馈的机会	给学生提供定期、结构化的机会（如使用项目日志、评价表等）来自评或给予同伴反馈，并接受来自同伴、教师和/或其他相关人员的反馈
	为学生提供反思的机会	要求学生持续对学习内容与决策、遇到的困难、自己的成长等进行反思
	为学生提供修订的机会	提供多个修订机会，使学生基于反馈与反思调整方法，修改并重新提交项目阶段性成果与最终成果

三、提高表现性评价中学生的参与度

目前，表现性评价的应用大部分是教师视角的，而让学生成为评价的主体则非常少见。实际上，项目化学习中的表现性评价也是一种学习支架，应该重视学生为第一使用者的参与度。卡普拉罗等非常重视学生对于评价的参与，其制订的项目化学习中表现性评价的8条质量标准都与学生深度参与有关：（1）向学生清楚地解释评判学生作品的标准，学生也可以协助制订标准；（2）教导学生进行自我评估，并使用结构化的方法，如日志、会议、评分细则、进度评论等；（3）学生会及时收到有关他们正在进行的工作的反馈；（4）产品和表现与标准密切相关，并且丰富多样，足以对学生的学习做出可信的判断；（5）学生能完成体现其知识、技能以及应用能力的展览、展示或产品；（6）学生作品由"真正的"观众进行审查；（7）学生了解对他们的要求，并能获得用于监控自己表现的范例（如高质量作品样例）和工具（量规、检查表）；（8）帮助所有学生发展和应用写作、阅读或数学方面的技能。①

学生参与评价可以帮助他们成为学习共同体的一部分，学会评价自己的工作、承担责任与评价其他学生的工作。在以后的项目化学习实践中，教师应该更多地从学生视角研制和使用表现性评价，从不同层面提升学生在评价中的参与度，如"向教师建议可能的评价方法"、"与教师协商制订评价方案"、"帮助教师修订评

---

① Capraro R N, Capraro M M, Morgan J R.STEM project-based learning: an integrated Science, Technology, Engineering, and Mathematics（STEM）approach［M］.Rotterdam: Sense Publishers, 2013: 194.

量规"、"创建自己的评价量规"和"基于量规做出评价并改进"等。参与程度高的学生更易于内化表现目标，理解评价如何影响学习，并积极地使用评价，从而更好地通过评价促进学习。

四、更有创造性地开发与使用表现性评价

任何工具与方法的使用都有从模仿到深化再到创造的过程，项目化学习中表现性评价的运用也是如此。当下，更多还是"拿来就用"或者"模仿制订"，甚至"为了使用而使用"，其效果往往会打折扣。实际上，项目化学习中的表现性评价只有真正"用起来"才有价值。以后的研究与实践可关注以下两个方面。

一是注意表现性评价的经济性。很多教师觉得使用表现性评价费时费力，既要引导学生理解评价量规，还要让学生不断参与评价。事实并非如此。这个问题跟教师"拿来就用"且评价量规比较复杂有关。我们要注意评价量规的经济实用性，认识到并非"越复杂、越详细的量规就越是好量规"，也并非"使用的评价量规越多越好"，而是应根据项目的真实需求与不同年龄阶段学生的理解水平去选用、研制适量的、方便好用的评价量规。

二是学会创造性地使用评价量规。教师既可以研制更多本土的、本校的、对应项目的变式量规，也要给予学生更多参与评价与反思的机会，将评价变成学生高阶思维培养的一种途径，达到事半功倍的效果。

本章小结

本章首先阐述了表现性评价为何适用于项目化学习，以及项目化学习中表现性评价的功能定位、应用分类；然后介绍了基于核心任务设计表现性评价的要点，包括撰写"可评"的项目目标、设计"真实"的表现性任务、研制"变式"的评价量规；接着介绍了在项目启动、推进、总结等阶段运用表现性评价引领项目推进的策略。表现性评价的应用是一个迭代优化的过程，需要基于目标统领架构，不断提升质量和学生的参与度，并创造性地开发与使用。